中国特色高水平高职学校项目建设成果

Used Car Appraisal

Evaluation and Transaction

二手车鉴定评估与交易

主　编　王　毅

副主编　李　雪　王树强

参　编　蔡东岭　刘　淇　杨伟峰

机械工业出版社

CHINA MACHINE PRESS

本书是哈尔滨职业技术学院与中估检机动车鉴定评估认证中心合作开发的校企双元教材。本书以二手车鉴定评估师、二手车经纪人等岗位的真实工作任务为载体，系统介绍了二手车鉴定评估与交易的相关知识和技能。全书有二手车的技术鉴定、二手车的价格评估、二手车的交易过户3个项目，共计12个工作任务，涵盖了从二手车相关的基本理论，到二手车交易全流程中各环节的主要知识和技能。为突出高技能人才培养的教学理念，本书在编写过程中，充分考虑了目前高职高专教育的特点，力求从行业一线对专业人才知识、技能的需求出发，注重理论和实践技能的有机结合，在结构和内容安排上突出知识的先进性、操作技能性和主流针对性，并针对课程内容特点，通过适当的形式融入了思政元素。

本书立足实际，内容求新、求全，语言通俗易懂，理论性、实用性很强，既可作为高职高专汽车相关专业的教材，也可作为二手车相关从业人员的培训用书。

本书配有视频、电子课件等资源，读者可通过扫描书中二维码观看视频。为方便教学，凡选用本书作为授课教材的教师均可登录 www.cmpedu.com 以教师身份注册、免费下载电子课件等资源。

图书在版编目（CIP）数据

二手车鉴定评估与交易 / 王毅主编. —北京：机械工业出版社，2022.3
（2024.1 重印）

中国特色高水平高职学校项目建设成果

ISBN 978-7-111-70327-3

Ⅰ.①二… Ⅱ.①王… Ⅲ.①汽车-鉴定-高等职业教育-教材②汽车-价格评估-高等职业教育-教材 Ⅳ.①U472.9②F766

中国版本图书馆 CIP 数据核字（2022）第 042678 号

机械工业出版社（北京市百万庄大街 22 号 邮政编码 100037）
策划编辑：王海峰 谢熠萌 责任编辑：王海峰 谢熠萌
责任校对：樊钟英 李 婷 封面设计：张 静
责任印制：常天培
北京机工印刷厂有限公司印刷
2024 年 1 月第 1 版第 2 次印刷
184mm×260mm · 12.75 印张 · 287 千字
标准书号：ISBN 978-7-111-70327-3
定价：45.00 元

电话服务
客服电话：010-88361066
　　　　　010-88379833
　　　　　010-68326294
封底无防伪标均为盗版

网络服务
机 工 官 网：www.cmpbook.com
机 工 官 博：weibo.com/cmp1952
金 书 网：www.golden-book.com
机工教育服务网：www.cmpedu.com

中国特色高水平高职学校
项目建设系列教材编审委员会

中国特色高水平高职学校和专业建设计划（简称"双高计划"）是我国为建设一批引领改革、支撑发展、中国特色、世界水平的高等职业学校和骨干专业（群）而推出的重大决策建设工程。哈尔滨职业技术学院入选"双高计划"建设单位，对学院中国特色高水平学校建设进行顶层设计，编制了站位高端、理念领先的建设方案和任务书，并扎实开展了人才培养高地、特色专业群、高水平师资队伍与校企合作等项目建设，借鉴国际先进的教育教学理念，开发中国特色、国际标准的专业标准与规范，深入推动"三教改革"，组建模块化教学创新团队，实施"课程思政"，开展"课堂革命"，校企双元开发活页式、工作手册式、新形态教材。为适应智能时代先进教学手段应用需求，学校加大优质在线资源的建设，丰富教材的载体，为开发以工作过程为导向的优质特色教材奠定基础。

按照教育部印发的《职业院校教材管理办法》要求，教材编写总体思路是：依据学校双高建设方案中教材建设规划、国家相关专业教学标准、专业相关职业标准及职业技能等级标准，服务学生成长成才和就业创业，以立德树人为根本任务，融入课程思政，对接相关产业发展需求，将企业应用的新技术、新工艺和新规范融入教材之中，教材编写遵循技术技能人才成长规律和学生认知特点，适应相关专业人才培养模式创新和优化课程体系的需要，注重以真实生产项目、典型工作任务、生产流程及典型工作案例等为载体开发教材内容体系，理论与实践有机融合，满足"做中学、做中教"的需要。

本套教材是哈尔滨职业技术学院中国特色高水平高职学校项目建设的重要成果之一，也是哈尔滨职业技术学院教材改革和教法改革成效的集中体现，教材体例新颖，具有以下特色：

第一，教材研发团队组建创新。按照学校教材建设统一要求，遴选教学经验丰富、课程改革成效突出的专业教师担任主编，确定了相关企业作为联合建设单位，形成了一支学校、行业、企业和教育领域高水平专业人才参与的开发团队，共同参与教材编写。

第二，教材内容整体构建创新。教材内容体系精准对接国家专业教学标准、职业标准和职业技能等级标准，参照行业企业标准，有机融入新技术、新工艺、新规范，构建基于职业岗位工作需要的体现真实工作任务和流程的内容体系。

第三，教材编写模式形式创新。与课程改革相配套，按照"工作过程系统化""项目+任务式""任务驱动式""CDIO 式"四类课程改革需要设计教材编写模式，创新新形态、活页式和工作手册式教材三大编写形式。

　　第四，教材编写实施载体创新。依据本相关专业教学标准和人才培养方案要求，在深入企业调研、岗位工作任务和职业能力分析基础上，按照"做中学、做中教"的编写思路，以企业典型工作任务为载体进行教学内容设计，将企业真实工作任务、业务流程、生产过程融入教材之中，同时开发了与教学内容配套的教学资源，以满足教师线上、线下混合式教学的需要。教材配套资源同时在相关教学平台上线，可随时进行下载，也可以满足学生在线自主学习的需要。

　　第五，教材评价体系构建创新。从培养学生良好的职业道德、综合职业能力与创新创业能力出发，设计并构建评价体系，注重过程考核以及由学生、教师、企业、行业、社会参与的多元评价，在学生技能评价上借助社会评价组织的"1+X"技能考核评价标准和成绩认定结果进行学分认定，每种教材根据专业特点设计了综合评价标准。

　　为确保教材质量，组建了中国特色高水平高职学校项目建设系列教材编审委员会。教材编审委员会由职业教育专家组成，同时聘请企业技术专家指导。组织了专业与课程专题研究组，建立了常态化质量监控机制，为提升教材的品质提供稳定支持，确保教材的质量。

　　本套教材是在学校骨干院校教材开发的基础上，经过几轮修改，融入课程思政内容和课堂革命理念，既具积累之深厚，又具改革之创新，凝聚了校企合作编写团队的集体智慧。本套教材由机械工业出版社出版，充分展示了课程改革成果，为更好地推进中国特色高水平高职学校和专业建设及课程改革做出积极贡献！

哈尔滨职业技术学院

中国特色高水平高职学校项目建设系列教材编审委员会

随着我国汽车保有量高速增长，二手车产业也得到快速发展，与二手车相关的经营行为不断更新，从实体的拍卖、经纪、置换、鉴定评估发展到网络经销及多功能网络服务平台等。庞大的二手车产业体系需要大量的人才，近年来有意从事二手车相关工作的高职毕业生均供不应求。

根据教育部颁布的汽车技术类相关专业的教学标准中课程设置的要求，"二手车鉴定评估与交易"是高职汽车技术服务与营销专业的一门专业核心课程，也是高职其他汽车技术类专业的一门专业限选课。通过本课程的学习，学生应能在获得二手车鉴定评估理论知识的基础上，具备二手车技术鉴定、价格评估及二手车经销等职业技能，同时全面了解国家对二手车交易的有关政策、法规要求。本书体例新颖，具有以下特色：

第一，精心设置教材载体。本书是哈尔滨职业技术学院与中估检机动车鉴定评估认证中心合作开发的校企双元教材，以二手车鉴定评估师、二手车经纪人等岗位的真实工作任务为载体，结合 GB/T 30323—2013《二手车鉴定评估技术规范》和"汽车运用与维修技能等级证书——汽车营销评估与金融保险服务技术""商用车销售与服务"等"1+X"技能等级证书的知识要求和技能要求编写。

第二，合理设计教材架构。全书有二手车的技术鉴定、二手车的价格评估、二手车的交易过户 3 个项目，共计 12 个工作任务，由社会现象、具体案例等形式引出教学任务，以任务细化教材内容。本书内容涵盖了从二手车相关的基本理论，到二手车交易全流程中各环节的主要知识和技能。

第三，突出高技能人才培养的教学理念。本书在编写过程中，充分考虑了目前高职高专教育的特点，力求从行业一线对专业人才知识、技能的需求出发，注重理论和实践技能的有机结合，在结构和内容安排上突出知识先进性、操作技能性和主流针对性，并针对课程内容特点，以适当的形式融入了思政元素。

本书由哈尔滨职业技术学院王毅和中估检机动车鉴定评估认证中心蔡东岭进行整体内容架构的设计和资源的统筹，项目一的任务一、项目二、项目三的任务一由王毅编写，项目一的任务二由蔡东岭编写，项目一的任务三~任务五由哈尔滨职业技术学院王树强编写，项目三的任务二~任务五由哈尔滨职业技术学院李雪编写。中估检机动车鉴定评估认证中心提供了大量的企业资料，牡丹江庞大之星汽车销售服务有限公司刘淇、哈尔滨运通丰田汽车销售服务有限公司杨伟峰也参与了本书的编写工作，提供了案例、数据等。

　　本书在编写过程中还参考和借鉴了大量教材、论著及线上课程平台资源，在此对原作者、编译者表示衷心的感谢。

　　由于编者水平有限，书中难免存在不足之处，敬请广大读者批评指正。

编　者

目 录

项目三
二手车的交易过户 ——— 119

项目一 ▶ 二手车的技术鉴定

📋 项目导入

小王同学从一所高职院校毕业后，顺利进入了某汽车鉴定评估有限公司工作，并且通过努力取得了二手车鉴定评估师资格。在其日常工作中，小王需要完成哪些工作任务，二手车技术鉴定环节的具体流程和内容都有什么呢？

📝 学习目标

1. 明确二手车的基本概念和二手车鉴定评估机构的职能。
2. 了解二手车鉴定评估业务的开展流程。
3. 能够在确认车辆手续后，签订二手车鉴定评估委托协议。
4. 能够按照流程完成车辆的静态检查。
5. 能够按照流程完成车辆的动态检查。
6. 能够鉴定出典型的事故车辆。
7. 养成勤奋向上、严谨细致的良好学习习惯。
8. 强化法治思维养成和职业道德的提升。

任务 一　二手车鉴定评估的业务开展

任务解析

通过本任务的学习，学生应能够明确二手车相关基本概念，正确描述二手车评估机构的职能、特征及地位，熟悉二手车鉴定评估师的资格认证与管理，能够正确认识二手车鉴定评估师的准入制度、工作及要求，明确二手车鉴定评估的基本要素和特点以及基本流程。

知识链接

一、二手车基本概念认知

（一）二手车

二手车英文为"used car"，意为"使用过的车"，国内也称为"旧机动车"，日本称为"中古车"。在美国，经营者为了更好地卖出二手车，改变消费者对二手车质量差的看法，给二手车定义为"曾经被拥有过的车"。现阶段我国的《二手车流通管理办法》中定义：二手车是指从办理完注册登记手续到达到国家强制报废标准之前进行交易并转移所有权的汽车（还包括三轮汽车、低速载货汽车，即原农用运输车）、挂车和摩托车。

（图中二维码文字：什么是二手车）

（二）二手车鉴定

二手车鉴定是指有鉴定评估资格的人员，按照特定的目的，遵循法定或公允的标准程序，运用科学的手段和方法，对二手车进行手续查验，对车辆的技术状况进行检测的过程。

（三）二手车评估

二手车评估是指有鉴定评估资格的人员，经过对二手车鉴定之后，对二手车现时价格进行的预测过程。

（四）二手车鉴定评估

二手车鉴定评估是由鉴定和评估两个过程组成的，而实际工作中这两个过程没有严格的界限，因此，统称为二手车鉴定评估。

（五）成新率

成新率是二手车新旧程度的衡量指标，是指二手车的功能或使用价值占全新机动车的功能或使用价值的比率，也可理解为二手车的现实状况与机动车全新状况的比率。

（六）折现率

折现率是指将未来有限期预期收益折算成现值的比率。本金化率和资本化率或还原利率则通常是指将未来无限期预期收益折算成现值的比率。

（七）贬值

二手车贬值根据性质不同分为功能性贬值、经济性贬值、有形损耗贬值。

1. 功能性贬值

二手车功能性贬值是由于技术进步带来的二手车功能相对落后而导致的贬值。这是一种无形损耗。功能性贬值可分为一次性功能贬值和营运性功能贬值。

一次性功能贬值是由于技术进步带来劳动生产率的提高，使现在再生产制造与原功能相同的车辆的社会必要劳动时间减少、成本降低而造成原车辆的价值贬值。

营运性功能贬值是由于技术进步，出现了新的、性能更优的车辆，致使原有车辆的功能相对新车型已经落后而引起其价值贬值。具体表现为原有车辆在完成相同工作单元的前提下，在燃料、人力、配件材料等方面的消耗增加，形成了一部分超额运营成本。

2. 经济性贬值

经济性贬值反映社会对各类产品综合的经济性贬值的大小，突出表现为供求关系的变化对市场价值的影响。二手车经济性贬值是指由于外部经济环境变化所造成的车辆贬值，它也是一种无形损耗。外部经济环境包括宏观经济政策、市场需求、通货膨胀和环境保护等。如高铁的普及，使长途客车需求减少，其价值就会因此而贬值；反之就会增值。

经济性贬值是由于外部环境而不是车辆本身或内部因素所引起的达不到原有设计的获利能力而造成的贬值。外界因素对车辆价值的影响不仅是客观存在的，而且对车辆价值影响还相当大，所以，在二手车的评估中不可忽视。

3. 有形损耗贬值

二手车实体有形损耗也称实体性贬值，是指二手车在存放和使用过程中，由于物理和化学原因（如机件磨损、锈蚀和老化等）而导致的车辆实体发生的价值损耗，即由于自然力的作用而发生的损耗。计量二手车实体有形损耗时主要根据车辆已使用年限进行分摊。

（八）报废汽车

报废汽车（包括摩托车、农用运输车）是指达到国家报废标准，或者虽未达到国家报废标准，但发动机或者底盘严重损坏，经检验不符合国家机动车运行安全技术条件或者国家机动车污染物排放标准的机动车。

（九）拼装车

拼装车是指使用报废汽车的发动机、转向机、变速器、前后桥、车架（统称"五大总成"）以及其他零配件组装的机动车。

（十）改装汽车

改装汽车有两种情况，一是厂家改装，是对原车重新设计、改装的，使用的零件是经过国家鉴定合格的，属于合法改装；二是消费者自己委托改装，一般是指原车改变车身颜色、更换发动机、更换车身或者车架。改装的内容应符合道路安全法的规定，而且机动车所有人应向登记地车辆管理所申请变更登记。

（十一）平行进口车

平行进口汽车全称是平行贸易进口车，简称平贸车，是指未经品牌厂商授权，贸易商从海外市场购买，并引入中国市场进行销售的汽车。由于进口地不同，可分为"美规车""中东版车""加版车""欧版车"等，以区别于授权渠道销售的"中规车"。

（十二）中规车

所谓"中规车"是厂商根据中国的法律法规生产的，面向中国市场销售的车型，其中就包括 4S 店销售的进口车、国产豪华车和我国自主品牌生产的在国内销售的汽车。

二、二手车鉴定评估机构

（一）二手车鉴定评估机构的特征

1. 经济性

二手车鉴定评估机构通常需通过相关的专业技术人员，接受诸多当事人（如保险公司、车主等）的委托，处理不同类型的二手车鉴定评估业务，积累二手车鉴定评估经验，提高二手车鉴定评估水平，从而帮助当事人降低成本，提高经济效益。

2. 专业性

二手车鉴定评估机构的市场定位是向众多当事人提供专业的评估业务，由于其对特定的对象（二手车）进行评估，而汽车种类繁多，当事人的要求又千差万别，所以二手车鉴定评估机构比一般的资产评估机构在评估技术方面更专业、经验更丰富。

3. 有限性

二手车鉴定评估机构作为汽车保险市场、二手车交易市场、汽车碰撞事故双方的中介，易被双方当事人所接受，因而可以缓解当事人双方的矛盾并增大回旋余地。可以说，二手车鉴定评估机构是减少当事人之间摩擦的润滑剂。然而，二手车鉴定评估机构毕竟是以利润最大化为目标的中介组织，其法律地位完全不同于我国司法系统中的公证部门。如果二手车鉴定评估机构的工作使委托人不满意，当事人可以要求改进甚至推倒重来。由此可见，二手车鉴定评估机构因工作失误而给当事人造成的损失是极为有限的，它与其他中介的作用有很大不同。

除了上述三个特征之外，在有些具体业务领域，对从业人员的要求更加严格，二手车鉴定估价人员除应具有汽车专业技术知识外，还要具备财务、会计、法律、经济、金融、保险等知识。若从事汽车保险公估业务，从业人员必须通过保险公估资格考试，获得保险公估从业人员资格证书，持证上岗。

（二）二手车鉴定评估机构的职能

1. 评估职能

评估即评价、估算，指对某一事物或物质进行评判和预估。评估职能是评估机构应具有的作用。二手车鉴定评估机构与其他公估人一样具有一种广义的评估职能，包括评价职能、勘验职能、鉴定职能、估价职能等。二手车鉴定评估机构对二手车进行评估，得出评估结论，并说明得出结论的充分依据和推理过程，体现出其评估职能。评估职能是二手车鉴定评估机构的关键职能。

2. 公证职能

二手车鉴定评估机构应对二手车鉴定评估结论做出符合实际、可以信赖的证明。二手车鉴定评估机构之所以具有公证职能，原因如下：

1）二手车鉴定评估机构有丰富的二手车鉴定评估知识和技能，在判断二手车鉴定评估结论准确与否的问题上最具资格和权威性。

2）作为当事人之外的第三方，二手车鉴定评估机构完全站在中立、公正的立场上就事论事、科学办事。

公证职能是二手车鉴定评估机构的重要职能，并具有以下特征：第一，这种公证职能虽然不具备定论作用，但却有促成事故结案、买卖成交的作用，因为当事人双方难以找出与评估结论完全不同的原因或理由。第二，这种公证职能虽然不具备法律效力，但该结论可以接受法律的考验。这是因为二手车鉴定评估机构的评估结论确定之后，必须经当事人双方接受才能结案或买卖成交。一旦当事人双方有一方不能接受，则可选择其他途径解决，如调解协商、仲裁或诉讼。但是，二手车鉴定评估机构可以接受委托方的委托出庭辩护，甚至可被聘请为诉讼代理人出庭诉讼，本着对委托方特别是对评估报告负责的原则，促成双方接受既定结论。

3. 中介职能

二手车鉴定评估机构作为中介人，从事评估经济活动，并参与相关利益的分配，为当事人提供服务，具有鲜明的中介职能。这是因为：第一，二手车鉴定评估机构可以受托于双方当事人的任何一方；第二，二手车鉴定评估机构以当事人之外的第三方身份从事二手车鉴定评估经营活动，从当事人一方获得委托，以中间人立场执行二手车鉴定评估，并收取合理费用。这样，二手车鉴定评估机构以中间人的身份，独立地开展二手车鉴定评估，从而得出评估结论，促成双方当事人接受该结论，发挥其中介职能。

（三）二手车鉴定评估机构的地位

二手车鉴定评估机构的地位是独立的，主要表现在以下方面：

1）二手车鉴定评估机构执行评估业务时，既不代表双方当事人，也不受行政权力等外界因素干扰。

2）在开展二手车鉴定评估业务的整个进程中，二手车鉴定估价人员保持着独立的思维方式和判断标准。

3）二手车鉴定估价人员的评估分析和结论保持独立性，这一特征在二手车鉴定评估机构所出具的评估报告中得以充分体现。

4）二手车鉴定估价人员具有知识密集性和技术密集性的特征，在二手车鉴定评估领域具有一定的权威地位，但从法律的角度看，这种权威地位是相对的。从市场地位而言，二手车鉴定估价人员必须坚持独立的立场，无论针对哪一方委托的事务都应做出客观、公平的评判。

三、二手车鉴定评估师的资格认证与管理

（一）二手车鉴定评估师的地位与资格认证

1. 二手车鉴定评估师的概念

二手车鉴定评估师旧称为"旧机动车鉴定估价师"，是指运用目测、路试及借助相关仪器设备对二手车的技术状况进行综合检验和检测，结合车辆相关文件资料对二手车的技术状况进行鉴定，并根据评估的特定目的，依据二手车鉴定评估定价标准等一系列科学方法来确定二手车价格的专业技术人员。二手车鉴定评估师与房地产评估师、资产评估师等同属于国务院批准的六类资产评估职业。二手车鉴定评估师职业定义看似简单，其实对二手车鉴定评估师知识技能的要求是很高的。

2. 二手车鉴定评估师在二手车交易中的地位和作用

在二手车交易中，大部分车主和买主都不能客观地确定车辆的现值。因此，需要第三方本着公正、科学、专业的原则，对交易车辆的价格做出合理的估算，提供一个交易双方都认可的评估值。能够承担起这个责任的就是二手车鉴定评估师。所以，二手车鉴定评估师对车辆的评估是二手车交易中一个必不可少的环节，二手车鉴定评估师在车辆交易中有着重要的地位。

如果在二手车交易过程中，没有二手车鉴定评估师的存在，首先，卖车者会对车辆的价格无所适从，对定价的高低把握不准，定价过高，无人购买；定价过低，就会给一些非法的炒买炒卖者可乘之机，进一步影响二手车的交易环境。其次，买车者会对卖车者自己定价产生怀疑，价格高了，会认为是炒买炒卖行为，对交易的质量不放心；价格低了，又会认为是交易车辆存在质量和交通事故等问题，使得交易无法进行。二手车鉴定评估师是经全国统一考核合格，获得职业资格证书的专业人员，可以通过专业的理论知识和丰富的实践经验，对进入交易市场进行交易的二手车，做出初步的手续、车况检查，并对交易车辆提出较为合理的市场建议价。所以，在二手车交易中，二手车鉴定评估师不可或缺。

二手车鉴定评估师在二手车交易中所起的作用有以下几方面：

1）二手车鉴定评估师在交易中起着承前启后的桥梁作用。

2）二手车鉴定评估师在交易中起着引导的作用。

3）二手车鉴定评估师在交易中起着平衡双方利益的作用。

4）高质量的评估价起着促进二手车成交的作用。

5）在产权转移时发挥作用。就狭义的产权转移而言，是指车辆的过户转籍。

6）为二手车抵押贷款的评估发挥作用。

7）为改制企业的车辆评估发挥作用。

8）为防止二手车的非法交易发挥作用。

3. 二手车鉴定评估师资格认证

二手车鉴定评估师职业资格分为普通鉴定评估师和高级鉴定评估师两个等级，其考

核颁证工作实行全国统一标准，即统一教材、统一命题、统一考核和统一证书。中华人民共和国人力资源和社会保障部与商务部共同负责全国二手车鉴定评估师职业资格制度的政策制定、组织协调和监督管理，并委托中华人民共和国人力资源和社会保障部职业技能鉴定中心和中国汽车流通协会具体组织实施。

二手车鉴定评估师是为二手车交易双方展开公正和公平的车辆鉴定和价格评估，并逐渐覆盖到二手车交易过程中的各个相关环节，涵盖汽车产品的技术评定、产品估价、交易代理等的专业人员。

（二）二手车鉴定评估师申报条件

1. 普通二手车鉴定评估师申报条件

普通二手车鉴定评估师须同时具备的条件如下：

1）文化程度满足以下条件之一：①高中毕业，从事本行业工作5年以上；②中等专业学校毕业，非汽车专业，从事本行业工作4年以上；汽车专业，从事本行业工作2年以上；③大学专科以上学历，非汽车专业，从事本行业工作2年以上；汽车专业，从事本行业工作1年以上。

2）会驾驶汽车并已考取驾驶证。

3）具有一定的车辆性能判断能力。

4）具有一定的汽车营销知识。

2. 高级二手车鉴定评估师申报条件

高级二手车鉴定评估师须同时具备的条件如下：

1）文化程度满足以下条件之一：①高中毕业，从事本行业工作8年以上；②中等专业学校毕业，非汽车专业，从事本行业工作6年以上；汽车专业，从事本行业工作4年以上；③大学专科以上学历，非汽车专业，从事本行业工作5年以上；汽车专业，从事本行业工作3年以上。

2）具有汽车驾驶证，驾龄不低于3年。

3）具有较强的汽车性能判别能力。

4）具有丰富的汽车营销知识和经验。

（三）二手车鉴定评估师的要求

1. 基本要求

1）职业道德要求。热爱本职工作，遵守职业道德，具有较高的政治素质和法制观念，从事业务要保证公正、公平、公开，不得利用职业之便损害国家、集体和个人利益。

2）基础知识要求。二手车鉴定评估师应具备以下基础知识：汽车结构和原理知识，二手车价格及营销知识，汽车驾驶技术，国家关于二手车管理的政策及法规。

2. 二手车鉴定评估师的技能要求

1）普通二手车鉴定评估师的技能要求。普通二手车鉴定评估师的技能要求见表1-1。

表 1-1　普通二手车鉴定评估师的技能要求

职业功能	工作内容	技能要求	相关知识	配分比例
咨询服务	业务接待	1. 能按岗位责任和规范要求，文明用语、礼貌待客；2. 能够简要介绍二手车交易方式、程序和有关规定	1. 岗位责任和规范要求；2. 二手车交易主要方式、程序和有关规定	1
	法规咨询	1. 能向客户解答二手车交易的法定手续；2. 能向客户说明不同车主、不同类型二手车交易的有关法规	1. 国家对不同车主、不同类型二手车交易的规定；2.《机动车强制报废标准规定》《二手车交易管理办法》等	1
	技术资讯	1. 能向客户说明汽车常用的技术参数、基本构造原理及使用性能；2. 能识别汽车类别、国产车型号和进口汽车出厂日期；3. 能根据客户提供的情况，初步鉴别二手车新旧程度	1. 汽车主要技术参数、使用性能及基本构造原理；2. 汽车分类标准、国产车型号编制规则及进口车出厂日期的识别方法；3. 鉴别二手车新旧程度的基本方法	2
	价格咨询	1. 能掌握二手车市场价格行情；2. 能向客户简要介绍二手车市场的供求状况；3. 能向客户介绍二手车交易所需的基本费用	1. 二手车价格行情、供求信息的收集渠道和方法；2. 二手车交易各项费用价格构成因素	1
手续检查	检查车辆各项手续	1. 能按规定检查二手车交易所需的各项手续；2. 能识别二手车交易所需票证的真伪	1. 二手车交易手续和相关知识；2. 二手车交易所需票证识伪常识	8
车况检查	技术状况检查	1. 通过目测、耳听、试摸等手段，能判断二手车外观和主要总成的基本状况；2. 通过路试，能判断发动机动力性能，传动系、转向系、制动系、电路、油路等工作情况	1. 目测、耳听、试摸检查二手车的方法和要领；2. 路试检查二手车的方法和要领；3. 汽车检测技术常识	40
	技术状况检测	1. 能读懂汽车检测报告；2. 会使用简单的检测仪器和设备		
技术鉴定	二手车主要部件技术状况鉴定	1. 熟悉汽车主要部件正常工作的状态；2. 能判定二手车主要部件的技术状况	1. 汽车主要部件的工作原理；2. 检测报告数据分析方法；3. 二手车技术状况等级鉴定方法	22
	二手车整车技术状况鉴定	1. 能正确分析检测报告的数据；2. 能判定二手车整车的技术状况等级		
评估定价	评估价格	1. 根据车况检测和技术鉴定结果，确定二手车的成新率；2. 根据二手车成新率及市场行情，确定二手车价格	1. 确定二手车成新率的方法；2. 二手车价格评估程序和方法	25
	编写评估报告	能编写二手车鉴定评估报告	评估报告的格式、要求	

　　2）高级二手车鉴定评估师的技能要求。高级二手车鉴定评估师的技能要求见表 1-2。

表 1-2 高级二手车鉴定评估师的技能要求

职业功能	工作内容	技能要求	相关知识	配分比例
咨询服务	业务接待	1. 能合理运用社交礼仪及社交语言；2. 能与国外客户进行简单交流；3. 能发现客户的需求和交易动机，营造和谐的洽谈环境	1. 营销工作中的公关语言、礼仪；2. 常用外语口语；3. 客户的需求心理、交易动机等常识	1
	法规咨询	1. 能向客户解答二手车交易的法定手续；2. 能向客户说明不同车主、不同类型二手车交易的有关法规	1. 国家对不同车主、不同类型二手车交易的规定；2.《机动车强制报废标准规定》《二手车交易管理办法》等	1
	技术咨询	1. 能向客户说明汽车主要总成的工作原理；2. 能向客户介绍汽车维护、修理常识；3. 能为客户判断二手车常见故障；4. 能理解国外常见车型代号的含义；5. 能看懂进口汽车英文产品介绍、使用说明等技术资料	1. 汽车主要总成工作原理；2. 汽车维护、修理常识；3. 汽车常见故障；4. 国外常见车辆型号的含义；5. 汽车专业英语基础	2
	价格咨询	1. 能通过计算机网络查询二手车价格行情和供求信息；2. 能分析说明二手车市场价格、供求变化趋势；3. 能根据车辆使用情况，初步估计二手车价格	1. 计算机信息系统软件使用方法；2. 价格学、市场学基础知识；3. 二手车价格粗估方法	1
	投资咨询	1. 能帮助客户根据用途选择车型；2. 能根据客户需要，提供投资建议	1. 二手车用途及购买常识；2. 二手车投资收益分析方法	2
手续检查	检查车辆各项手续	1. 能按规定检查二手车交易所需的各项手续；2. 能识别二手车交易所需票证的真伪	1. 二手车交易手续和相关知识；2. 二手车交易所需票证识伪常识	5
车况检查	技术状况检查	1. 能识别事故车辆；2. 能识别翻新、大修车辆；3. 能发现二手车主要部件更换情况	1. 识别事故车辆、翻新车辆、大修车辆的方法；2. 汽车维修常识；3. 汽车基本的检测技术和方法	38
	技术状况检测	1. 熟悉汽车检测的基本项目；2. 能掌握汽车基本检测方法；3. 会使用汽车常用的检测仪器和设备		
技术鉴定	二手车主要部件技术状况鉴定	熟知汽车主要部件的技术状况对整车性能的影响	1. 汽车部件损耗规律；2. 二手车技术鉴定报告格式和内容	20
评估定价	评估价格	1. 能掌握国家有关设备折旧规定和计算方法；2. 能掌握和运用多种评估定价方法；3. 能利用计算机鉴定估价软件进行估价	1. 设备折旧法；2. 二手车估价软件的使用方法；3. 价格策略与常用定价方法，成本定价法、需求定价法、竞争定价法	25
	编写评估报告	能编写二手车鉴定评估报告	计算机文字处理软件的使用方法	

（续）

职业功能	工作内容	技能要求	相关知识	配分比例
工作指导	指导鉴定估价的工作	1. 了解汽车的发展动态；2. 能指导二手车鉴定评估师处理工作中遇到的较复杂问题；3. 能结合实际情况，对鉴定估价工作提出改进意见	汽车发展动态以及鉴定估价的相关知识	5

3. 二手车鉴定评估人员的岗位职责

二手车鉴定评估人员的岗位职责如下：

1）遵守《二手车鉴定估价从业人员工作守则》，认真履行岗位职责。

2）接待二手车交易客户，受理客户鉴定估价的委托。

3）接受客户对二手车交易的咨询，引导客户合法交易。

4）负责检查二手车交易的各项证件。

5）负责收集二手车鉴定估价的政策法规资料、车辆技术资料、市场价格信息资料。

6）负责对二手车进行技术鉴定，估算价格。

7）不准盗抢、走私、非法拼装、报废车辆进场交易。

8）负责报告鉴定估价结果，与客户商定确认评估价格。

9）填写鉴定估价报告，指导资料员存档。

10）协助领导做好有关鉴定估价的其他工作。

4. 二手车鉴定评估人员的素质要求

随着二手车市场的迅猛发展，二手车市场存在的许多重要问题日益突出，其中比较突出的问题是如何规范二手车定价，要求加强鉴定估价行业管理的呼声越来越高。我国二手车市场从业人员技术素质参差不齐，部分人员存在缺乏统一标准、缺乏经验、缺乏职业道德等问题，特别是在二手车鉴定估价这一中心环节上，有的二手车交易市场缺少合格的专业鉴定评估师，估价随意性较大，定价不太合理，使广大消费者的合法权益不能得到保障，甚至企业权益和国家利益常常受到不同程度的侵害。因此要提高二手车鉴定评估师的素质，使其发挥更大作用。

二手车鉴定评估人员的素质直接影响着二手车价格评估工作的质量，一名合格的二手车鉴定评估人员应具备的素质主要体现在政策理论素质、业务素质和思想品德素质3个方面。

（1）政策理论素质

1）掌握马克思主义的基本理论，能运用马克思主义的立场、观点和方法分析和解决问题。

2）有一定的资产评估业务理论知识，熟悉资产评估的基本原理和基本方法。

3）有一定的政策水平，熟知国家有关二手车交易的政策法规和国家在各个时期的路线、方针和政策。

（2）业务素质

1）具有一定的知识面。二手车鉴定估价涉及的知识面广，它不仅要求鉴定估价人员具备财会、经济管理、市场、金融、物价等经济学科方面的知识，还要求鉴定估价人员具有工程技术、微机操作方面的知识。

2）具有娴熟的评估技巧和计算技术。

3）具有较高的收集、分析和运用信息资料的能力。

4）具有准确的判断能力。二手车鉴定估价的过程，就是一个对二手车技术状况进行判断、鉴定，从而对其价格进行估算判断的过程。

（3）思想品德素质　鉴定估价人员只有具备较高的思想品德素质，才能在评估工作中自觉履行自己的职责和义务，恪守职业道德，全心全意为客户服务。

✍ ┃ 任务实施

任务目标：正确认识二手车的鉴定评估，明确其业务开展的前提和具体范围，分析业务特点，阐述二手车鉴定评估的流程和方法。

一、明确二手车鉴定评估的基本要素和特点

（一）二手车鉴定评估的定义

二手车鉴定评估是指依法设立的具有执业资质的二手车鉴定评估机构和二手车鉴定评估人员，接受国家机关和各类市场主体的委托，按照特定的目的，遵循法定或公允的标准和程序，运用科学的方法，对经济和社会活动中涉及的二手车进行技术鉴定，并根据鉴定结果对二手车在鉴定评估基准日的价值进行评定估算的过程。

怎样正确认识二手车鉴定评估呢？最核心的是把握以下两点：

第一，二手车鉴定评估既是科学，也是艺术与经验的结合。正确的二手车技术状况鉴定，二手车价格的估计、推测与判断，必须依赖于一套科学严谨的二手车鉴定评估理论和方法，但又不能完全拘泥于有关的理论和方法，还必须依赖于评估人员的经验，因为二手车价格形成的因素复杂、多变，不是任何人用数学公式能够计算出来的。

第二，二手车鉴定评估不是对评估对象的主观给定，而是把二手车客观实在的价值通过评估活动正确地反映出来。二手车鉴定评估是基于对二手车客观实在的价值认识，运用科学的评估理论、方法和长期积累的评估经验将其表达出来，而不是把某一个主观想象的数据强加给评估对象。

做好二手车鉴定评估工作，不仅有利于引导企业正确做出价格决策，有利于保障司法诉讼和行政执法等活动的顺利进行，有利于维护法人和公民合法利益，而且对维护正常的社会经济秩序、促进经济发展具有重要意义。因此，深入认真研究、探讨二手车鉴定评估问题，建立一套完整、科学、适用的二手车鉴定评估方法，以保证鉴定评估结论客观、公正、合理，就显得更为重要。

（二）二手车鉴定评估要素

由二手车鉴定评估的定义可知，在二手车鉴定评估过程中，涉及 8 个基本要素，即鉴定评估主体、鉴定评估客体、鉴定评估依据、鉴定评估目的、鉴定评估原则、鉴定评估程序、鉴定评估值和鉴定评估方法。

1. 鉴定评估主体

鉴定评估主体是指从事二手车鉴定评估的机构和人员，它是二手车鉴定评估工作中

的主导者。在二手车鉴定评估业务中，对二手车鉴定评估的主体资格有严格的限制条件。例如，鉴定评估人员必须取得二手车鉴定评估师等级证书，才能获得相应的职业资格。

2. 鉴定评估客体

鉴定评估客体是指被评估的车辆，是鉴定评估的具体对象。被评估车辆可以按照不同标准分为汽车、摩托车、农用运输车、拖拉机和挂车等几类。按照车辆的用途，可以将机动车分为营运车辆、非营运车辆和特种车辆，其中营运车辆又可以分为公路客运、公交客运、出租客运、旅游客运、货运和租赁几种类型。特种车辆又可以分为警用、消防、救护和工程抢险等若干种车型。合理科学地对机动车进行分类，有利于在评估过程中进行信息资料的搜集和应用。如同一种车型，由于其用途不同，车辆在用状态所需要的税费可能就会有较大的差别，其重置成本的构成也往往差异较大。

3. 鉴定评估依据

鉴定评估依据是指二手车鉴定评估工作所遵循的法律、法规、经济行为文件、合同、协议以及收费标准和其他参考依据。

4. 鉴定评估目的

鉴定评估目的是指车辆鉴定评估所要服务的经济行为，车辆鉴定评估的目的往往影响着车辆评估方法的选择。

5. 鉴定评估原则

鉴定评估原则是指车辆鉴定评估的行为规范，是调节车辆评估当事各方关系、处理鉴定评估业务的行为准则。

6. 鉴定评估程序

鉴定评估程序是指二手车鉴定评估工作从开始到最后结束的工作程序。

7. 鉴定评估值

鉴定评估值是指对二手车鉴定评估时的计价标准，它对评估方法的选择具有约束性。如果要评估车辆的现行市价，则宜选择现行市价法进行评估；如果要评估车辆的重置成本，则要使用重置成本法。

8. 鉴定评估方法

鉴定评估方法是指二手车鉴定评估所运用的特定技术，它是获得二手车鉴定评估值的手段和途径。目前就 4 种评估方法的可操作性而言，常采用重置成本法对车辆的价值进行评定和估算。

以上 8 个要素构成了二手车鉴定评估活动的有机整体。它们之间相互依托，是保证二手车鉴定评估工作正常进行和评估值科学性的重要因素。

（三）二手车鉴定评估的特点

二手车作为一类资产，既是生产资料，也是消费资料。作为生产资料指的是用于生产或经营的车辆，其特征是有明显的价值转移，对产权所有者产生收益，如营运载货车、客车、工厂生产使用的叉车、工程使用的挖掘机等。作为家庭消费资料指的是一般家庭中仅次于房产的第二大财产，为生活和生产服务，以交通代步为主的车辆，其特征是没有明显的价值转移，对所有者不产生经济收益，车辆价值随使用年限及使用里程的增加而被消费掉。二手车自身有着这样几个特点：单位价值大，使用时间长；和房地产一样，有权属登记，其使用管理严格，税费附加值较高；其使用强度、使用条件、维护水平差异较大，并有较高的技术含量。

二手车自身特点决定了二手车鉴定评估的特点，具体如下。

1. 二手车鉴定评估以技术鉴定为基础

由于机动车本身具有较强的工程技术特点，其技术含量较高。机动车在长期的使用中，由于机件的摩擦和自然力的作用，处于不断磨损的过程中。随着使用里程和使用年数的增加，车辆实体的有形损耗和无形损耗加剧；其损耗程度，因使用强度、使用条件、维修维护情况等不同而差异很大。因此，评定车辆实物及其价值状况，往往需要通过技术检测等技术手段来鉴定其损耗程度。

2. 二手车鉴定评估都以单辆为评估对象

由于二手车单位价值相差比较大、规格型号多、车辆结构差异很大，为了保证评估质量，对于单位价值大的车辆，一般都是分整车、分部件逐台、逐件地进行鉴定评估。为了简化鉴定评估工作程序，节省时间，对于以产权转让为目的、单位价值小的车辆，也不排除采取"提篮作价"的评估方式。

二手车鉴定评估要考虑其手续构成的价值。国家对车辆实行"户籍"管理，使用税费附加值高。因此，对二手车进行鉴定评估时，除了估算其实体价值以外，还要考虑由"户籍"管理手续和各种使用税费构成的价值。

二、二手车鉴定评估的基础

（一）二手车鉴定评估的主体和客体

1. 二手车鉴定评估的主体

二手车鉴定评估主体是指二手车鉴定评估业务的承担者，即二手车鉴定评估机构及专业评估人员。由于二手车鉴定评估直接涉及当事人双方的权益，是一项政策性、专业性都很强的工作，因此无论是对专业评估机构还是对专业评估人员都有较高的要求。

（1）二手车鉴定评估人员　由于汽车是技术含量极高的商品，二手车交易又属于特殊商品的流通，因此与其他资产评估师相比，二手车鉴定评估师必须满足以下条件。

1）知识面广。二手车鉴定评估理论和方法以资产评估学为基础，涉及经济管理、市场营销、金融、价格、财会、机械原理、汽车构造等多方面知识。

2）有较高的政治、政策敏感度。汽车价格极易受到国家政策影响而发生变动，因此二手车鉴定评估人员既要熟知《国有资产评估管理办法》《二手车流通管理办法》等政策法规，又要及时掌握国家相关政策的变动对车辆价格造成的影响。

3）掌握必要的驾驶技术和实际技能。房地产评估师不要求一定会建房子，但二手车鉴定评估师却一定要会开汽车，而且要能够使用检测仪器和设备，并能通过目测、耳听、手摸等手段了解二手车外观、总成的基本状况，能够通过上路测试判断发动机、传动系、转向系、制动系等主要机构的工作性能。

4）能够及时更新基准价。由于汽车产品更新换代快，技术创新日新月异，加之市场经济条件下市场价格难以预测，因此要求二手车鉴定评估人员能迅速收集相关信息，及时对基准价做出有效的调整。

除了保证二手车鉴定评估质量以外，二手车鉴定评估人员还要经过严格的考试或考核，取得二手车鉴定评估师或二手车高级鉴定评估师资格证书。

（2）二手车鉴定评估机构　资产评估公司、会计师事务所、审计事务所、财务咨询公司，必须获得省级以上国有资产评估资格证书，才能从事有关资产评估业务。

2. 二手车鉴定评估的客体

二手车鉴定评估的客体是指被评估的车辆。二手车鉴定评估的一个主要目的就是在二手车的交易过程中准确地确定二手车价格，并以此作为买卖成交的参考底价。

（二）二手车鉴定评估的依据和目的

1. 二手车鉴定评估的依据

二手车鉴定评估的依据是指评估工作所遵循的法律、法规、经济行为文件以及其他参考资料，一般包括行为依据、法律依据、产权依据和取价依据4部分。

（1）行为依据　行为依据是指实施二手车鉴定评估的依据，一般包括经济行为成立的有关决议文件以及评估当事方的评估业务委托书。

（2）法律依据　法律依据是指二手车鉴定评估所遵循的法律法规，其主要包括：

1)《国家资产评估管理办法》。

2)《国有资产评估管理办法施行细则》。

3)《中华人民共和国机动车登记办法》。

4)《报废机动车回收管理办法》。

5)《汽车产业发展政策》。

6)《二手车流通管理办法》。

7)《机动车运行安全技术条件》。

8)其他方面的政策法规。

（3）产权依据　产权依据是指表明机动车权属证明的文件，主要包括机动车来历凭证、机动车登记证书、机动车行驶证、出租车营运证、道路营运证等。

（4）取价依据　取价依据是指实施二手车鉴定评估的机构或人员，在评估工作中直接或间接取得或使用的对二手车鉴定评估有借鉴或佐证作用的资料。它主要包括价格资料和技术资料。

1）价格资料。价格资料包括最新二手车辆整车销售价格、易损零部件价格、车辆精品装备价格、维修工时定额和维修价格资料，以及国家税费征收标准、车辆价格指数变化、各品牌车型残值率等资料。

2）技术资料。技术资料包括机动车的技术参数，新产品、新技术、新结构的变化，车辆故障的表面现象与差别，车辆维修工艺及国家有关技术标准等资料。

2. 二手车鉴定评估的目的

二手车鉴定评估的目的是正确反映二手车的价值及变动，为将要发生的经济行为提供公平的价格尺度。它回答的是为什么要对二手车进行鉴定评估的问题。同时，它告诉二手车鉴定评估机构市场在哪里，到哪里去寻找评估业务。在二手车鉴定评估市场，二手车鉴定评估的主要目的可分为两大类：一类为变动二手车产权，另一类为不变动二手车产权。

（1）变动二手车产权 变动二手车产权是指车辆所有权发生转移的经济行为，它包括二手车的交易、置换、转让、并购、拍卖、投资、抵债、捐赠等。

1）车辆交易转让。二手车在交易市场上进行买卖时，买卖双方对二手车交易价格的期望是不同的，甚至相差甚远。因此需要鉴定评估人员对被交易的二手车进行鉴定评估，评估的价格作为买卖双方成交的参考底价。

2）车辆置换。置换的概念源于海外，它强调的是旧物品（或次等的、较差的）与新物品（较好的）进行交换，并由置换方给予差额补贴。置换业务有以旧换新业务和以旧换旧业务两种。两种情况都会涉及对置换车辆的鉴定评估。二手车鉴定评估的质量直接关系到置换双方的利益。车辆的置换业务尤其是以旧换新业务在我国的二手车市场是一个崭新的业务，有着广阔的市场前景。

3）车辆拍卖。拍卖是指以公开竞价的形式，将特定物品或者财产权利转让给最高应价者的买卖方式。对于公务车、执法机关罚没车辆、抵押车辆、企业清算车辆、海关获得的抵税车辆和私家车等，都需要进行鉴定评估，为拍卖车辆活动提供拍卖底价。

4）其他。其他经济行为，如企业发生联营、兼并、出售、股份经营或破产清算，也需要对企业所拥有的二手车进行鉴定评估，以充分保证企业的资产权益。

（2）不变动二手车产权 不变动二手车产权是指车辆所有权未发生转移的经济行为，它包括二手车的纳税、保险、抵押、典当、事故车损、司法鉴定（海关罚没、盗抢、财产纠纷等）。

1）车辆保险。在对车辆进行投保时，所缴纳的保险费高低直接与车辆成本的价值大小有关。同样当被保险车辆发生保险事故时，保险公司需要对事故进行理赔。为了保障双方的利益，需要对保险理赔车辆进行公平的鉴定评估。除对碰撞车进行车损评估外，还应对火烧车和浸水车进行鉴定评估。

2）抵押贷款。银行为了确保放贷安全，要求贷款人以机动车作为贷款抵押，此时就需要对二手车进行鉴定评估。而这种贷款安全性的高低在一定程度上取决于对抵押车辆评估的准确性。一般情况下，其估值要比市价略低。

3）担保。担保是指车辆所有单位或所有人，以其拥有的二手车为其他单位或个人的经济行为提供担保，并承担连带责任的行为。

4）典当。当典当双方对当物车辆的价值的看法有较大的悬殊时，为了保障典当业务的正常进行，可以委托二手车鉴定评估人员对当物车辆的价值进行评估，典当行可以以此作为放款的依据。当当物车辆发生绝当时，对绝当车辆的处理，同样也需要委托二手车鉴定评估人员为其提供鉴定评估服务。

5）纳税评估。纳税评估是指政府为纳税赋税，委托评估人员对机动车辆进行评估，并以其估值作为机动车纳税基础。具体纳税价格视纳税政策而定。

6）司法鉴定。司法鉴定按性质的不同可分为刑事案件和民事案件。

刑事案件一般是指涉及盗抢车辆、走私车辆、受贿车辆等的案件。车辆评估的委托方一般是国家司法机关和行政机关，其委托目的是取证。

民事案件是指法院执行阶段涉及的各种车辆。车辆评估的委托方一般是人民法院，委托目的是案件执行需要进行抵债变现。

上述两种情况都要求鉴定评估人员对车辆进行评估，以辅助司法机关把握事实的真相，确保司法公正，因此要求极高。

在接受车辆评估委托时，明确车辆的评估目的，十分重要。对车辆的鉴定评估是一种市场价格的评估，所以对客户提出的不同的委托目的，有不同的评估方法。对于同一辆车，由于不同的评估目的，其评估出来的结果可能会有所不同。

（三）二手车鉴定评估的原则和程序

1. 二手车鉴定评估的原则

二手车鉴定评估的基本原则是对二手车鉴定评估行为的规范。正确理解和把握二手车鉴定评估的原则，对于选择科学、合理的二手车鉴定评估方法，提高评估效率和质量具有十分重要的意义。

二手车鉴定评估的原则分为工作原则和经济原则两大类。

（1）工作原则 二手车鉴定评估的工作原则是评估机构与工作人员在评估工作中应遵循的基本原则，包括合法性原则、独立性原则、客观性原则、科学性原则、公平性原则、规范性原则、专业化原则和评估时点原则等。

（2）经济原则 二手车鉴定评估的经济原则是指在二手车鉴定评估过程中，进行具体技术处理的原则。它是在总结二手车鉴定评估经验及市场能够接受的评估准则的基础上形成的，主要包括预期收益原则、替代原则和最佳效用原则。

2. 二手车鉴定评估的程序

二手车鉴定评估作为一个重要的专业领域，情况复杂、作业量大。在进行二手车鉴定评估时，应分步骤、分阶段地实施相应的工作。从专业评估角度而言，二手车鉴定评估大致要经历以下几个阶段。

（1）接待客户 接待客户具体应该了解的内容如下。

1）客户基本情况：包括车辆权属和权属性质。

2）客户要求：客户要求的评估目的、期望使用者和完成评估的时间。

3）车辆使用性质：了解车辆是生产营运车辆还是生活消费车辆。

4）车辆基本情况：包括车辆类别、名称、型号、生产厂家、初次登记日期、行驶里程、所有权变动或流通次数、落籍地、技术状态等。

（2）验明车辆合法性 验明车辆合法性主要应该核查以下内容。

1）来历和处置的合法性。查看机动车登记证或产权证明。

2）使用和行驶的合法性。检查手续是否齐全、真实、有效，是否年检，机动车行驶证登记的事项与行驶牌照和实物是否相符。

（3）签署二手车鉴定评估业务委托书 二手车鉴定评估业务委托书是鉴定评估机构与委托方对各自权利、责任和义务的约定，是一种经济合同性质的契约。

1）二手车鉴定评估业务委托书应写明：委托方和评估机构的名称、住所、工商登记注册号、上级单位、鉴定评估资格类型及证书编号；评估目的、评估范围、被评估车辆的类型和数量、评估工作起止时间、评估机构的其他具体工作任务；委托方须做好的基础工作和配合工作；评估收费方式和金额；评估业务委托方和评估机构各自的责任、权利、义务以及违约责任等其他具体内容。

2）二手车鉴定评估业务委托书必须符合国家法律法规和二手车鉴定评估行业管理规定，并做到内容全面、具体，含义清晰、准确。

3）涉及国有资产占有单位的二手车鉴定评估项目，应由委托方按规定办妥有关手续后再进行评估业务委托。

（4）拟订评估计划　二手车鉴定评估机构要根据评估项目的规模、复杂程度、评估目的做出评估计划。

二手车鉴定评估人员执行评估业务时，应该按照鉴定评估机构的规定编制评估计划，以便对工作做出合理安排和保证在预计时间内完成评估项目。

二手车鉴定评估人员应当重点考虑以下因素：

1）被评估车辆和评估目的。

2）评估风险、评估业务的规模和复杂程度。

3）相关法律、法规及宏观经济近期发展变化对评估对象的影响。

4）被评估车辆的结构、类别、数量、分布。

5）与评估有关资料的齐备情况及变现的难易程度。

6）评估小组成员的业务能力、评估经验及其优化组合。

7）对专家及其他评估人员的合理使用。

（5）二手车的技术鉴定

1）技术鉴定要达到的基本目的。

①为车辆的价值估算提供科学的评估证据。

②为期望使用者提供车辆技术状况的质量公证。

③为车辆发生的经济行为提供法律依据。

2）技术鉴定包括的基本事项。

①识别伪造、拼装、组装、盗抢、走私车辆。

②鉴别手续牌证的真伪。

③鉴别由事故造成的严重损伤。

④鉴别由自然灾害（水淹、火烧等）造成的严重损伤。

⑤鉴别车辆内部和外部技术状况。

3）技术鉴定检查项目。

①静态检查。

②动态检查。

③仪器检查。

（6）市场调查与资料　进行市场调查与资料搜集的目的是确定被评估车辆的现行市场价格。进行市场询价时，应重点做好如下工作。

1）确定被评估车辆基本情况（车辆类型、厂牌型号、生产厂家、主要技术参数等）。

2）确定询价参照对象及询价单位（询价单位名称、询价单位地址、询价方式、联系电话或传真号码、询价单位接待人员姓名等），并将询价参照对象情况与被评估

车辆基本情况进行比较，在两者相一致的情况下，询到的市场价格才是可比的、可行的。

3）确定询价结果。市场调查和询价资料经过整理，就可以编制成《车辆询价表》，《车辆询价表》是二手车鉴定评估主要的工作底稿之一。

（7）价值评定估算

1）确定估算方法。

①二手车鉴定评估人员应熟知、理解并正确运用市价法、收益法、成本法、清算价格法，并对这些评估方法进行综合运用。

②对同一被评估车辆宜选用两种以上的评估方法进行评估。

③有条件选用市价法进行评估的，应以市价法为主要的评估方法。

④营运车辆的评估在评估资料可查并齐全的情况下，可选用收益法为其中的一种评估方法。

⑤二手车鉴定评估一般适宜采用市价法和成本法进行评估。

2）评价评估结果。对不同评估方法估算出的结果，应进行比较分析。当这些结果差异较大时，应寻找并排除原因。对不同评估方法估算出的结果应做下列检查：

①计算过程是否有误。

②基础数据是否准确。

③参数选择是否合理。

④是否符合评估原则。

⑤公式选用是否恰当。

⑥选用的评估方法是否适宜评估对象和评估目的。

在确认所选用的评估方法估算出的结果无误之后，应根据具体情况计算出一个综合结果。

在计算出一个综合结果的基础上，应考虑一些不可量化的价格影响因素，对结果进行适当的调整，取用或认定该结果作为最终的评估结果。

当有调整时，应在评估报告中明确阐述理由。

3）编写二手车鉴定评估报告。编写二手车鉴定评估报告可分为如下两个步骤。

第一步，在完成二手车鉴定评估数据的分析和讨论的基础上，对有关部分的数据进行调整。由具体参加评估的二手车鉴定评估人员草拟出二手车鉴定评估报告。

第二步，就鉴定评估的基本情况和评估报告初稿的初步结论与委托方交换意见，听取委托方的反馈意见后，在坚持独立、客观、公正的前提下，认真分析委托方提出的问题和建议，考虑是否应该修改评估报告，对报告中存在的疏忽、遗漏和错误之处进行修正，待修改完毕即可撰写出正式的二手车鉴定评估报告。

4）提交二手车鉴定评估报告。二手车鉴定评估机构撰写出正式的鉴定评估报告以后，经过审核无误，按以下程序进行签名盖章：先由负责该项目的二手车鉴定评估人员签章，再送复核人审核签章，最后送评估机构负责人审定签章并加盖机构公章。二手车鉴定评估报告签发盖章后即可连同作业表等送交委托方。

任务 二 受理鉴定评估

📖 ┃ 任务解析

通过本任务的学习，学生能够准确识别二手车相关手续，了解二手车技术鉴定与价格评估的基本流程，掌握二手车鉴定评估委托书的制作与签订，能够制订鉴定评估计划，登记车辆信息。

📚 ┃ 知识链接

在二手车市场，不可避免地会出现一些来历不明或者存在问题的车辆，不论是鉴定评估人员还是买二手车的客户，都需要掌握鉴别车辆合法性的方法。在车辆识伪及交易陷阱的识别中，检查车辆的各种证件和税费证明就成了不可或缺的一个环节。

无论是二手车还是新车，均应按照国家有关法律和法规办理相关的有效证件和缴纳各种税、费，汽车凭这些有效证件和税费才能上路行驶。

一、机动车的证件

（一）机动车来历凭证

机动车来历凭证主要包括以下几个方面：

1）在国内购买机动车的来历凭证，是全国统一的机动车销售统一发票（图 1-1）或者二手车销售统一发票（图 1-2）；在国外购买的机动车，其来历凭证是该车销售单位开具的销售发票及其翻译文本。

解码行驶证信息

图 1-1 机动车销售统一发票（样例）

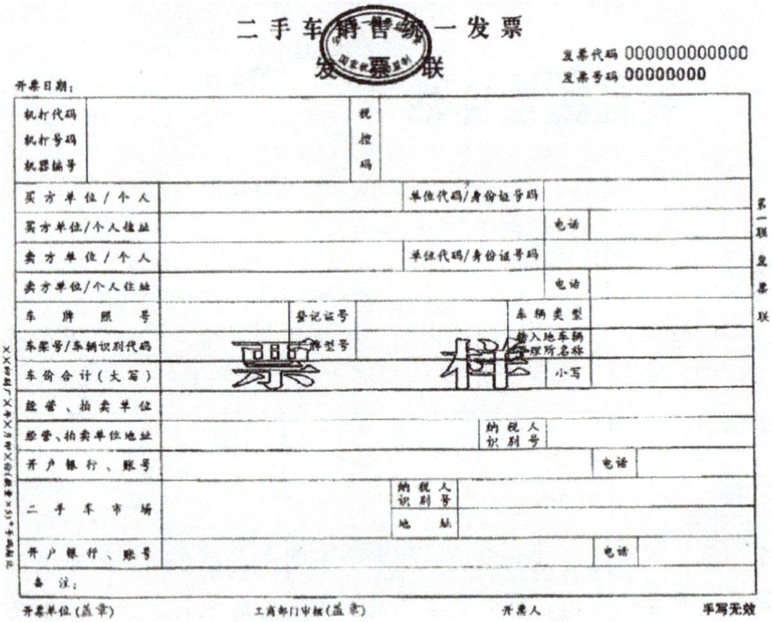
二手车销售统一发票
发票联
发票代码 000000000000
发票号码 00000000
开票日期：

机打代码 机打号码 机器编号		税控码			
买方单位/个人		单位代码/身份证号码			
买方单位/个人住址				电话	
卖方单位/个人		单位代码/身份证号码			
卖方单位/个人住址				电话	
车牌照号		登记证号		车辆类型	
车架号/车辆识别代码		厂牌型号		转入地车辆管理所名称	
车价合计（大写）				小写	
经营、拍卖单位					
经营、拍卖单位地址			纳税人识别号		
开户银行、账号				电话	
二手车市场		纳税人识别号			
		地址			
开户银行、账号				电话	
备注：					

开票单位（盖章）　工商部门审核（盖章）　开票人　手写无效
第一联 发票联

图 1-2　二手车销售统一发票（样例）

2）人民法院调解、裁定或者判决转移的机动车，其来历凭证是人民法院出具的已经生效的调解书、裁定书或者判决书以及相应的协助执行通知书。

3）仲裁机构仲裁裁决转移的机动车，其来历凭证是仲裁裁决书和人民法院出具的协助执行通知书。

4）继承、赠予、中奖和协议抵偿债务的机动车，其来历凭证是继承、赠予、中奖和协议抵偿债务的相关文书和公证机关出具的公证书。

5）资产重组或者资产整体买卖中包含的机动车，其来历凭证是资产主管部门的批准文件。

6）国家机关统一采购并调拨到下属单位未注册登记的机动车，其来历凭证是全国统一的机动车销售统一发票和该部门出具的调拨证明。

7）国家机关已注册登记并调拨到下属单位的机动车，其来历凭证是该部门出具的调拨证明。

8）经公安机关破案发还的被盗抢且已向原机动车所有人理赔完毕的机动车，其来历凭证是保险公司出具的权益转让证明书。

9）更换发动机、车身、车架的来历凭证，是销售单位开具的发票或者修理单位开具的发票。

（二）机动车行驶证

机动车行驶证是由公安车辆管理机关依法对车辆进行注册登记核发的证件，它是机动车取得合法行驶权的凭证。《中华人民共和国道路交通管理条例》第十七条规定，车辆必须经过车辆管理机关检验合格，领取号牌、行驶证，方准行驶。《中华人民共和国机动车登记管理办法》规定机动车行驶证是二手车过户必不可少的证件。机动车行驶证样式如图 1-3 所示。

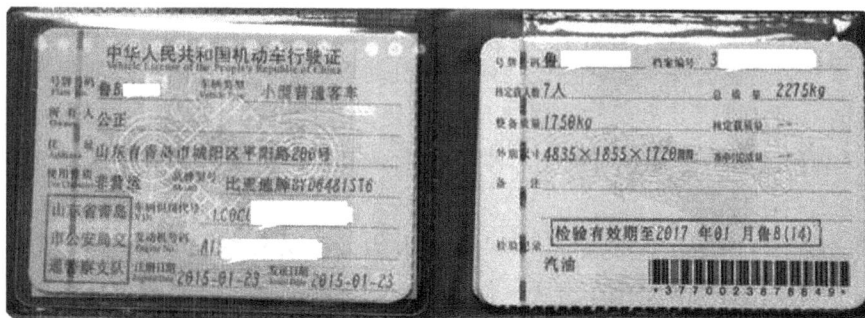

图 1-3　机动车行驶证样式

（三）机动车登记证书

根据 2001 年 10 月 1 日起实施的《中华人民共和国机动车登记办法》，在我国境内道路上行驶的机动车，应当按规定经机动车登记机构办理登记，核发机动车号牌、机动车行驶证和机动车登记证书。机动车所有人申请办理机动车各项登记业务时均应出具机动车登记证书；当登记信息发生变动时，机动车所有人应当及时到车辆管理所办理相关手续；当机动车所有权转移时，原机动车所有人应当将机动车登记证书随车交给现机动车所有人。目前，机动车登记证书还可以作为有效资产证明，到银行办理抵押贷款。机动车登记证书同时也是机动车的"户口本"，所有机动车的详细信息及机动车所有人的资料都记载在上面，证书上所记载的原始信息发生变化时，机动车所有人应携机动车登记证书到车管所进行变更登记。这样，"户口本"上就有关于此机动车的完整记录。公安车辆管理部门是机动车登记证书的核发单位。凡 2001 年 10 月 1 日之后新购机动车，都随车办好了证书，凡 2001 年 10 月 1 日之前购车未办领机动车登记证书的机动车所有者，必须补办机动车登记证书。机动车登记证书是二手车鉴定评估人员必须认真查验的，机动车登记证书与机动车行驶证相比内容更详细，一些评估参数必须从机动车登记证书上获取，如使用性质的确定等。机动车登记证书样式如图 1-4 所示。

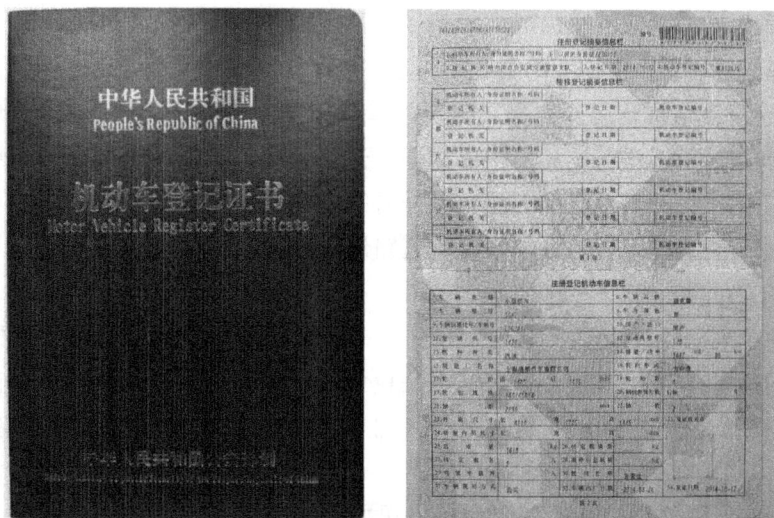

图 1-4　机动车登记证书样式

（四）机动车号牌

机动车号牌是由公安车辆管理机关依法对机动车进行注册登记核发的号牌，它和机动车行驶证一同核发，其号码与行驶证应该一致，它是机动车取得合法行驶权的标志。《中华人民共和国道路交通管理条例》中第十七条规定，机动车号牌不准转借、涂改或伪造。

目前，我国规定使用的机动车号牌按《中华人民共和国机动车号牌》（GA 36—2018）标准制作，其中小型汽车号牌制作规格如图1-5所示。

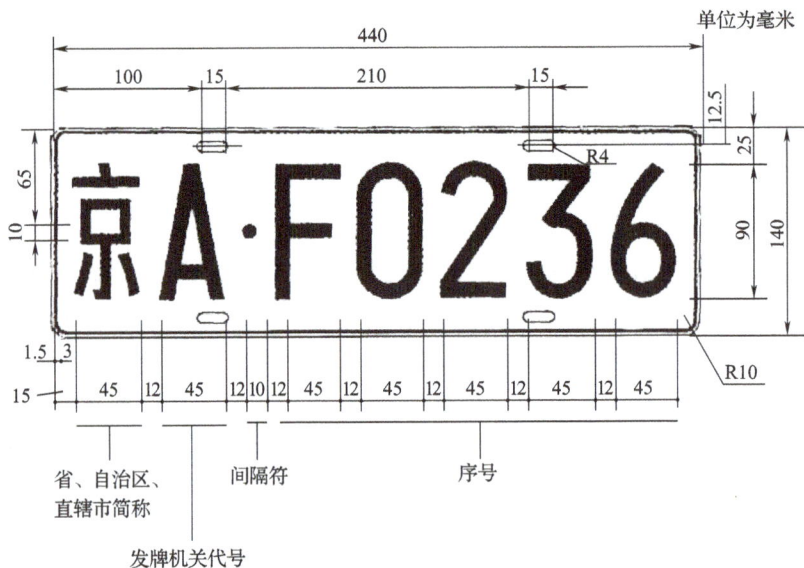

图1-5　小型汽车号牌制作规格

根据《中华人民共和国道路交通安全法实施条例》的规定，机动车号牌应当悬挂在车前、车后指定位置，保持清晰、完整。重型、中型载货汽车及其挂车、拖拉机及其挂车的车身或者车厢后部应当喷涂放大的牌号，字样应当端正并保持清晰。

（五）道路运输证

道路运输证（俗称营运证）是证明营运车辆合法经营的有效证件，也是记录营运车辆审验情况和对经营者进行奖惩的主要凭证，道路运输证必须随车携带，其在有效期内全国通行。它的主证和副页必须齐全，编号必须相同，骑缝章必须相合，填写的内容必须一致，否则，视为无效营运证。现有的道路运输证有纸质和IC卡两种。

（六）核查证件操作的注意事项

1）机动车来历凭证除了全国统一的机动车销售发票或者二手车销售发票之外，还有法院调解书、裁定书、判决书、公证书、权益转让证明书、没收走私汽车证明书、协助执行通知书、调拨证明等机动车来历凭证。凡无合法机动车来历凭证者，应认真查验。

2）机动车行驶证的检查根据《中华人民共和国机动车登记办法》规定，机动车行驶证是二手车过户、转籍必不可少的证件，应认真查验，并检查其真伪。为了防止伪造行驶证，其塑封套上有用紫光灯可识别的不规则的与行驶证卡片上图形相同的暗记，并且行驶证上按要求粘贴有车辆彩色照片，因此机动车行驶证的识伪办法一是查看识伪标记，二是查看车辆彩照与实物是否相符，三是将行驶证纸质、印刷质量、字体、字号与车辆管理机关核发的行驶证进行比对，存疑的行驶证可去发证的公安车辆管理机关核实。最常见的伪造是行驶证副页上的检验合格章。现在许多地方采用计算机打印"检验合格至×年×月"，并加盖检验合格章的办法来增加防伪能力。车辆管理机关规定超过两年未检验的车辆按报废处理。二手车鉴定评估人员要对副页上的检验合格章，即行驶证的有效期特别重视。

3）应详细检查机动车登记证书中每个项目的内容及其变更情况。

①核对机动车所有人是否曾为出租公司或租赁公司。

②核对登记日期和出厂日期是否时间跨度很大。

③核对进口车是否为海关进口或海关罚没。

④核对使用性质是非营运、营运、租赁或营转非。机动车使用性质主要有公路客运、公交客运、出租客运、旅游客运、租赁、货运、非营运、警用、消防、救护、工程抢险、营转非、出租营转非等多种。

⑤核对登记栏内是否注明该车已作抵押。

⑥对于货运车辆核对长、宽、高、轮距、轴距、轮胎的规格是否一致。

⑦核对钢板弹簧片数是否一致或是否有加厚的现象。

⑧核对现机动车登记证书持有人与受委托人是否一致。

4）查验机动车号牌。

机动车号牌真假的判别可采用"望、摸、问、查"4种方法。

①"望"。观察车牌外形，从形状、颜色的角度进行基本判断。正规的车牌经过高科技的处理并采用一次成形技术，视觉效果好；伪造车牌在正常阳光下存在颜色偏红或偏黄的色差以及字体较窄等现象。

②"摸"。用手触摸车牌，检查周边棱角处是否光滑，这是判断一辆车的车牌是否是伪造车牌的重要方法。由于并非一次成形，伪造车牌上的字体边缘会有棱角，即使打磨过也难以掩盖痕迹。拆下伪造车牌，其背面会有敲打过的痕迹。

③"问"。问车主是否可以过户。目前二手车市场上一些不法分子经常把二手车的车牌卖掉，从中牟取暴利。遇上这种情况，购车人只要提出"能否过户"，不法分子一般会承诺"包车检"，这就意味着可能用了假号牌。

④"查"。"查"是判断机动车号牌真伪的最有效的方法。记下车牌号码后，到车辆管理部门网站查询车辆登记档案。挪用牌照的套牌车有的是套用不同车型牌照，有的是套用同种车型牌照，有的还涂改车架号和相关标志，上述情况只要在相关网站一查，便可了解清楚。

二、机动车的税费和保险

二手车的税费缴纳和保险凭证包括购置税完税证明和交强险保单等。

（一）车辆购置税

车辆购置税是国家对所有购置车辆的单位和个人征收的一种税种，其目的是解决国家公路建设资金的困难。已经缴纳车辆购置税的车辆进行二手车交易时，必须出示车辆购置税缴费凭证（图1-6）。除国家规定可以免交购置税的车辆外，漏交购置税的车辆必须补交车辆购置税。

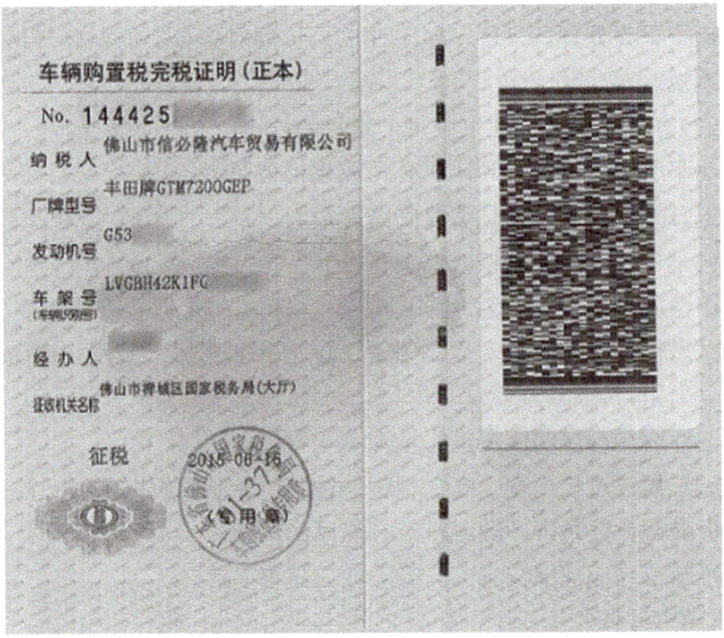

图1-6　车辆购置税缴费凭证

车辆购置税单位价值大，一般是车辆价格减增值税缴纳后的10%。

车辆购置税缴费凭证真伪的识别：一是以对比法进行认定，二是到征收机关查验。各个地区公安交通网站上均可根据车辆的车牌号及 VIN 或车主姓名查询车辆违规及税费、保险缴纳情况。

（二）车船使用税

《中华人民共和国车船税暂行条例》规定，凡在中华人民共和国境内拥有车船的单位和个人，都应该依照规定缴纳该税，这项税收按年征收，分期缴纳。车船税现在通常跟交强险保费一起缴纳，由保险公司代收。

（三）机动车辆保险

机动车保险是各种机动车在使用过程中发生肇事时，车辆造成车辆本身以及第三者人身伤亡和财产损失后的一种经济补偿制度。机动车保险费是当机动车发生意外事故，为避免用户发生较大损失而向保险公司所交付的费用。机动车保险险种分为交强险和商业险两种（图1-7）。在评估工作中，还应关注被评估车辆的保险情况，购买强制险后，汽车风窗玻璃上须粘贴交强险标识，部分地区已开始实行电子保单和标识。评估车辆价值时，交强险与商业险如果未到期，应折算一定的价值。

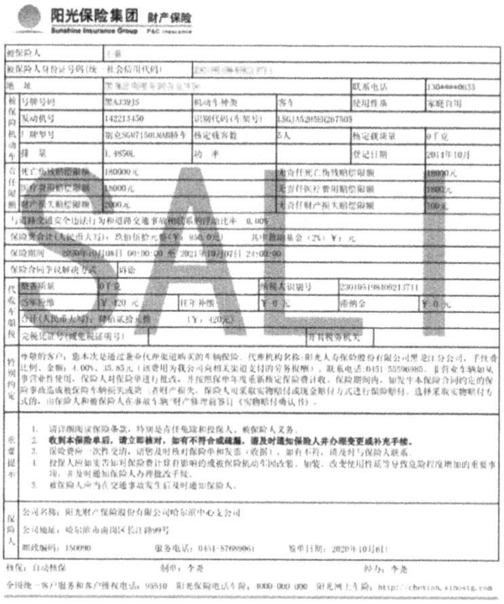

a)

b)

c)

图 1-7 车险保单及保险标识

a）交强险保单 b）交强险标识 c）商业险保单

📝 | **任务实施**

任务目标：与客户进行车辆鉴定评估业务的洽谈，按程序签订二手车鉴定评估委托书，拟订鉴定评估计划，并登记完整信息。

一、业务洽谈

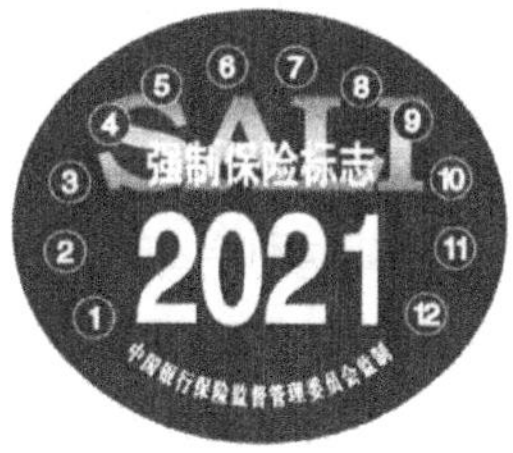

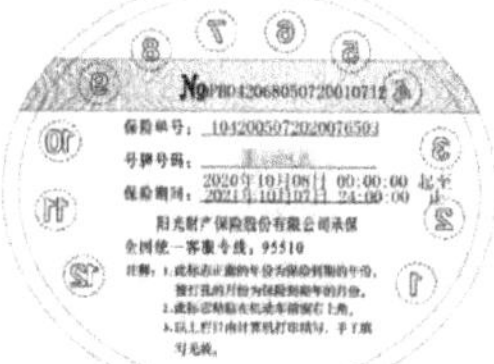

洽谈是承接评估业务的第一步。与客户洽谈的主要内容有车主基本情况、车辆情

况、委托评估目的、时间要求等。

（一）车主基本情况

车主即二手车所有人，指拥有车辆所有权的单位或个人。接受委托前应了解委托者是否为车主，是车主即有车辆处置权；如果不是车主本人，还要看是否有车主签名的处置委托书及委托者身份证明，相符者也有车辆处置权，否则无车辆处置权。同时还应了解车主单位（或个人）名称、隶属关系和所在地等。

（二）委托评估的目的

评估目的是指委托者评估二手车的经济行为。常见的二手车委托评估目的有交易、转籍、拍卖、置换、抵押、担保、咨询、司法裁决等经济行为。应根据评估目的，选择合适的计价标准和评估方法。我国二手车市场的业务以交易为主，委托者委托评估的目的大多数是为二手车成交提供参考底价。

（三）评估对象及其基本情况

1）二手车类别：是乘用车，还是商用车等。

2）二手车名称、型号、生产厂家、出厂日期。

3）二手车初次注册登记日期、行驶里程。

4）二手车来历：是第一次交易，还是再次交易；对第一次交易的车辆，要了解其新车来历，是正常市场上购买的，还是走私罚没处理车，或是捐赠免税车。

5）车籍：指车辆注册登记地。

6）使用性质：是私家车、公务用车、商用车，还是专业运输车或出租营运车。

7）手续是否齐全，是否年检。

对上述基本情况了解清楚以后，就可以做出是否接受委托的决定。如果接受委托，就要签订二手车鉴定评估委托书。

（四）实地考察

对于评估数量较多的业务，在签订二手车鉴定评估委托书之前，应到车辆停放地点实地考察评估对象的情况。实地考察的目的是了解鉴定估价的工作量、工作难易程度、车辆现时状态（在用、已停放很久不用、在修、停驶待修等）。

二、签订二手车鉴定评估委托书

（一）二手车鉴定评估委托书

二手车鉴定评估委托书又称为二手车鉴定评估委托合同，是指二手车鉴定评估机构与法人、其他组织或自然人相互之间，为实现二手车鉴定评估的目的、明确相互权利义务关系所订立的协议。

二手车鉴定评估委托合同是受托方与委托方对各自权利、责任和义务的协定，是一项具有经济合同性质的契约。

二手车鉴定评估委托合同应写明的内容有：

1）委方方和二手车鉴定评估机构的名称、住所、工商登记注册号、上级单位、二手车鉴定评估人员资格类型及证件编号。

2）鉴定评估目的、车辆类型和数量。

3）委托方须做好的基础工作和配合工作。

4）鉴定评估工作的起止时间。

5）鉴定评估收费金额及付款方式。

6）反映协议双方各自责任、权利、义务以及违约责任的其他内容。

二手车鉴定评估委托合同必须符合国家法律、法规和资产评估业的管理规定。涉及国有资产，占有单位要求申请立项的二手车鉴定评估业务，应由委托方提供国有资产管理部门关于评估立项申请的批复文件，经核实后，方能接受委托，签署委托合同。二手车鉴定评估同其他自查评估一样，也应按照《国有资产评估管理办法》的规定进行。资产评估作为一个独立的学科门类，有其自身的研究对象、范围、目的和方法，有其独特的基本假设前提和应遵循的科学原理，有其不同于会计科学和经济学科的价值标准和计量原则。

（二）签订的注意事项

委托人和评估机构签订委托书的前提是鉴定对象为可交易车辆，或者司法机构等委托的特殊车辆，评估机构才可以和委托人签订委托书。

委托书的编号可以由二手车鉴定评估机构确定，要能够体现同一个鉴定对象的独立性和唯一性，同时又要方便存档时的归类、整理和查阅。

在基本信息环节，对于委托一方而言，如果委托方是机构，其名称、法人代码证、委托方的地址要采用其工商注册登记的信息，不能简写、缩写或者用代码表示，联系人一栏要确保其与委托机构的关联性，明确所属关系，所填电话要进行核对；如果是个人的，其姓名、身份证号、地址要参考其身份证信息，确保其一致性，委托人是个人的，联系人可以是委托人，也可以是委托人的代理人，但是要确定和核对代理关系，同样对所填电话信息要进行核对；鉴定评估机构的基本信息参照委托方属于机构的，其基本信息环节不允许留空。

在委托事项的描述环节，委托原因选择好后在前面打对勾，其他非选项要全部打叉号，避免人为涂改，号牌号码和车辆识别代号/车架号填写前要通过行驶证等信息进行核对，确保不出现人为错误；完成日期的填写年份前要填写四位阿拉伯数字，月份和日期前要填写两位阿拉伯数字，不足位数的前面补阿拉伯数字0，例如2009年03月04日，具体完成日期要由鉴定机构和委托人商定。

委托评估车辆基本信息表格中，参考车辆本身和车辆的注册登记证书、行驶证等信息填写厂牌型号、使用用途/总质量、座位、排量、燃料种类（汽油型号或柴油等）、注册登记日期、车身颜色、已使用年限、累计行驶里程，参考车辆的维修维护手册填写大修次数（含发动机和整车）、维修情况（含次数）、事故情况（含次数和事故大小），以上为车辆的基本情况。

价值反映部分的信息主要有购置日期和原始价值，购置日期的填写参考对评估报告的完成日期的填写要求。

备注信息一栏填写需要补充的内容，主要是围绕对技术鉴定和价值评估有影响的信息，没有的填写无。

委托方和受托方都要进行签字和盖章，不能只签字或盖章（委托方是个人的，可以选择只签字)，最后的日期填写参考对评估报告的完成日期的填写要求。二手车鉴定评估委托书如图 1-8 所示。

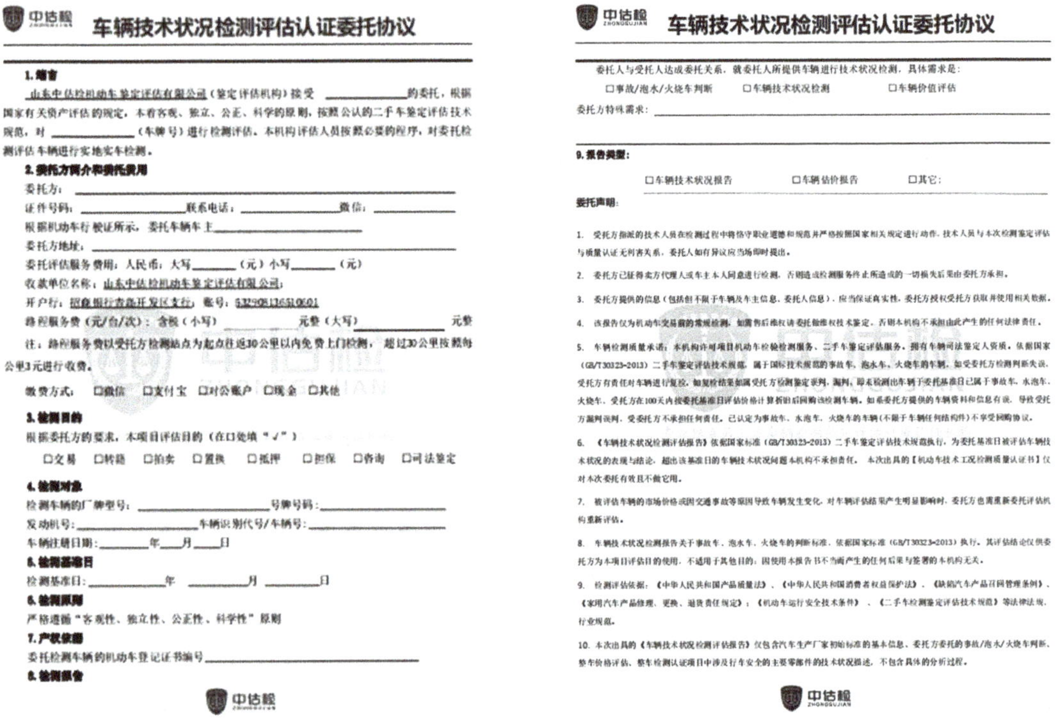

中估检

车辆技术状况检测评估认证委托协议

1. 绪言

山东中估检机动车鉴定评估有限公司（鉴定评估机构）接受 ____________ 的委托，根据国家有关资产评估的规定，本着客观、独立、公正、科学的原则，按照公认的二手车鉴定评估技术规范，对 ____________（车牌号）进行检测评估。本机构评估人员按照必要的程序，对委托检测评估车辆进行实地实车检测。

2. 委托方简介和委托费用

委托方：____________

证件号码：____________ 联系电话：____________ 微信：____________

根据机动车行驶证所示，委托车辆车主____________

委托方地址：____________

委托评估服务费用：人民币：大写______（元）小写______（元）

收款单位名称：山东中估检机动车鉴定评估有限公司；

开户行：招商银行青岛开发区支行，账号：532908136510601

路程服务费（元/台/次）：含税（小写）______ 元整（大写）______ 元整

注：路程服务费以受托方检测站点为起点往返30公里以内免费上门检测，超过30公里按照每公里3元进行收费。

缴费方式：□微信 □支付宝 □对公账户 □现金 □其他

3. 检测目的

根据委托方的要求，本项目评估目的（在□处填"√"）

□交易 □转籍 □拍卖 □置换 □抵押 □担保 □咨询 □司法鉴定

4. 检测对象

检测车辆的厂牌型号：____________ 号牌号码：____________

发动机号：____________ 车辆识别代号/车辆号：____________

车辆注册日期：______年___月___日

5. 检测基准日

检测基准日：______年 ______月 ______日

6. 检测原则

严格遵循"客观性、独立性、公正性、科学性"原则

7. 产权依据

委托检测车辆的机动车登记证书编号____________

8. 检测报告

中估检

中估检 ZHONGGUJIAN

车辆技术状况检测评估认证委托协议

委托人与受托人达成委托关系，就委托人所提供车辆进行技术状况检测，具体需求是：

□事故/泡水/火烧车判断 □车辆技术状况检测 □车辆价值评估

委托方特殊需求：____________

9. 报告类型：

□车辆技术状况报告 □车辆估价报告 □其它：

委托声明：

1. 受托方指派的技术人员在检测过程中将恪守职业道德和规范并严格按照国家相关规定进行动作。技术人员与本次检测鉴定评估与质量认证无利害关系，委托人如有异议应当场即时提出。

2. 委托方已征得卖方代理人或车主本人同意进行检测，否则造成检测服务终止所造成的一切损失后果由委托方承担。

3. 委托方提供的信息（包括但不限于车辆及车主信息、委托人信息），应当保证真实性，委托方授权受托方获取并使用相关数据。

4. 该报告仅为机动车交易前的常规检测，如需售后维权请委托做维权技术鉴定，否则本机构不承担由此产生的任何法律责任。

5. 车辆检测质量承诺：本机构许可项目机动车检验检测服务、二手车鉴定评估服务，拥有车辆司法鉴定人资质。依据国家（GB/T30323-2013）二手车鉴定评估技术规范，属于国标技术规范的事故车、泡水车、火烧车的车辆，如受委托方检测判断失误，受托方有责任对车辆进行复检，如复检结果如属受托方检测鉴定误判，漏判，即未检测出车辆于委托基准日已属于事故车、水泡车、火烧车，受托方在100天内按委托基准日评估价格计算折旧后回购该检测车辆。如系委托方提供的车辆资料和信息有误，导致受托方漏判误判，受委托方不承担任何责任。已认定为事故车、水泡车、火烧车的车辆（不限于车辆任何结构件）不享受回购协议。

6. 《车辆技术状况检测评估报告》依据国家标准（GB/T30323-2013）二手车鉴定评估技术规范执行，为委托基准日被评估车辆技术状况的表现与结论，超出该基准日的车辆技术状况问题本机构不承担责任。本次出具的【机动车技术工况检测质量认证书】仅对本次委托有效且不做它用。

7. 被评估车辆的市场价格或因交通事故等原因导致车辆发生变化，对车辆评估结果产生明显影响时，委托方也需重新委托评估机构重新评估。

8. 车辆技术状况检测报告关于事故车、泡水车、火烧车的判断标准，依据国家标准（GB/T30323-2013）执行。其评估结论仅供委托方为本项目评估目的使用，不适用于其他目的；因使用本报告书不当而产生的任何后果与签署的本机构无关。

9. 检测评估依据：《中华人民共和国产品质量法》、《中华人民共和国消费者权益保护法》、《缺陷汽车产品召回管理条例》、《家用汽车产品修理、更换、退货责任规定》；《机动车运行安全技术条件》、《二手车检测鉴定评估技术规范》等法律法规、行业规范。

10. 本次出具的《车辆技术状况检测评估报告》仅包含汽车生产厂家初始标准的基本信息、委托方委托的事故/泡水/火烧车判断、整车价格评估、整车检测认证项目中涉及行车安全的主要零部件的技术状况描述，不包含具体的分析过程。

中估检 ZHONGGUJIAN

图 1-8 二手车鉴定评估委托书

三、拟订鉴定评估计划

二手车鉴定评估人员执行评估业务时，应该按照鉴定评估机构的规定编制评估计划，以便对工作做出合理安排和保证在预计时间内完成评估项目。因此，拟定二手车鉴定评估计划是对车辆评估进行周密计划、有序安排的过程，主要包括以下内容：整理委托方提供的有关资料，向委托方了解车辆的有关情况；根据车主的评估目的，确定计价标准和评估方法，拟定具体的工作步骤和工作进度，确定评估基准日和具体的日常安排、现场工作计划、鉴定评估人员及其他协助人员的工作安排，设计并印制评估所需要的各类表格。

四、登记基本信息

（一）登记车辆使用性质信息

根据车辆的使用性质，我国目前将车辆按如下方式分类：

1）营运车辆：指由交通运输管理部门核发营运证书的从事客运、货运或客货两用的车辆；或车辆的运载是以完成商业性传递或交通运输为目的，如邮政运输车辆。

2）非营运车辆：指各级党政机关、社会团体、企事业单位、个人等自用的车辆。

登记车辆使用性质信息，明确营运与非营运车辆。首先要明确车辆使用性质信息。

对于车辆使用性质信息，可以通过车辆机动车登记证书上的信息栏查询车辆的使用性质信息。由于车辆的使用性质不同，导致车辆所具有的风险不同。整体而言，因为营运车辆长时间运转，车辆磨损率及事故概率要比家庭自用和非营运车辆高，因此，营运车辆风险比非营运车辆要大。

（二）登记车辆基本情况信息

车辆基本情况信息包括车辆类别、名称、型号、生产厂家、注册登记日期、表征行驶里程等。如果表征行驶里程与实际车况明显不符或存在其他技术缺陷时，应在"二手车技术状况表"中有关技术缺陷描述处予以注明。

任务 三 车辆技术状况的静态检查

任务解析

通过本任务的学习，学生能够明确车辆静态检查的内容和意义，熟悉静态检查的项目、流程和标准，能够按照标准完成对二手车的识伪检查，以及与运用相关工具、仪器进行车辆的外观、发动机舱、驾乘舱、底盘等部位的检查，并判断出技术状况。

知识链接

一、静态检查的基本内容

二手车的静态检查是指在静态情况下，根据评估人员的经验和技能，辅之以简单的工、量具，对车辆的技术状况进行静态直观检查。

静态检查的目的是快速、全面地了解车辆的大概技术状况。通过全面检查，可以发现一些较大的缺陷，如严重碰撞、车身或车架锈蚀或有结构性损坏、发动机或传动系统严重磨损、车厢内部设施不良、损坏维修费用较大等，这些情况为价值评估提供依据。

二手车的静态检查主要包括识伪检查和外观检查两大部分。其中，识伪检查主要包括鉴别是否为走私车辆、拼装车辆和盗抢车辆等工作；外观检查包括鉴别是否为事故车辆、检查发动机舱、检查内室、检查行李舱和检查车底等内容。

二、静态检查常用仪器和工具

（一）漆面测厚仪

漆面测厚仪是一种测量金属物体上非磁性涂层或非导电涂层厚度的无损检测设备。二手车漆面测厚仪主要是测量车体表面油漆、腻子等涂层厚度，并与《中华人民共和国汽车行业标准汽车油漆涂层（QC/T 484—1999）》中所提供的数据进行比较，明确车身表面是否存在重新刮腻子、喷漆的现象。

位于漆面测厚仪表面的探头会产生闭合的磁回路，当探头与金属表面之间的距离发生变化时，回路中的电阻及电感数值会发生变化。利用数据的变化可以判断探头和金属表面之间的腻子、漆面厚度变化。

（二）轮胎胎纹尺

轮胎胎纹尺主要用于测量轮胎花纹深度。通过花纹深度测量值，评估师可以判断轮胎花纹磨损状况，并结合轮胎生产日期确定车辆使用强度。同时出于安全考虑，当测量值不符合安全规定时，就要及时更换轮胎。

对于机械式胎纹尺，需要评估人员人工读取测量数据。电子胎纹尺的工作原理与机械式胎纹尺相似，只需要通过屏幕读出显示数值，即为花纹深度。

三、走私车辆、拼装车辆和盗抢车辆的界定

在二手车交易流通环节，可能会出现一些走私车辆、拼装车辆和盗抢车辆等，如何界定这部分车辆，是一项十分重要而又艰难的工作。它必须凭借技术人员所掌握的专业知识和丰富经验，结合有关部门的信息材料，对评估车辆进行全面细致的鉴别，将这部分车辆与其他正常车辆区分开，从而促使二手车交易规范、有序地进行。

走私车辆是指没有通过国家正常进口渠道进口的、未完税的进口车辆。拼装车辆是指一些不法厂商和不法分子为了牟取暴利，非法组织生产、拼装的无产品合格证的假冒、低劣汽车。这些汽车有些是境外整车切割，境内焊接拼装的车辆；有些是进口汽车散件、国内拼装的国外品牌汽车；有些是国内零配件拼装的国内品牌汽车；有些是二手车拼装的车辆，即两辆或者两辆以上的二手车拼装成一台汽车；甚至也有的是国产或进口零配件拼装的杂牌汽车。盗抢车辆一般是指公安车管部门已登记上牌的，在使用期内丢失的或被不法分子盗窃的，并在公安部门已报案的车辆。

✍ | 任务实施

任务目标：根据鉴定评估计划，准备好相应的工具和鉴定评估作业表等，开始按照程序进行车辆的静态检查。

一、二手车的识伪检查

（一）鉴别走私和拼装车辆

在二手车交易鉴定评估中，对于走私车辆、拼装车辆，首先要确定这些车辆的合法性。其中，一种情况是车辆技术状况较好，符合国家有关机动车行驶标准和要求，已经被国家有关执法部门处理，通过拍卖等方式，在公安车管部门注册登记上牌，并取得合法地位的车辆。这些二手车在评估价格上要低于正常状态的车辆。另一种情况是无牌、无证的非法车辆。对走私车辆、拼装车辆的鉴别方法如下：

1）运用公安车管部门的车辆档案资料，查找车辆来源信息，

车辆技术状况鉴定
——静态检查

确定车辆是否合法及来源情况。这是一种最直接有效的判别方法。

2）查验二手车的汽车产品合格证、维护手册。对进口车必须查验进口产品检验证明书和商验标志。

3）检查二手车外观。查看车身是否有重新喷过油漆的痕迹，特别是顶部下沿部位。查看车身的曲线部位线条是否流畅，尤其是小曲线部位，根据目前的技术条件，没有专门的设备不可能处理得十分完美，若有再加工的痕迹会特别明显。检查门柱和车架部分是否有焊接的痕迹，很多走私车辆是在境外把车身切割后，运入国内再进行焊接拼凑起来的。要看车门、发动机舱盖、行李舱盖与车身的接合缝隙是否整齐、均衡。

4）查看二手车内饰。检查内装饰材料是否平整，内装饰压条边沿部分是否有明显的手指印或有其他工具碾压后留下的痕迹，有问题的车顶装饰材料上或多或少都会留下被弄脏后的痕迹。

5）打开发动机舱盖，检查发动机和其他零部件是否有拆卸后重新安装的痕迹，是否有旧的零部件或缺少零部件。查看电线和管路布置是否有条理，安装是否平整。核对发动机号码和车辆识别代号（车架号码）的字体和部位。

（二）鉴别盗抢车辆

由于车辆被盗窃方式多种多样，它们被盗窃后所遗留下来的痕迹会不同，撬开门锁、砸车窗玻璃和撬转向盘锁等一般都会留下痕迹。被盗赃车大部分经过一定修饰后很可能会流入二手车交易市场。这类车辆的鉴别方法一般如下：

1）根据公安车辆管理部门的档案资料，及时掌握车辆状态情况，防止盗抢车辆进入市场交易。这些车辆从车辆主人报案起到追寻找到为止这段时期内，公安车管部门将这部分车辆档案材料锁定，不允许进行车辆过户、转籍等一切交易活动。

2）根据盗窃的一般手段，主要检查汽车门锁是否过新，锁芯有无被更换过的痕迹，门窗玻璃是否为原配正品，窗框四周的防水胶是否有插入玻璃升降器开门的痕迹，转向盘锁或点火开关是否有被破坏或调换的痕迹。

3）不法分子急于对有些盗抢车辆销赃，他们会对车辆或有关证件进行篡改和伪造，使被盗赃车面目全非。检查重点是核对发动机号码和车辆识别代码，看钢印周围是否变形或有褶皱现象，钢印正反面是否有焊接的痕迹。

4）查看车辆外观是否全身重新喷过油漆，或者改变过原车辆颜色。

5）打开发动机舱盖查看线或管的布置是否有条理，发动机和其他零部件是否正常、有无杂音，空调是否制冷、有无暖风，发动机及其他相关部件有无漏油现象。

6）查看内装饰材料是否平整，表面是否干净。尤其是对压条边沿部分要进行特别仔细的检查，经过再装配过的车辆内装饰压条边沿部分会有明显的手指印或其他工具碾压过后留下的痕迹。

二、外观检查

（一）检查车身技术状况

轿车或客车的车身在整车价值中所占的权重很大，维修费用也比较高，故对车身的技术状况鉴定是二手车技术状况检查的首要步骤。查看时应从车前部开始，主要检查漆面、车身配合间隙、车身尺寸和车身防腐情况。

1. 检查漆面

观察有无色差，新补的漆往往在色彩上不同于原车漆。从车辆的侧面迎光观察车身平滑度（图1-9），若车身表面看上去有些凹凸不平，说明车身曾有大面积的撞伤。首先仔细查看胶条、玻璃窗框四周、钣金件缝隙处、轮胎以及排气管等处是否残留有喷漆的痕迹（图1-10）。因为维修人员在打磨腻子的时候往往磨不平，或因漆膜测厚喷漆技术不过关、烤漆环境较恶劣，补漆后，仍然可以看出被修复过的痕迹，例如橘皮现象、色差、爆皮及在接缝处留漆痕迹（图1-11~图1-13）等。

图1-9　迎光观察车身平滑度

图1-10　车门残留喷漆痕迹

图1-11　车身漆面橘皮

图1-12　车身漆面色差

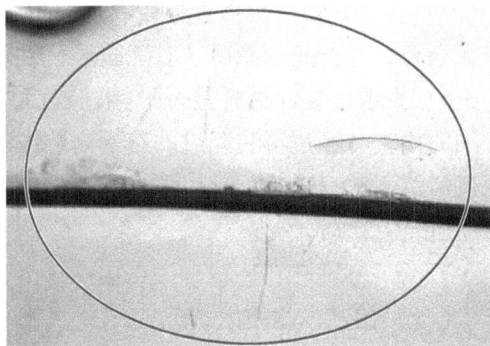

图1-13　车身漆面裂痕和爆皮

　　发生过较严重事故的车辆，如果外观件没有更换，就必须经过钣金修复，钣金修复的表面不可能像新件那么平整光滑，且经过钣金修复的外观件表面必须刮腻子填平，喷漆的厚度也会比较厚，敲打时声音要低沉一些，特别是喷漆的质量不太好时，就更明显了。在鉴定二手车时，通过敲打外观件听声音也是鉴定是否喷过漆的方法之一。检查方法：在鉴定时，敲击一下漆面，如果声音发闷，说明车漆比较厚，可能重新喷过了。原车的漆面很薄，发出的声音会比较清脆（图1-14）。

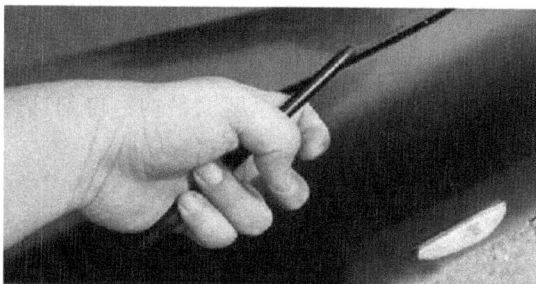

图1-14　敲打法检查漆面

　　新车的漆面都是生产线自动化喷涂的，而且是在非常干净的无尘车间里面整体进行的，因此漆面厚度很均匀，不会出现大的差别。而车辆局部受损后人工喷涂的油漆，事实上不可能做到与原厂喷漆的厚度相当，加上存在钣金修复使漆面和金属之间还要涂抹腻子胶等，漆面厚度会更大。

　　漆面测厚仪（图1-15）是检测车体漆面厚度的仪器，通过测试漆面与车身铁皮的厚度可以判定是否存在钣金或者喷漆的痕迹。

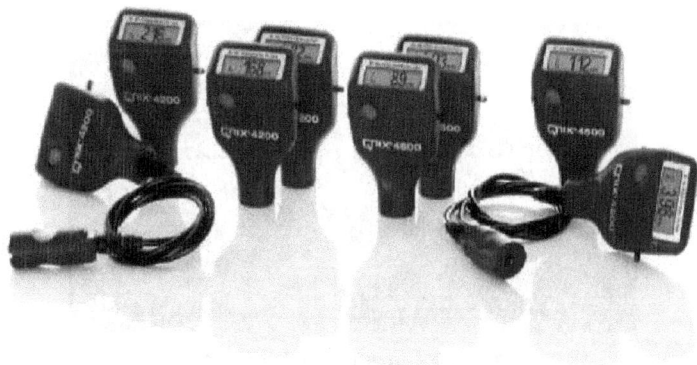

图1-15　漆面测厚仪

　　（1）检测方法　对一辆车各部件取样（如发动机舱盖/车顶/行李舱），取正中、前、后、左、右5个点测量，每个点采集3次数据并取平均值，得出细节平均值，然后将5个点的平均值求平均算出部件的平均值，即得到发动机舱盖平均漆面厚度、车顶平均漆面厚度等（图1-16）。

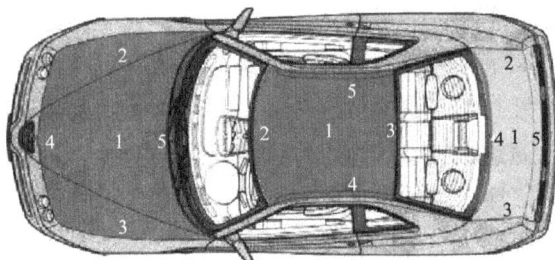

图 1-16　发动机舱盖/车顶/行李舱取样点

车身侧面取翼子板 3 个点以及前后门各 5 个点，测量方法依旧是每个点测量 3 次取平均值得到细节平均厚度，然后将细节平均厚度取平均，得到部件的平均厚度，即得到翼子板漆面厚度、车门平均厚度（图 1-17）。

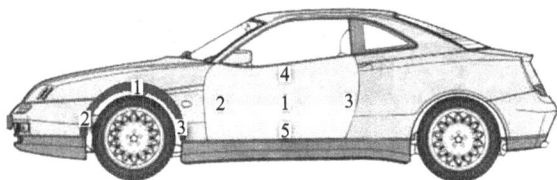

图 1-17　翼子板/前后门取样点

在检测中，漆面厚度一般以汽车车顶作为基准，如果其他部位数值明显高于基准数值，则车辆该部位可以判定进行过钣金、喷漆修整。在二手车鉴定过程中，如果检测师发现数值与基准数值差数非常大，则会进一步检查车辆该处是否存在事故痕迹，判定是否为事故车。一般情况下，原厂漆面正常厚度在 $80 \sim 150 \mu m$，只经过喷涂修复后厚度会明显增加（图 1-18），而如果经过钣金修复，由于多了一层厚厚的腻子，漆面厚度可以达到 $300 \mu m$ 以上。

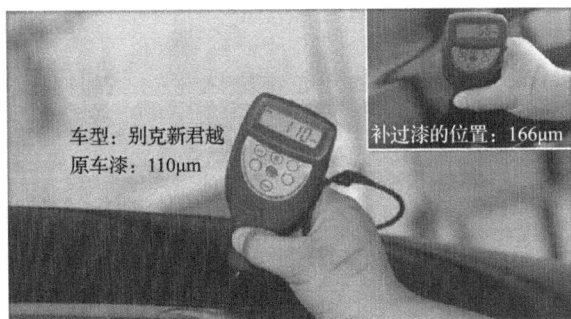

图 1-18　漆膜测厚仪检测车漆

（2）使用漆面测厚仪检测事故车的步骤

1）从车顶收集基准数值。

因为不同品牌车辆的漆面厚度均不相同，因此在检测时，首先是采集评估车辆的漆面基准数值（图 1-19）。

该车的漆面厚度基本数值在 $140 \mu m$ 左右，如果车体其他部位的漆面厚度与此数值近似或在此值以内，就说明没有问题。

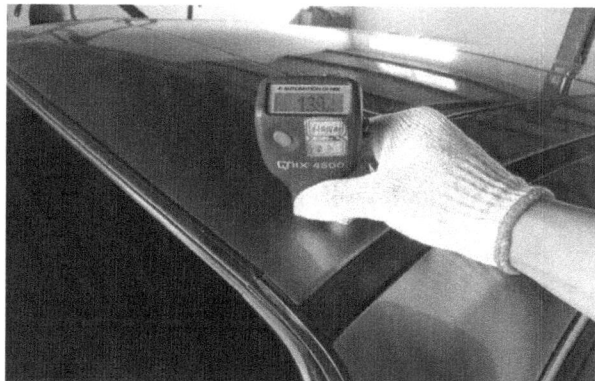

图 1-19　采集评估车辆的漆面基准数值

2）检测发动机舱盖漆面。

车辆发生前部碰撞和后部追尾事故的次数往往比较多，发动机舱盖漆面的检测应作为重点（图 1-20）。若发动机舱盖漆面都在基数范围内，说明该车前部没有钣金或喷漆修复痕迹。当然，如果是完全更换了发动机舱盖，还需要检查结合部位，观察内部的螺钉是否拆装过。

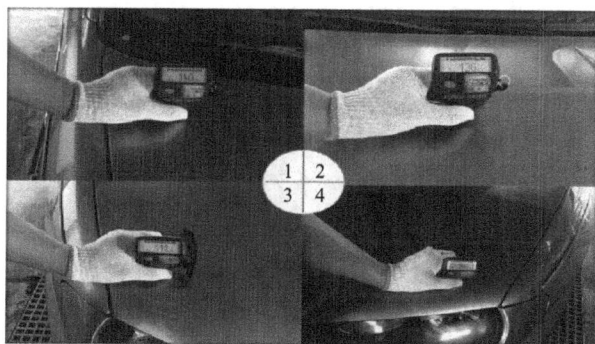

图 1-20　发动机舱盖漆面的检测

3）检测行李舱盖漆面。

若车辆行李舱盖和后端的漆面检测结果也在基数的范围内，则可判断该车尾部没有钣金或喷漆的历史（图 1-21）。

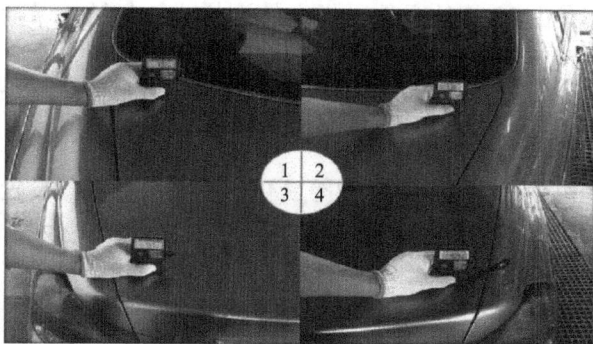

图 1-21　行李舱盖漆面的检测

4）检测车门漆面。

车门漆面的检测是判断侧面碰撞的依据之一（图 1-22）。

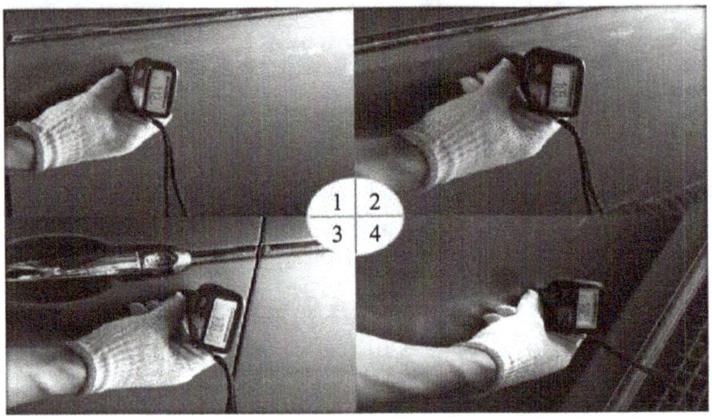

图 1-22 车门漆面的检测

5）检测 A 柱、B 柱、C 柱漆面。

车体 A 柱、B 柱、C 柱的检测，是判断事故车的重要指标（图 1-23）。如果 A 柱、B 柱、C 柱有钣金或补漆等修复痕迹，说明车辆存在重大事故的嫌疑，此时二手车鉴定评估师应着重对车辆底盘和前、后侧梁做进一步的检测。

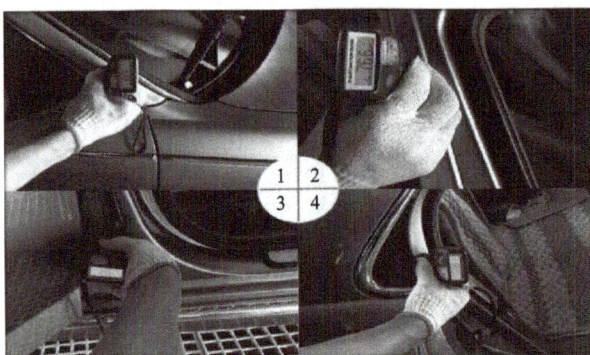

图 1-23 A 柱、B 柱、C 柱漆面的检测

2. 检查车身配合间隙

一般的乘用车都是由 13 块外观件（钣金件）拼成，包括前保险杠，左、右前翼子板，发动机舱盖，车顶，4 个车门，左、右后翼子板，行李舱盖，后保险杠。每一辆车下线生产出来，这 13 块板之间的缝隙都是均匀并且一致的，保证车辆看起来美观、协调。

一旦有过撞击，边缝就会有褶皱断裂等变化，想要恢复出厂设置是很难的。对车身的缝隙检查主要有两点：一是看边缝大小是否均匀（图 1-24），左右是否一致；二是看车漆颜色是否一致。

一个有经验的二手车鉴定人员，在鉴定二手车时，首先要扫视一下车的整体，主要就是看车的轮廓是否顺滑，棱角是否分明，车身腰线是否有高低错位，车体是否对称。

a)

b)

c)

图1-24 检查覆盖件结合部位之间的缝隙

3. 检查车身轮廓

在距离车前部5~6m的位置蹲下，沿着轮胎和汽车的外表面观察汽车的两侧，前、后轮应在一条直线上（图1-25），用同样的方法走到车后观察，前、后轮应该也在一条直线上。如果发现一侧车轮比另一侧车轮更突出，表明汽车曾发生过碰撞。

图1-25 检查车身轮廓

蹲在车轮附近，用尺子测量车轮后面与车轮罩后缘之间的距离，同样测量另一侧车轮与车轮罩后缘之间的距离，得出的测量值应大致相同。如果距离相差较大，说明车架或车身有变形（图1-26）。

检查保险杠有无明显的变形、损坏，有无校正、补漆的痕迹。保险杠是交通事故中最容易损坏的零件，仔细检查，能够判断被检车辆是否发生过碰撞。检查车门，观察车门接缝处是否平整。打开车门仔细查看A柱、B柱、C柱，如果有类似波浪的情况，说明该车曾经做过钣金修复。也可以将密封胶条揭开查看是否平整，车门附近是否留有铆钉的痕迹。

4. 检查车身防腐情况

车身锈蚀是二手车常见的现象。检查车身防腐情况就是检查车身锈蚀情况，主要检查挡泥板、减振器、车灯周围、车门底部和轮舱内。俗话说："烂车先烂底"，汽车底盘是最容易被腐蚀的部位，在行驶过程中，飞溅沙石的撞击和托底现象会使底盘防腐涂层被破坏，雨雪天气底盘易受到雨雪侵蚀，会对底盘造成致命的伤害，从而大大缩短汽车的使用寿命。另外，还需检查车门、车窗、排水槽等接缝处，各钢板焊接部位最容易聚集雨水，容易引起缝隙锈蚀。如果发现车身锈蚀情况严重，说明该车使用条件恶劣，使用年份久。

（二）检查发动机舱

1. 检查发动机舱清洁情况

打开发动机舱盖，检查发动机表面是否清洁，是否有油污，是否有锈蚀，是否有零部件的损坏或遗失，线路、管路是否松动（图1-27）。如果发动机上布满了灰尘，说明该车的日常维护不够好；发动机表面如果特别干净，也可能是车主在此前对发动机进行了特别的清洗，并不能由此断定车辆状况就一定很好。

图1-26　测量车轮后面与车轮罩后缘之间的距离

图1-27　检查发动机清洁情况

2. 检查发动机铭牌和排放信息标牌

查看发动机上有无发动机铭牌，如果有，检查上面是否有发动机型号、出厂编号、主要性能指标等，这可以判别发动机是不是正品。排放信息标牌一般在发动机舱盖下的适当位置或在风扇罩上面。

3. 检查发动机冷却系统

冷却系统对发动机性能有很大影响，应仔细检查发动机冷却系统相关零部件，主要检查冷却液、散热器、软管、风扇传动带、冷却风扇等。

（1）检查冷却液　冷却液应该清洁并且液面在"MAX"标记附近。冷却液的颜色应该是浅绿色或粉红色，闻起来不应该有汽油或机油的味道，如果有，则说明发动机气缸垫可能已烧坏。如果冷却液看上去像水，则可能是冷却系统的某处有泄漏情况，而车主并没有重视，只是发现冷却液变少，于是一次又一次地加水造成的。这种行为导致冷却液的沸点降低，冷却液容易沸腾，而使更多的冷却液溢出（图1-28）。

打开散热器盖，检查冷却液液面上是否有其他异物漂浮。如果发现有油污浮在表面，表明可能有机油渗入冷却液中；如果发现有锈蚀的粉屑，表明散热器内部的锈蚀情况很严重。一旦发现有上述情况，都说明该车的发动机状况不是很好，要特别注意。

图 1-28　检查发动机冷却液

（2）检查散热器　全面检查散热器，查看是否有褪色或潮湿的区域。散热器芯上的所有散热片应该是相同颜色的。当看到散热器芯局部呈现浅绿色时，说明在此区域有泄漏。另外，应特别查看散热器底部，如果有潮湿现象，说明冷却液泄漏。

在发动机充分冷却时，拆下散热器盖，观察散热器盖上的腐蚀情况和橡胶密封垫片，散热器盖应该没有锈迹。将手指伸进散热器颈部，检查是否有锈迹或像淤泥状的沉积物，有锈迹，说明冷却液没有定期更换（图1-29）。如果水垢严重，说明发动机机体内亦有水垢，散热器会经常出现"开锅"的现象，即发动机温度过高。

a)　　　　　　　　　b)　　　　　　　　　c)

图 1-29　检查散热器盖及盖口

（3）检查软管　用手挤压散热器软管，查看是否有裂纹或老化情况（图1-30）。仔细观察软管上卡箍的端部，查看是否有鼓起部分和裂纹，检查是否有锈蚀痕迹（特别是连接水泵、恒温器壳及进气管的软管处）。软管通常可以使用10万km以上，好的软管为冷却系统的正常工作提供了安全保障，但是费用也较高。

（4）检查风扇传动带　大部分汽车散热器风扇是通过风扇传动带来传动的，但有些轿车采用电动机来驱动，即电动风扇。对于传动带传动的冷却风扇，应对散热器风扇传动带的磨损情况进行检查。

仔细检查传动带的外部，查看是否有裂纹或层片脱落。检查传动带与带轮接触的工作区是否已经磨得发亮，如果有，则说明传动带已经打滑。传动带磨损、磨光或打滑可能引起尖啸声并使蓄电池充电不足，甚至产生过热现象。传动带的作用区是与带轮接触的部分，所以要将传动带的内侧翻转过来检查（图1-31）。

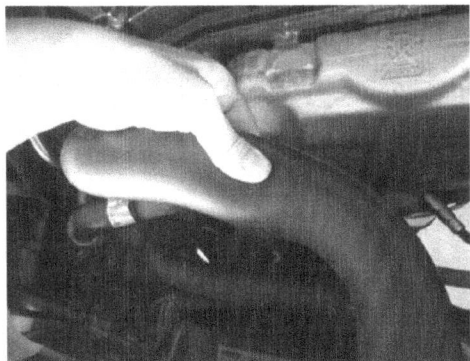

图1-30　检查散热器软管

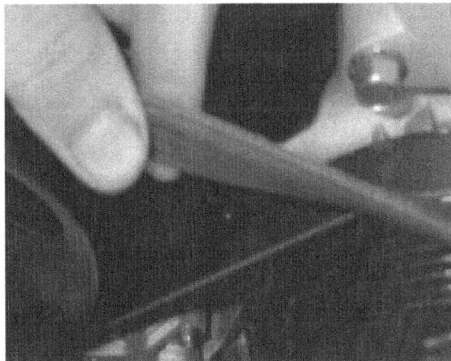

图1-31　检查风扇传动带

（5）检查冷却风扇　检查冷却风扇叶片是否有变形或损坏。若变形损坏，其排风量会相应减少，会影响发动机的冷却效果，使发动机温度升高。故风扇若有损坏，应及时更换。

4. 检查发动机润滑系统

发动机润滑系统的功用是对发动机各个运动部件进行润滑，同时还有密封、冷却、清洁、防腐的作用。若发动机润滑系统工作不良，将严重影响发动机的使用寿命和价值，故对该系统应仔细检查。主要检查项目如下。

（1）检查机油

1）找出机油口盖。对于直列4缸或6缸发动机，其机油口盖在气门室盖上。对于V6或V8发动机，如果发动机纵置，机油口盖则在其中一个气门室盖上；如果发动机横向安装，机油口盖一定在靠近前面的气门室盖。在拧开加油口盖之前，一定要保证开口周围区域干净，以防止灰尘进入而污染发动机。

2）打开机油口盖。拧下机油口盖，检查机油口盖上是否有机油乳化（图1-32），将它反过来可以看到机油的牌号。通常二手车在开到车市之前常常已经更换过机油，但是在机油口盖的底部可以看到旧油甚至脏油痕迹，这是正常的。如果机油口盖底面有一层黏稠的浅棕色巧克力乳状物，还可能有油与油污混合的小水滴，这种情况就不正常了。它表明冷却液通

图1-32　机油乳化

过损坏的衬垫或者气缸盖、气缸体裂纹混入机油中。被冷却液污染的机油在短时间内会对发动机各个零部件造成严重的危害，可能会造成发动机故障并需要全面大修。

3）检查机油质量。取一片洁净白纸，在纸上滴下一滴机油，如果有较多的硬沥青质颗粒及炭粒等，表明机油滤清器的滤清作用不良，机油很脏，但并不说明机油已变质；如果纸上的黑点较大，且油是黑褐色的，均匀且无颗粒，黑点与周围的黄色油迹有明显的分界线，则说明机油已经变质。机油变质的原因有很多，如机油使用时间过长等。一般在车辆行驶 5000km（或 6 个月）时，应当更换机油。如果发动机缸体磨损严重，使燃烧的废气进入油底壳，会造成机油的加速污染。

4）检查机油气味。不能用发动机机油的洁净程度来认定该车的维护水平。车主可能在汽车在出售前更换了新的机油和滤清器，这时机油尺上所显示的几乎就是新的机油。

拔下机油尺，闻一下机油尺上的机油有无异味。如果有汽油味，则说明机油中混入了汽油。因为汽车长期在混合气过浓的情况下运行，发动机在此条件下长时间运转，会使其过度磨损，混入的燃油会冲刷掉气缸壁上起润滑作用的机油膜。拿出机油尺，查看是否有污垢或金属颗粒。检查机油尺的颜色，如果发动机曾严重过热，机油尺会变色。

5）检查机油油位。起动发动机运转一会，停机 5min 以后，打开发动机舱，抽出机油尺，用抹布将机油尺上的油迹擦干净后，插入机油尺导孔，再次拔出查看（图 1-33），油位在上下刻线之间，即为合适。若机油油位过低，则观察汽车底下的地面是否有机油，判断是否有机油泄漏的现象。

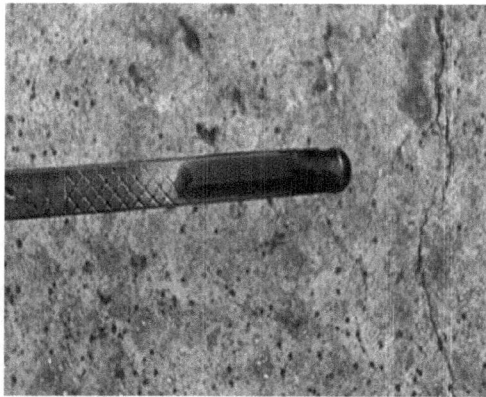

图 1-33 查看机油尺

（2）检查 PCV 阀 PCV 阀用于控制发动机曲轴箱的强制通风，如果其工作不良，对发动机润滑会有严重的影响。从气门室罩盖上拔出 PCV 阀并晃动，应发出"咔嗒"声。若没有发出"咔嗒"声，说明 PCV 阀内部充满油污，发动机机油和机油滤清器没有按要求更换，发动机需要更换新的 PCV 阀。

（3）检查机油泄漏 机油泄漏是一种常见的现象，可能发生泄漏的地方如下：

1）气门室罩盖。

2）气缸垫。机油泄漏在行驶里程超过 8 万 km 的汽车上很普遍，正常情况下修理不太难，安装新的气门室盖垫片就可以解决。

3）油底壳垫片。

4）曲轴前、后油封。

5）油底壳放油螺塞。放油螺塞松动或密封垫损坏，会造成机油渗漏。

6）机油滤清器。

7）机油散热器管路。

8）机油散热器。

9）机油压力传感器。

5. 检查蓄电池

1）查看生产日期（判断是否需要更换）。

2）查看电极桩是否有经常拆装的痕迹，如果有，则说明该车电路经常出故障。

3）查看电极桩上是否有浅灰色絮状物，如果有，则说明该蓄电池存在漏液故障。

4）查看蓄电池外表是否有渗漏痕迹（也可通过查看蓄电池支架是否有腐蚀现象来判断）。

5）对于免维护蓄电池，可以直接通过观察孔观看孔中的颜色（图1-34）。

6. 检查发动机其他附件

1）检查空气滤清器。查看滤清器芯的清洁程度，如果滤清器芯很脏，则说明该车状况不是很好；如果滤清器芯是新换的，则说明原来的滤芯很脏。

2）检查冷却液软管、进气软管及真空软管等是否有老化现象。

3）检查点火高压线。点火高压线应清洁、布线整齐、无切割口、无擦伤部位、无烧焦处。

4）检查火花塞。用火花塞套筒扳手拆下任意一个火花塞，检查火花塞的技术状况，如果火花塞电极呈灰色，且没有积炭，则表示火花塞工作正常；如果火花塞严重积炭（图1-35）、严重烧蚀、绝缘体破裂、漏气、侧电极开裂等，均会使点火性能下降，此时需成组更换火花塞。

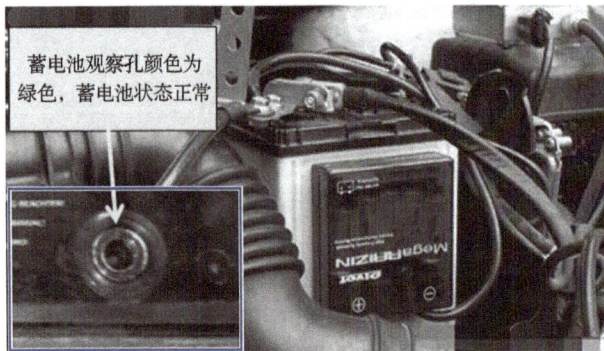

图1-34　观察蓄电池状态指示颜色

蓄电池观察孔颜色为绿色，蓄电池状态正常

图1-35　火花塞严重积炭

5）检查点火线圈。观察点火线圈外壳有无破裂等现象。

6）检查喷油器技术状况。检查喷油器插头安装、喷油器密封圈、油压调节器及真空管路是否良好。

7）检查起动机、发电机、空调压缩机、动力转向泵、ABS泵、分电器、膨胀水箱、风窗洗涤液罐、传动带等附件的完好程度。

7. 检查制动液

（1）检查制动液储量　制动液液位应该在储液罐外表的刻度最高液位"MAX"和最低液位"MIN"之间。液位太低，则说明制动系统存在渗漏故障，应观察制动管路的各个接油管、前轮分泵、后轮分泵等是否有渗漏的痕迹，此时的制动系统可能存在密封垫老化、安装不当、油管老化变脆等现象。

（2）检查制动液质量　打开储液罐盖检查内部是否悬浮有黑色的小颗粒等其他杂质，若有则说明制动管路的接口密封胶圈老化，需要对损坏处进行更换；若油液颜色很深，则要更换制动液。

8. 检查发动机有无拆装、维修过

主要检查气门室盖、气缸盖接合面密封胶的痕迹（图1-36），气门室盖、水泵、进气管和排气管等外围附件的螺钉有没有拧动过，如果拧动过则说明维修过。

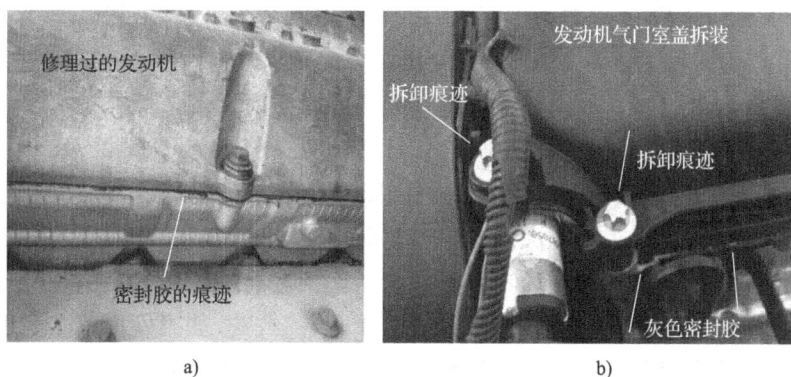

a)　　　　　　　　　　　　　　　　　b)

图1-36　检查发动机拆卸痕迹

（三）检查驾乘舱

检查汽车驾乘舱主要是检查车内操纵机构是否工作正常，这是鉴别车辆实际磨损度的重要依据。

1. 检查驾驶操纵机构

（1）检查转向盘　检查转向盘时将汽车处于直线行驶的位置，左右转动转向盘，最大游隙应不超过15°。如果游隙超过标准，说明转向系统的各传动部分间隙过大，转向系统需要维护或维修。两手握住转向盘，向上下、前后、左右方向摇动推拉，应无松旷的感觉。如果有松旷的感觉，说明转向器内轴承松旷，需要调整。

重点检查转向盘3点、9点位置的磨损情况（图1-37），这也是判断调表车的一个重要依据。

图1-37　转向盘磨损情况的检查

（2）检查加速踏板和制动踏板　观察加速踏板是否磨损过度，若磨损严重，说明此车行驶里程比较长。踏下加速踏板，感觉踏板有无弹性、回位是否自如。检查制动踏板的踏板胶皮是否磨损过度，通常踏板胶皮的寿命是 3 万 km 左右。检查制动系统主要的技术参数是否正常：检查制动踏板自由行程，轻踩制动踏板，直到明显感觉踏板变重，自由行程应在 10~20mm，否则应调整踏板自由行程；完全踩下制动踏板时，踏板与地板之间应有一定的距离。

（3）检查离合器踏板　轻轻用手推下离合器踏板，测量踏板有没有自由行程，离合器踏板的自由行程一般在 15~25mm。如果没有自由行程或自由行程小，经过一段时间的使用后会引起离合器打滑。如果自由行程过大，可能是因为离合器摩擦片或分离轴承磨损严重，需要检修离合器及其操纵机构。

（4）检查驻车制动操纵机构　放松驻车制动操纵杆，再拉紧，检查驻车制动操纵杆是否灵活，锁止机构是否正常。大多数驻车制动拉杆在拉起时应发出五六声"咔嗒"声后使后轮制动器抱死。多次声响后不能拉起制动杆，可能是因为太紧的缘故。踏板操纵的驻车制动器实施后轮制动时也应发出五六声"咔嗒"声。如果发出更多或更少的"咔嗒"声，说明驻车制动器需要检修或调整。电子驻车制动器则需要通过操作来鉴别是否能够正常工作。

（5）检查换档操纵机构　手动档的车辆需要逐一换入各个档位，检查换档操纵机构是否灵活，同时查看变速杆防护罩是否有破损，如果有破损，必须更换（若有异物掉入，可能会引起换档阻滞）。自动档的车需要查看是否能够顺利挂入各档位，另外需要在路试中进行深入检查。

2. 检查座椅、安全带及安全气囊

检查项目：检查座椅是否破损或有开裂、污渍等情况（图 1-38）；检查座椅前后调节是否灵活，调节后能否固定，晃动座椅时是否有异响；检查座椅高、低能否调节，检查座椅椅背角度的调节是否有效，安全头枕的调节是否有效；检查安全带表面是否有水印、霉点，是否失去弹力，是否失效；查看安全带生产日期，判断是否更换。需注意的是，有些车辆安全带生产日期在安全带根部标贴上，有些在安全带卡扣上（图 1-39）。

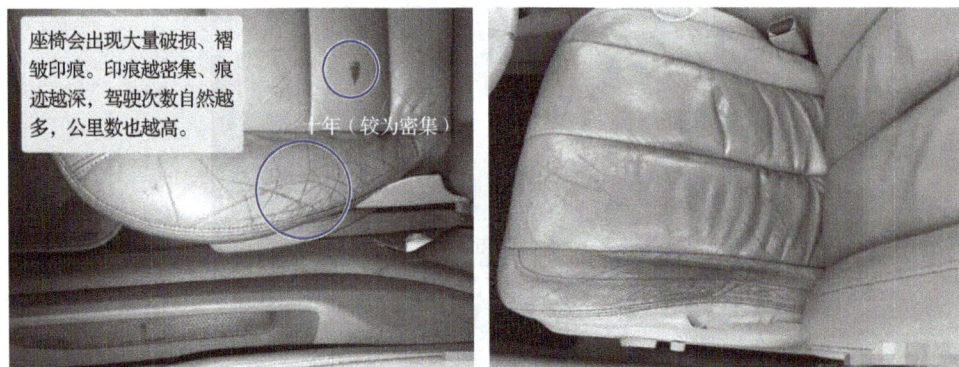

座椅会出现大量破损、褶皱印痕。印痕越密集、痕迹越深，驾驶次数自然越多，公里数也越高。

十年（较为密集）

图 1-38　座椅磨损的检查

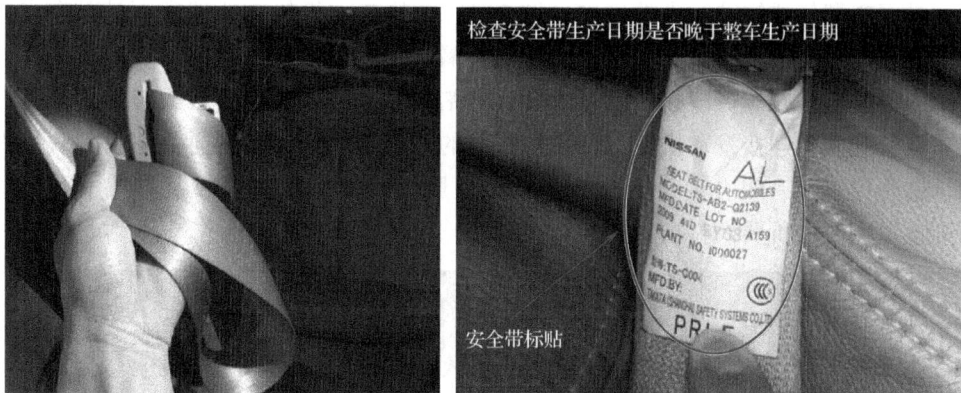

图 1-39 安全带的检查

安全气囊是汽车被动安全技术中一项重要的产品，它与人身安全息息相关，因而对可靠性的要求异常严格。若是气囊开启延误，不仅不能起到保护作用，还可能导致更大的伤亡。因此，对安全气囊的检查，除了系统自诊断外，还必须进行安全气囊的外表检查。要注意的是，配有安全气囊的车辆，转向盘喇叭面板不能粘贴覆盖物，不能进行其他加工，清洁时要注意只能用干燥或者蘸水的抹布擦拭。对其他位置的气囊模块表面要求也一样。

3. 检查内饰

检查内饰的清洁情况，可以了解原车主对车辆的养护状况，这会影响到车辆的价值。部分车主在车内吸烟，会使车内饰毡板有明显的颜色污渍。二手车商在进行车辆整备时常会进行内饰清洗整备。

4. 检查开关及仪表

检查点火开关、各种车灯开关、刮水器开关、喇叭开关、收音机开关等。分别开启这些开关，检查这些开关是否完好，元件能否正常工作。一般汽车设有转速表、车速里程表、燃油表、机油压力表、冷却液温度表、电流表等仪表，分别检查这些仪表是否工作。

汽车上有很多指示灯或警告灯，如制动警告灯、机油压力警告灯、充电指示灯、远光指示灯、转向指示灯、燃油不足警告灯、驻车制动指示灯等，分别检查这些指示灯或警告灯能否正常工作（图 1-40）。

检查方法是打开点火开关，正常情况下这些故障灯亮 3s 后，会自动熄灭。若故障灯常亮，或根本就不亮，说明此电控系统有故障。电控系统的故障比较复杂，对汽车的价格影响也很大。若发现故障，应借助专用诊断仪来检查故障，以判断此系统产生故障的原因，确定维修价格。

5. 检查地毯和地板

抬起车内的地板垫或地毯，检查是否有

图 1-40 警告灯的检查

霉味，是否有潮气或锈蚀污染的痕迹（图1-41）。检查地板垫或地毯底下是否有水，如果水的气味像冷却液，则散热器芯可能发生泄漏，冷却液通过发动机舱上的某些孔洞流入汽车内部。这些孔洞可能是制动器或离合器踏板联杆孔、加速踏板或换档拉锁孔、散热器芯或管孔以及连接发动机舱与仪表板电路的线束孔。这些孔洞通常是用橡胶护圈隔离的，这些橡胶圈有时会由于老化而干裂甚至脱落。如果发现地板上有被水浸泡的迹象，则该汽车的估价要大打折扣。

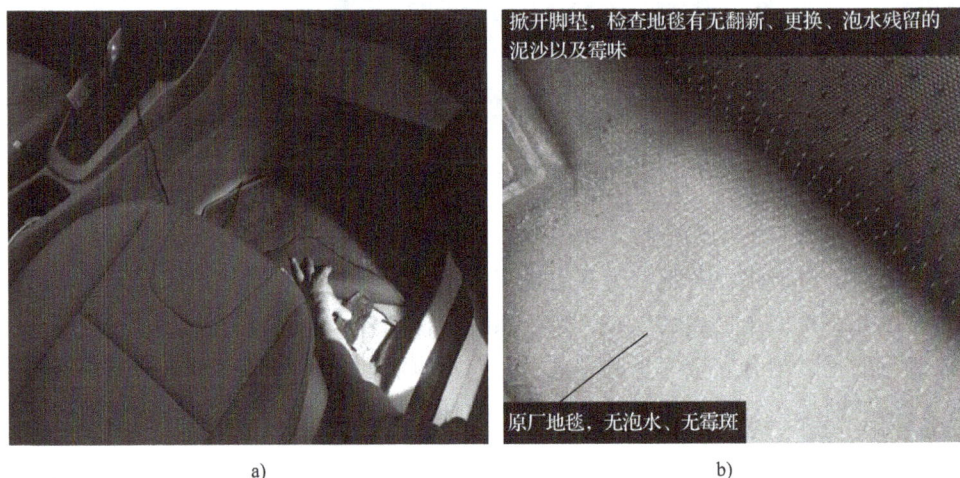

a)　　　　　　　　　　　　　　　b)

图 1-41　脚垫、地毯的检查

6. 检查电器设备

现代汽车车内电器设备较多，需要逐项检查。检查刮水器和前窗玻璃洗涤器，打开刮水器和前窗玻璃洗涤器，观察前窗玻璃洗涤器能否向正确的区域喷出洗涤液。观察刮水器各档位是否都能正常工作，挂刷是否清洁。刮水器关闭时，刷片应能自动返回初始位置。检查电动车窗，按下电动车窗开关，各车窗能升起和落下，升降器工作应平稳、安静，无卡滞现象。检查中控门锁，如果汽车有中控门锁，试用一下，首先确保从外面能打开所有门锁，同时，确保操作中控门锁能使所有门锁开闭（图1-42）。

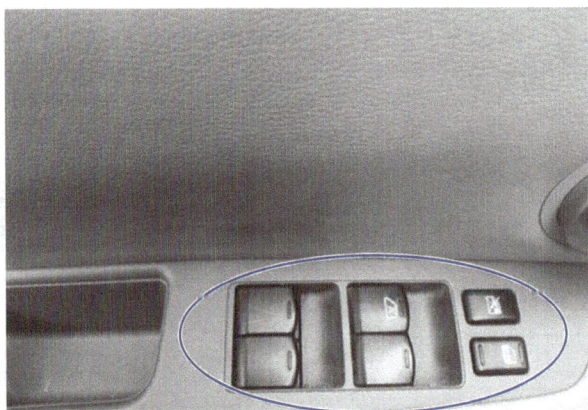

图 1-42　开关检查

检查收音机和音响，打开收音机开关，检查收音机能否正常工作。在发动机运转时检查音响系统或收音机，检查是否有发动机电气系统干扰或信号接收不良现象。车内的中央显示屏，如果有故障，维修成本较高。检查空调，打开点火开关，按动风向调节开关，检查各个出风口风量大小与风向是否正常，各个出风口开关是否正常，表面有无破损。音响、空调的检查如图 1-43 所示。

如果配置了电动天窗，操作一下，检查能否正常工作，关闭时是否密封良好。注意检查轨道上是否有漏水的痕迹，这是天窗存在的典型问题，特别是在二手车上（图 1-44）。许多天窗上安装了遮阳板，检查遮阳板外形是否良好，工作是否正常。检查除雾器，如果该系统工作正常，打开除雾器几分钟后，玻璃摸上去应该是热的。另外，还需检查暖风器并确保风速开关在所有速度档都能正常工作。

图 1-43　音响、空调的检查

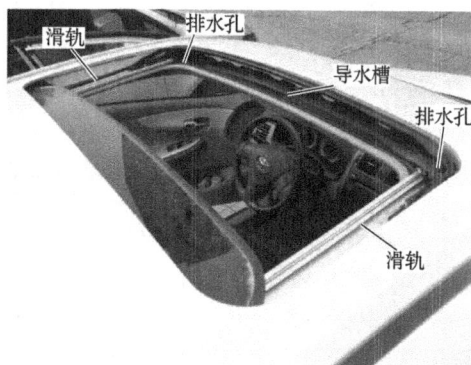

图 1-44　检查天窗排水管路是否通畅

（四）检查行李舱

检查行李舱的开闭功能，有些车的行李舱只能用钥匙打开，还有一部分车采用感应式尾门，可通过操作查看其功能是否正常。一般行李舱采用气体助力支柱，应检查气体助力支柱是否泄漏。行李舱防水密封条对行李舱内部和车身底板的防护是十分重要的，所以，应仔细检查防水密封条有无划痕、损坏、脱落。

应对行李舱内部进行近距离仔细检查，观察油漆是否相配。应检查内部的颜色是否与外部的颜色相同，若行李舱内、外颜色不相配，则表明行李舱可能碰撞修理过，此时应查看行李舱是否有修复痕迹（图 1-45）。查看行李舱盖金属构件、地板垫、后排座椅

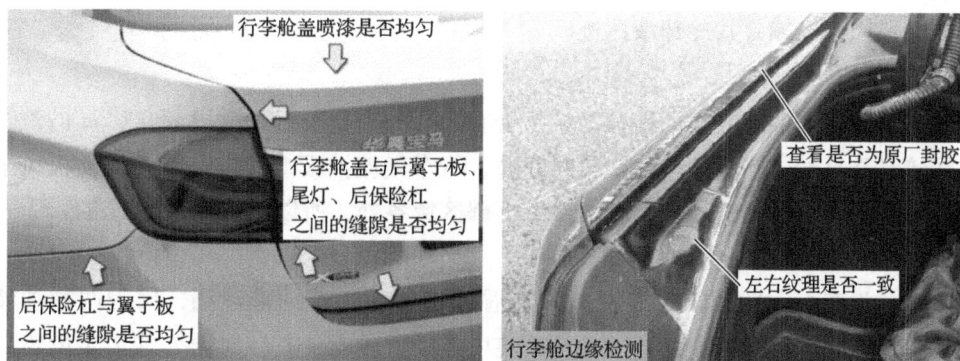

图 1-45　行李舱盖的检查

后板、电路或尾灯后部等是否完好。拉起行李舱中的地毯，观察地板是否有生锈、修理和焊接痕迹，检查有无发霉的迹象（图1-46）。检查备胎是否完好，备胎的花纹深度可以从一个侧面反映出该车的使用情况，检查备胎胎压是否正常；检查是否有原装的千斤顶、千斤顶手柄、轮胎螺母拆卸工具、三角牌、灭火器等随车工具。通常在行李舱上有门控灯，当行李舱盖打开时，门控灯应当自动点亮。按下行李舱盖，行李舱盖应不用很大力气就能正常闭合。行李舱盖关闭后，行李舱盖与车身其他部分的缝隙应均匀，不能有明显的偏斜现象。

图1-46　行李舱围板的检查

（五）检查车身底部泄漏

检查底盘需要将车辆开进地沟或上举升机工位进行。值得注意的是，车主在卖车之前一般不会也没有条件对车底进行处理，所以，汽车底盘的技术状况更能反映出汽车真实的技术状况（图1-47）。

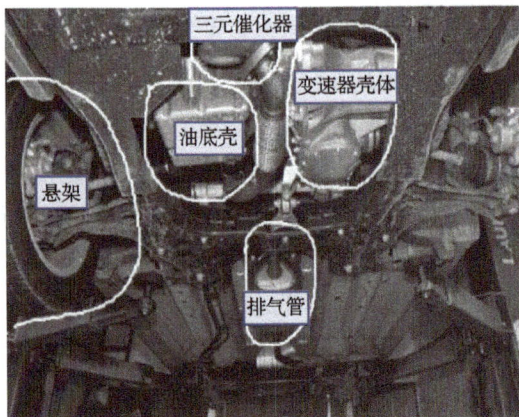

图1-47　车辆底部检查

1. 检查冷却液是否泄漏

冷却液泄漏通常从上部最容易看见，但是如果暖风器芯或软管泄漏，液滴可能只出现在汽车底部，所以应在离合器壳或发动机舱壁周围区域寻找冷却液污迹。

2. 检查机油是否泄漏

检查油底壳和油底壳放油螺栓区域是否有泄漏的迹象。行程超过80000km的汽车有少量污迹是常见的。当泄漏持续很长时间时，行车气流抽吸型通风装置和发动机风扇将把油滴抛到发动机、变速器或发动机舱壁下部区域各处，所以严重的泄漏不难发现。

3. 检查助力转向液是否泄漏

在一些汽车上，助力转向液泄漏可能看起来像变速器油液泄漏，因为两种油液相似，但是助力转向液泄漏通常造成的污迹集中在助力转向泵或转向器（或齿条齿轮）本体附近。

4. 检查变速器油是否泄漏

自动变速器一般都有冷却装置，其管道较长，容易出现泄漏。可在冷却管路连接到散热器底部的地方查看是否有变速器油泄漏，沿着冷却管路、变速器油底壳和变速器后油封周围的区域查看。返回变速器的金属冷却管应该成对布置，有几个金属夹子沿着管路将它们固定，管路不应该悬下来。

5. 检查制动液是否泄漏

诊断前、后制动器是否有制动液的痕迹。查找制动钳、鼓式制动器后板和轮胎上是否有污迹。从汽车的前部到后部，寻找制动管路中是否有扭结或凹陷，是否有泄漏的痕迹。

6. 检查排气是否泄漏

检查排气管上所有的吊架，大多数汽车都装有带耐热橡胶圈的排气管支承，连接车架支架与排气管支架，它们可以避免更多的噪声和振动传递到汽车上。查看消声器是否齐全，排气系统有无破损和漏气的现象。

（六）检查转向节臂、转向横拉杆、球头销等

检查转向节臂、转向横拉杆有无裂纹和损伤，检查球头销是否松旷，各运动部件有无干涉、摩擦等现象。

检查前、后桥是否有变形、裂纹，检查传动轴、万向节有无裂纹和松旷，检查制动分泵、制动管路是否有漏油或漏气的现象。对于前轮驱动的车辆，要注意检查万向节上的橡胶套（图1-48），它里面填满了润滑脂，如果橡胶套破损，有杂质或潮气混入润滑脂，会导致万向节严重损坏，更换万向节费用较高。

（七）检查悬架

1. 检查减振弹簧

汽车减振弹簧主要有钢板弹簧和螺旋弹簧两种。对于钢板弹簧，应检查车辆钢板弹簧是否有裂纹、断片和碎片现象，两侧钢板弹簧的厚度、长度、片数、弧度、新旧程度是否相同，钢板弹簧U形螺栓和中心螺栓是否松动，钢板弹簧销与衬套的配合是否松旷。对于螺旋弹簧，应检查其有无裂纹、折断和疲劳失效等现象，螺旋弹簧上、下支座有无变形损坏。

2. 检查减振器

观察4个减振器是否有漏油现象（图1-49）。如果有漏油，说明减振器已失效，需

图1-48　用手弯曲、挤压橡胶套　　　　　　图1-49　检查减振器是否漏油

要更换。而更换减振器需要全部更换，而不是只更换一个，所以成本较高。观察前、后减振器的生产厂家是否一致，减振器上下连接处有无松动、磨损等现象。

（八）检查车轮

1. 检查车轮轮毂轴承

摆动车轮，一只手放在轮胎上面，另一只手放在轮胎下面，紧紧地推拉轮胎，感觉车轮是否有摆动（图1-50）。用手转动车轮，检查是否能够无噪声地平稳转动，以此方法判断车轮轮毂轴承是否有松旷、损坏。

2. 检查轮胎磨损情况

轮胎是汽车上很重要的运行耗材，胎面的非正常磨损是汽车需要调校的信号，否则很有可能损坏转向或悬架系统。检查轮胎不需要复杂的仪器，用简单的深度尺加以外观检查便可。首先查看轮胎是否存在两边磨损、中间磨损、羽状磨损或单侧磨损等不均匀磨损现象，当出现这些异常磨损时，表明该车的四轮定位不准确或者长期超载行驶。检查胎侧是否有割伤和磨损，胎冠上的花纹深度不得小于1.6mm（图1-51），还应查看轮胎的生产时间，综合判断仪表的里程数、轮胎磨损和整车磨损是否一致。

图1-50　检查车轮轮毂轴承

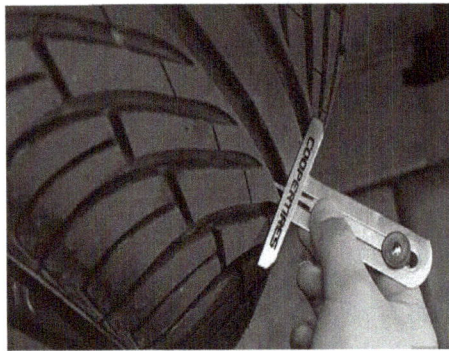

图1-51　检查轮胎花纹深度

任务 四 车辆技术状况的动态检查

任务解析

通过本任务的学习，学生能够明确车辆动态检查的内容和意义，熟悉路试前的准备工作，能够运用正确的流程和方法对车辆的发动机、变速器、转向系统、制动系统等总成部件进行动态检查，并判断出技术状况。

知识链接

一、动态检查的基本内容

二手车的动态检查是指车辆路试检查。路试的主要目的是在一定条件下，通过机动车各种工况，如发动机起动、怠速、起步、加速、匀速、滑行、强制减速、紧急制动，从低速档到高速档、从高速档到低速档的行驶，检查汽车的操纵性能、制动性能、滑行性能、加速性能、噪声和废气排放情况，以鉴定二手车的技术状况。在对汽车进行静态检查之后，再进行动态检查，其目的是进一步检查发动机、底盘、电气电子设备的工作状况及汽车的使用性能。

车辆技术状况鉴定
——动态检查

二、仪器检测的基本内容

利用静态检查和动态检查，可以对汽车的技术状况进行定性判断，即初步判定车辆的运行情况是否基本正常、车辆各部分有无故障及故障的可能原因、车辆各总成及部件的新旧程度等。当对车辆各项技术性能及各总成、部件的技术状况进行定量、客观的评价时，通常需借助一些专用仪器和设备。

车辆技术状况鉴定
——仪器检查

对二手车进行综合检测，需要检测车辆的动力性、燃油经济性、转向操作性、排放污染、噪声等整车性能指标，以及发动机、底盘、电气电子等各部件的技术状况。检测汽车性能指标需要的设备有很多，其中，最主要的有底盘测功机、制动检验台、油耗仪、侧滑试验台、前照灯检测仪、车速表试验台、发动机综合测试仪、示波器、四轮定位仪和车胎平衡仪等设备，这些设备一般在汽车的综合性能检测中心（站）或汽车修理厂才有，操作难度较大，一般不需要二手车鉴定评估人员掌握这些设备的使用。但二手车鉴定评估人员应能掌握一些常规的、小型的检测设备，以迅速地判断汽车常见故障。这些设备仪器主要有气缸压力表、真空表、万用表、正时枪、燃油压力表、废气分析仪、烟度计、声级计、故障诊断仪（俗称解码器）等。

三、整车性能的评价指标

（一）动力性能评价指标

汽车的动力性是指汽车在良好路面上直线行驶时由汽车受到的纵向外力决定的、所能达到的平均行驶速度。它表示了汽车以最大可能的平均行驶速度运送货物或乘客的能力。汽车的动力性是各种使用性能中最重要、最基本的性能。

汽车的动力性主要由汽车的最高车速、汽车的加速时间和汽车能爬上的最大坡度（简称最大爬坡度）3个指标来评定。

1. 汽车的最高车速

汽车的最高车速是指在水平良好的路面（混凝土或沥青路）上汽车能达到的最高行驶车速。

2. 汽车的加速时间

加速时间表示汽车的加速能力，一般分为两种：原地起步加速时间和超车加速时间。

原地起步加速时间——指汽车由第Ⅰ档或第Ⅱ档起步，并以最大的加速强度（包括选择恰当的换档时机）逐步换至最高档后达到某一预定的距离或车速所需要的时间。

超速加速时间——指用最高档或次高档，由某一较低车速全力加速至某一高速所需的时间。

3. 汽车的最大爬坡度

汽车的爬坡能力是指用满载时汽车在良好路面上的最大爬坡度来表示的。

（二）经济性能评价指标

1. 单位行驶里程的燃料消耗量

当燃料按质量计算时，用符号 Q_M 表示单位行驶里程的燃料消耗量，单位为 kg/100km。

当燃料按容积计算时，用符号 Q_V 表示单位行驶里程的燃料消耗量，单位为 L/100km。

2. 单位运输工作量的燃料消耗量

当燃料按质量计算时，用符号 Q_{MG} 表示单位运输工作量的燃料消耗量，对载货汽车和客车的单位分别为 kg/（100t·km）和 kg/（1000人·km）。

当燃料按容积计算时，用符号 Q_{VG} 表示单位运输工作量的燃料消耗量，对载货汽车和客车的单位分别为 L/（100t·km）和 L/（1000人·km）。

3. 消耗单位量的燃料所行驶的里程

它是指汽车消耗单位质量或单位容积的燃料所能行驶的里程。

（三）制动性能评价指标

1. 制动效能

汽车的制动效能是指汽车迅速减速直至停车的能力，可以用制动时间、制动减速度、制动力或制动距离来表示。

2. 制动效能的恒定性

当汽车下长坡时，为控制车速保证行车安全，经常需要连续地较长时间做较大强度的制动，制动器温度常在300℃以上，甚至高达700℃。制动器温度升高后，制动器摩擦副的摩擦系数减小，摩擦力矩下降，汽车的制动效能衰退，这种现象称为制动器的热衰退。

3. 制动时的方向稳定性

（1）制动跑偏　在汽车制动时，驾驶人本期望按直线方向减速停车，但有时会出现汽车自动向左或向右偏驶的现象，该现象称为制动跑偏。

（2）制动侧滑　制动侧滑是指制动时，汽车的某一轴车轮或全部车轮发生横向滑动的现象。汽车制动时，如果前轴车轮发生侧滑，而后轴车轮不侧滑，则汽车前轴中点的速度方向偏离汽车的纵轴线，后轴中点的速度方向仍与汽车的纵轴线一致。

（3）失去转向能力　失去转向能力是指汽车在弯道上制动时，转动转向盘也无法使汽车转向沿预定弯道制动停车的现象。

任务实施

任务目标：根据鉴定评估计划，准备好相应工具和鉴定评估作业表等，开始按照程序进行车辆的动态检查。

一、路试前的准备工作

在进行路试之前，先检查机油油位、冷却液液位、制动液液位、动力转向液压油的油量、油箱的油量、冷却风扇传动带、制动踏板行程和制动灯以及轮胎气压，各个项目正常后方可起动发动机，进行路试检查。

（一）检查机油油位

检查之前应将车停放在平坦的场地上。将起动开关钥匙拧到关闭位置，把驻车制动杆放到制动位置，变速杆放到空档位置。

打开发动机舱盖，抽出机油尺，将机油尺用抹布擦净油迹后，插入机油尺导孔，拔出查看。油位在上下刻线之间即为合适（图 1-52）。如果超出上刻线，应放出机油；如果低于下刻线，可从机油口处添加机油，待 10min 后，再次检查油位。补充时应严格注意清洁并检查是否有渗漏现象。

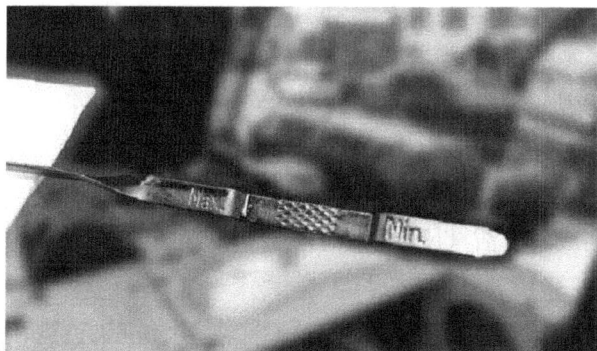

图 1-52　检查机油尺

（二）检查冷却液液位

检查冷却液时，对于没有膨胀水箱的冷却系统，可以打开散热器盖进行检查，要求液面不低于排气孔 10mm。如果使用防冻液，要求液面高度应低于排气孔 50~70mm（这是为了防止防冻液因温度升高而溢出）；对于装有膨胀水箱的冷却系统，应检查膨胀水箱的冷却液量是否在规定的上（MAX）、下（MIN）刻度线之间（图 1-53）。检查冷却液量时，应在冷车状态下进行，检查后应扣紧散热器盖。补充冷却液时，应尽量使用软水或同种防冻液。在添加前要检查冷却系统是否有渗漏现象。

（三）检查制动液液位

正常制动液的位置应在储液罐的上限与下限刻线之间或标定位置处，如图 1-54 所示。当液位低于标定刻线或下限位置时，应把新的制动液补充到标定刻线或上限位置。

由于常用的制动液具有一定的吸湿性，吸收水分后其沸点会显著降低，容易引起气阻，造成制动失灵，因此，在向储液罐内补充制动液时，一方面要使用装在密封容器内的新制动液，另一方面要避免长时间开放储液罐的加液口盖。

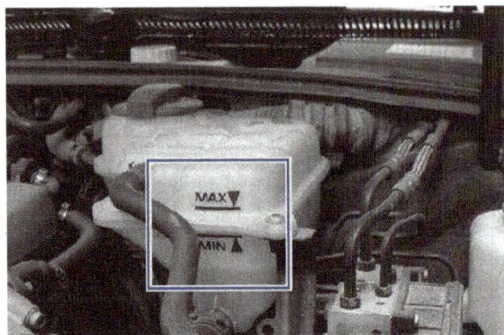

确定制动液的位置后，检查制动液面的高度是否处于两条液位线之间，如果没在正常的范围之内请进行调整。

图 1-53　检查冷却液液位　　　　　　　　图 1-54　检查制动液液位

如果发现制动液量显著减少，应注意查找渗漏部位，及时修复，防止制动失灵。

（四）检查动力转向液的油量

检查步骤：首先，将动力转向储液罐的外表擦干净，然后再将加油口盖从储液罐上取下，用干净的布块将油标尺上的油擦干净，重新将油标尺装上（检查时，不要拧紧加油口盖），然后取下油标尺，检查油平面，油标尺所示的刻度和意义与机油尺相同。如果油液平面高度低于油标尺下限刻度，则需要添加同种动力转向液，直到上限刻度为止。在添加之前应检查动力管路是否有渗漏现象。在检查或添加动力转向液时，应检查油质的污染情况，发现变质或污染时应及时更换。

（五）检查油箱的油量

检查步骤：打开点火开关，观察燃油表，了解油箱大致储油量，如图 1-55 所示。也可打开油箱盖，观察或用清洁量尺测量，但要注意油箱盖的清洁，避免尘土、脏物等落入油箱。

图 1-55　观察燃油表

（六）检查冷却风扇传动带

检查冷却风扇传动带的紧度，用拇指以 90~100N 的力按压传动带中间部位时，挠度应为 10~15mm。如果不符合要求，按需要可调节发动机支架固定螺栓的位置进行调整。

（七）检查制动踏板行程和制动灯

在对二手车进行路试前，一定要检查制动系统并确保制动灯工作良好。如果路试的汽车只有一个或没有制动灯，会被罚款。感受踩踏制动踏板的感觉，踩下制动踏板 25～50mm，就应感到坚实而没有松软感，即使踩下 0.5mm 也是如此。如果制动踏板有松软感，可能制动管路有空气，这意味着制动系统中某处可能有泄漏。对制动系统有问题的汽车进行路试是非常危险的，继续路试或进一步检查前一定要坚持让车主将制动系统修好。

另外，还要检查驻车制动是否工作，是否能将汽车稳固地保持住。

（八）检查轮胎气压

拧开轮胎气嘴的防尘帽，用轮胎气压表测量轮胎气压（图 1-56），轮胎的气压应符合轮胎的规定。气压不足，应进行充气；气压过高，应放出部分气体。轮胎气压过高或过低，均不宜进行路试，因为这样既不能正确判断汽车的性能状态，也可能发生意想不到的事故。

图 1-56 测量胎压

二、发动机的工作性能检查

检查发动机的工作性能主要是检查发动机的起动性能、怠速运转情况、异响、急加速性能、曲轴箱窜气量及排气颜色等项目。

（一）检查发动机的起动性能

正常情况下，起动发动机时，应在 3 次内起动成功。起动时，每次时间不超过 5s，再次起动时间要间隔 15s 以上。若发动机不能正常起动，说明发动机的起动性能不好。

影响发动机起动性能的原因有很多，主要有油路、电路、气路和机械 4 个方面的原因。例如，供油不畅、电动汽油泵无保压、点火系统漏电、蓄电池电极锈蚀、空气滤清器堵塞、气缸磨损致使气缸压力过低、气门关闭不严等都可能影响发动机的起动性能。发动机起动困难应综合分析各种原因，虽然有很多原因会引起发动机起动困难，但对汽车价格的影响相差很大。

（二）检查发动机的怠速运转情况

发动机起动后使其怠速运转，打开发动机舱盖，观察发动机怠速运转情况，发动机应怠速平稳，振动很小。观察仪表板上的发动机转速表，此时，发动机的怠速应在（800±50）r/mim，不同发动机的怠速转速可能有一定的差别。若开空调，发动机转速应上升，其转速应在 1000r/min 左右。发动机怠速时，若出现转速过高、过低、发动机抖动严重等现象，均表明发动机怠速不良。引起发动机怠速不良的原因多达几十种，如点火正时、气门间隙、进气系统、怠速阀、曲轴箱通风系统、废气再循环系统、活性炭罐、点火系统、供油系统、线束等出现问题均可能引起怠速不良，这也是困扰汽车维修检测人员的一个大难题，有时候为了找到怠速不良的故障原因，可能要花很多工时，甚至有的汽车怠速不良是顽症，可能一直都无法解决，鉴定评估人员应引起重视。

（三）检查发动机的异响

让发动机怠速运转，听发动机有无异响并判断响声大小。然后，用手拨动节气门，适当增加发动机转速，倾听发动机的异响是否加大，或是否有新的异响出现。

正常情况下，发动机各部件应配合间隙适当、润滑良好、工作温度正常、燃油供给充分、点火正时准确，无论转速和负荷怎样变化，都是一种平稳而有节奏、协调而又圆滑的轰鸣声。在额定转速内，正时齿轮、机油泵齿轮、喷油泵齿轮、喷油泵传动齿轮及气门会有轻微、均匀的响声，除此之外，发动机发出的敲击声、"咔哒"声、爆燃声、"咯咯"声、尖叫声等均是不正常的响声。如果有来自发动机底部的低频"隆隆"声或爆燃声，则说明发动机严重损坏，需要对其进行大修。

发动机异响是很难排除的，尤其是发生在发动机内部时，鉴定评估人员应引起高度重视。

（四）检查发动机的急加速性能

待发动机运转正常后，发动机温度达到80℃以上，用手拨动节气门，从怠速到急加速，观察发动机的急加速性能，然后迅速松开节气门，注意发动机怠速是否熄火或工作不稳。通常急加速时，发动机发出强劲且有节奏的轰鸣声。

（五）检查发动机的曲轴箱窜气量

打开发动机曲轴箱通风出口，用手拨动节气门，逐渐加大发动机转速，观察曲轴箱的窜气量。正常发动机曲轴箱的窜气量较少，无明显油气味，四缸发动机一般在 $10\sim20L/min$。若曲轴箱窜气量大于 $60L/min$，则说明曲轴箱通风系统不能保证曲轴箱的气体完全被排出，通风系统可能结胶堵塞，曲轴箱气体压力将增大，曲轴箱前后油封可能漏油，此现象表明此发动机已需要大修。

（六）检查发动机的排气颜色

正常的汽油发动机排出的气体是无色的，在严寒的冬季可见白色的水汽；柴油发动机带负荷运转时，发动机排出的气体一般是灰色的，负荷加重时，排气颜色会深一些。汽车排气常有以下 3 种不正常的烟雾。

1. 冒黑烟

冒黑烟意味着燃油系统输出的燃油太多，即空气和燃油的混合气太浓，发动机不能将它们完全燃烧。当发动机运行在浓混合气时，排气中的燃油使三元催化转化器变成一个催化反应炉。混合气过浓情况可能是由于几个火花塞不点火，也可能是由于几个喷油器漏油，很难区分。无论哪种情况，燃油都会被送进催化转化器中。这样就把转化器的工作温度升高到了一个危险温度。经过一段时间后，更高的工作温度可能导致催化转化器破裂或融化。

2. 冒蓝烟

冒蓝烟意味着发动机烧机油，即机油窜入燃烧室。若机油油面不高，最常见的原因是气缸与活塞密封出现问题，即活塞、活塞环因磨损与气缸的间隙过大。这表明此发动机需要大修。

3. 冒白烟

冒白烟意味着发动机燃烧自身冷却系统中的冷却液（防冻液和水）。这可能是由于气缸垫烧坏，使冷却液从冷却液通道渗到燃烧室中；也可能是由于缸体有裂纹，使冷却液进入气缸内，这种发动机的价值就要大打折扣。白烟也可能是由寒冷和潮湿的外界空气引起的。这种现象类似于在非常寒冷的天气中呼吸时的气体凝结。如果在暖和的天气里看到冒白烟，则可能表明有某种机械问题。这些情况要靠鉴定评估人员的判断力，来判断。

如果是自动档汽车，汽车行驶时排出大量白烟可能是自动变速器有问题，而不是由冷却液引起的。许多自动变速器有一根通向发动机的真空管。如果这根变速器真空管末端的密封垫或薄膜泄漏，自动变速器油液可能被吸入发动机中，造成排气冒白烟。

4. 排气气流不平稳

将手放在距排气管排气口 10cm 左右处，感觉发动机急速时排气气流的冲击，如图 1-57 所示。正常排气气流有很小的脉冲感。若排气气流有周期性的打嗝儿或不平稳的喷溅，表明气门、点火或燃油系统有问题而引起间断性失火。

将一张白纸悬挂靠近排气口 10cm 左右，如果纸不断被排气气流吹开，则表明发动机运转正常。如果纸偶尔被吸向排气口，则发动机配气机构可能有很大问题。

图 1-57　测试排气流

三、汽车路试检查

汽车路试一般行驶 20km 左右，通过一定里程的路试检查汽车的工况。

（一）检查离合器的工作状况

按正常汽车起步方法操纵汽车，使汽车挂档平稳起步，检查离合器工作情况。

正常情况下，离合器应该是接合平稳，分离彻底，工作时无异响、抖动和不正常打滑现象，踏板自由行程符合汽车技术条件的有关规定，一般为 30~45mm。自由行程太小，说明离合器摩擦片磨损严重。离合器踏板力应与该型号汽车的踏板力相适应，各种汽车的离合器踏板力不应大于 300N。

如果离合器发抖或有异响，说明离合器内部有零件损坏现象，应立即结束路试。

（二）检查变速器的工作状况

从起步加速到高速档，再由高速档减至低速档，检查变速器换档是否轻便、灵活，是否有异响，互锁和自锁装置是否有效，是否有乱档或掉档现象，换档时变速杆不得与其他部件干涉。

在换档时，变速器齿轮发响，表明变速器换档困难，这是变速器常见的故障现象。一般是由于换档联动机构失调、换档拨叉变形、锈蚀或同步器损坏所致。对于变速器传动机构配合不当或锈蚀，尤其是远程换档机构，只需重新调整即可；对于同步器损坏，则需要更换同步器，费用较高。

在汽车行驶过程中急速踩下加速踏板或汽车受到冲击时，变速杆自行回到空档，即为掉档。当变速器出现掉档现象时，说明变速器内部磨损严重，需要更换磨损的零件，才能恢复正常的性能。

在路试中，若换档后出现变速杆发抖现象，表明汽车变速器使用时间很长，变速器操纵机构的各个铰链处磨损松旷，使变速杆处的间隙过大。

（三）检查汽车动力性能

汽车动力性能最常见的指标是从静态加速至 100km/h 时所需的时间和最高车速，其中前者是最具意义的动力性能指标和国际流行的小客车动力性能指标。

汽车起步后，加速行驶，猛踩加速踏板，检查汽车的加速性能。通常急加速时，发动机发出强劲的轰鸣声，车速迅速提升。各种汽车设计时的加速性能不尽相同，就轿车而言，一般发动机排量越大，加速性能就越好。有经验的汽车评估人员能够了解各种常见车型的加速性能，通过路试能够检查出被检汽车的加速性能与正常的该型号汽车加速性能的差距。检查汽车的爬坡性能，即检查汽车在相应的坡道上使用相应档位时的动力性能是否与经验值相近，感觉是否正常。

检查汽车是否能够达到原设计车速，如果达不到，估计一下差距大小。

如果汽车提速慢，最高车速与原车设计值差距较大，上坡无力，则说明车辆动力性能差。

（四）检查汽车制动性能

汽车起步后，先点一下制动踏板，检查是否有制动；将车速加速至 20km/h 时进行一次紧急制动，检查制动是否可靠，有无跑偏、甩尾现象；再将车速加速至 50km/h，先用点制动的方法检查汽车是否立即减速、是否跑偏；再用紧急制动的方法检查制动距离和跑偏量。

当踩下制动踏板时，若制动踏板或制动鼓发出冲击或啸叫声，则表明制动摩擦片可能磨损，路试结束后应检查制动摩擦片的厚度。

若踩下制动踏板有海绵感，则说明有空气进入制动管路，或制动系统某处有泄漏，应立即停止路试。

（五）检查汽车行驶稳定性

车速以 50km/h 左右中速直线行驶时，双手松开转向盘，观察汽车的行驶状况。此时，汽车应该仍然直线行驶并且不明显地转到一边。如果汽车明显转向一边，说明汽车的转向轮定位不准，或车身、悬架变形。

车速以 90km/h 以上高速行驶时，观察转向盘有无摆动现象，即所谓的汽车摆头。若汽车有高速摆头现象，则通常意味着存在严重的车轮不平衡或不对称问题。汽车摆头时，前轮左右摇摆沿波形前进，严重地破坏了汽车的平顺性，直接影响汽车的行驶安全，增大了轮胎的磨损，使汽车只能以较低的速度前进。

选择宽敞的路面，左右转动转向盘，检查转向是否灵活、轻便。若转向沉重，说明汽车转向机构各球头缺油或轮胎气压过低。对于带助力转向的汽车，转向沉重可能是动力转向泵和齿轮齿条磨损严重。转向盘最大自由转动量不允许大于 20°（最高设计车速不小于 100km/h 的机动车）。若转向盘的自由转动量过大，意味着转向机构磨损严重，使转向盘的游动间隙过大，转向不灵。

（六）检查汽车行驶平顺性

将汽车开到粗糙、有凸起的路面上行驶，或通过铁轨、公路有接缝处，感觉汽车的平顺性和乘坐舒适性。当汽车转弯或通过不平的路面时，倾听是否有从汽车前端发出忽大忽小的"嘎吱"声或低沉噪声，若有，则可能是滑柱或减振器紧固装置松了，或轴衬磨损严重。汽车转弯时，若车身侧倾过大，则可能是横向稳定杆衬套或减振器磨损严重。

在前轮驱动汽车上，前面发出"咯嗒"声、沉闷金属声、"嘀嗒"声可能是等速万向节已磨损，需要维修。

（七）检查汽车传动效率

在平坦的路面上，进行汽车滑行试验。将汽车加速至 30km/h 左右，踩下离合器踏板，将变速器挂入空档滑行，其滑行距离应不小于 220m，否则，汽车传动系统的传动阻力大，传动效率低，油耗增大，动力不足。汽车越重，其滑行距离越远；初始车速越高，其滑行距离也越远。

将汽车加速至 40～60km/h，迅速抬起加速踏板，检查有无明显的金属撞击声，若有，则说明传动系统间隙过大。

（八）检查风噪声

逐渐提高车速，使汽车高速行驶，倾听车外风噪声。风噪声过大，说明车门或车窗密封条变质损坏，或车门变形密封不严，尤其是整形后的事故车。

通常车速越高，风噪声越大。对于空气动力性能好的汽车，其密封和隔音性能好，风噪声较小，而对于空气动力性能较差的汽车或整形后的事故车，风噪声一般较大。

（九）检查驻车制动

选择一段坡路，将车停在坡中，拉上驻车制动手柄，观察汽车是否停稳，有无滑溜现象。通常驻车制动力不应小于整车重量的 20%。

四、自动变速器路试检查

（一）自动变速器路试前的准备工作

在道路试验之前，应先让汽车以中低速行驶 5～10min，让发动机和自动变速器都达到正常工作温度。

（二）检查自动变速器升档

将变速杆拨至前进位（D）位置，踩下加速踏板，使节气门保持在 1/2 开度左右，让汽车起步加速，检查自动变速器的升档情况。在自动变速器升档时，发动机会有瞬时的转速下降，同时车身有轻微的颤动感。正常情况下，随着车速的升高，试车者应能感觉到自动变速器顺利地由 1 档升入 2 档，随后再由 2 档升入 3 档，直至升入最高档。若自动变速器不能升入高档，说明控制系统或换档执行元件有故障。

（三）检查自动变速器升档车速

将变速杆拨至前进位（D）位置，踩下加速踏板，并使节气门保持在某一固定开度，让汽车加速。当察觉到自动变速器升档时，记下升档车速。由于升档车速和节气门开度有很大关系，即节气门开度不同时，升档车速也不同，而且不同车型的自动变速器各档位传动比的大小都不相同，其升档车速也不完全一样，因此，只要升档车速基本保持在合理范围内，而且汽车行驶中加速良好，无明显的换档冲击，都可认为其升档车速基本正常。

若汽车行驶中加速无力，升档车速明显低于上述范围，说明升档车速过低（即过早升档）；若汽车行驶中有明显的换档冲击，升档车速明显高于上述范围，说明升档车速过高（即太迟升档）。

由于降档时刻在行驶中不易察觉，因此在道路试验中一般无法检查自动变速器的降档车速，只能通过检查升档车速来判断自动变速器有无故障。若有必要，还可检查其他模式下或变速杆位于前进低档位置时的换档车速，并与标准值进行比较，作为判断故障的参考依据。

升档车速太低一般是控制系统故障所致；换档车速太高则可能是控制系统或是换档执行元件的故障所致。

（四）检查自动变速器升档时的发动机转速

有发动机转速表的汽车在做自动变速器道路试验时，应注意观察汽车行驶中发动机转速变化的情况。它是判断自动变速器工作是否正常的重要依据之一。在正常情况下，若自动变速器处于经济模式或普通模式，节气门保持在低于 1/2 开度范围内，则在汽车由起步加速直至升入高速档的整个行驶过程中，发动机转速都低于 3000r/min。通常在加速至即将升档时发动机转速可达到 2500～3000r/min，在刚刚升档后的短时间内发动机转速下降至 2000r/min 左右，如果在整个行驶过程中发动机转速始终过低，加速至升档时仍低于 2000r/min，说明升档时间过早或发动机动力不足；如果在行驶过程中发动机转速始终偏高，升档前后的转速在 2500～3500r/min 之间，而且换档冲击明显，说明升档时间过迟；如果在行驶过程中发动机转速过高，经常高于 3000r/min，在加速时达到 4000～5000r/min，甚至更高，则说明自动变速器的换档执行元件（离合器或制动器）打滑，需要拆修自动变速器。

（五）检查自动变速器的换档质量

换档质量的检查内容主要是检查有无换档冲击。正常的自动变速器只能有不太明显的换档冲击，特别是电子控制自动变速器的换档冲击十分微弱。若换档冲击太大，说明自动变速器的控制系统或换档执行元件有故障，其原因可能是油路油压过高或换档执行元件打滑，自动变速器有故障需要维修。

五、路试后的检查

（一）检查各部件温度

1）检查油和冷却液的温度。正常冷却液温度不应超过 90℃，机油温度不应高于 90℃，齿轮油温不应高于 85℃。

2）检查运动机件过热情况。查看制动鼓、轮毂、变速器壳、传动轴、中间轴轴承和驱动桥壳（特别是减速器壳）等，不应有过热现象。

（二）检查四漏现象

1）在发动机运转及停车时，散热器、水泵、气缸、气缸盖、暖风装置及所有连接部位应均无明显渗漏水现象。

2）机动车连续行驶距离不小于10km，停车5min后观察，不得有明显渗漏油现象。检查机油、变速器油、主减速器油、转向液、制动液、离合器油、液压悬架油等相关处有无泄漏。

3）检查汽车的进气系统、排气系统有无漏气现象。

4）检查发动机点火系统有无漏电现象。

任务 五 事故车的鉴定

任务解析

通过本任务的学习，学生能够明确事故车的界定，熟悉事故车鉴定的具体内容，能够运用正确的流程和方法对车辆典型碰撞事故产生的结构性损伤，以及车辆水淹后的痕迹等进行检查，并正确辨别出是否为事故车。

知识链接

一、事故车的界定

事故车是指在使用过程中，曾经发生过长时间泡水、严重过火或严重碰撞，即使经过很好的修复之后，仍然存在安全隐患的车辆。

（一）碰撞事故车的界定

汽车在行驶中难免发生碰撞，在二手车评估中，并不是所有发生过碰撞的车都属于事故车的范畴。若车辆在发生碰撞后导致汽车结构件，比如横梁、纵梁、悬架系统、A/B/C柱等车身骨架变形（图1-58），则称为事故车。在检查时要仔细，发现蛛丝马迹就要认真查下去，以保证不漏查事故车。发生事故时，车辆可能受到来自前部、侧面或后部的冲击载荷而产生不同程度的损坏。

如果符合以下任何一条，即属于碰撞事故车：

1）经过严重碰撞，损伤到发动机舱和驾驶舱的车辆。

2）散热器支架有碰撞损伤的车辆。

3）车身后翼子板撞击损伤超过三分之一的车辆。

4）纵梁有焊接、切割、整形和变形的车辆。

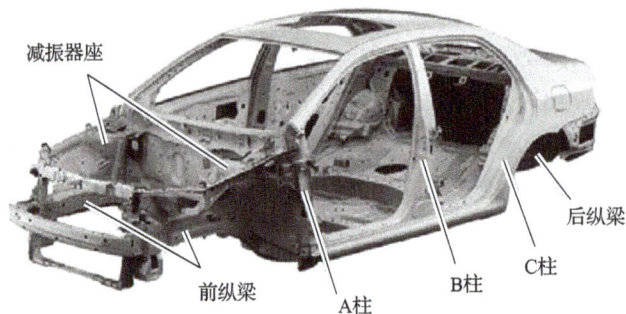

图 1-58　汽车结构件

5）减振器座有焊接、切割、整形和变形的车辆。

6）A 柱、B 柱、C 柱有焊接、切割、整形和变形的车辆。

（二）泡水车的界定

泡水车是指经过水浸泡的车辆，一般是指浸水深度超过车轮的 1/3，车身底部部件与水长时间接触的机动车。泡水车按照损害严重程度分为三类：第一类是水深超过车轮，并涌入了车内；第二类是水深超过了仪表板（仪表工作台）；第三类是积水漫过车顶。在这三类情况中，第一类最为常见，危害性相对后两类要小很多，修复后对日常使用影响不大。而后两类，水深超过了中控台或者直接没顶的车辆，就算修复后也存在安全隐患。

现在汽车内部都有很多的电子控制系统，混合后的雨水杂质很多，腐蚀性也很强，会严重损害车辆的电路，如发动机 ECU、ABS、ESP 等，这些系统一旦遭到雨水侵蚀，其可靠性就无法保证了，而且故障难以检测。车内一旦经过水泡，材质会变形、变粗糙，还会产生异味，久久不能散去；车内的仪表、音响等装置，也无法恢复如初。泡水车底盘长时间在脏水中浸泡，防锈涂层会遭到破坏，底盘腐蚀会相对严重很多。车辆在水淹后外观一般没有太大的变化，但水淹后的操作或维修不当造成发动机及电控系统损坏的情况很常见。同时由于有些砂石是无法清理的，留在一些齿轮或者传动带处，会造成某些部件损坏。

（三）火烧车的界定

火烧车本意是指被火烧过的车，但在二手车市场中的火烧车是指车辆局部区域被火烧过，之后火苗被熄灭了（这样的车还有维修价值，不用直接报废），经过翻新之后又流入二手车市场的车。这种车的内部部件经过高温烘烤后，其物理和化学性能会发生改变，抗压、抗弯强度大不如前，有很大的安全隐患，需要注意鉴别。

二、汽车碰撞机理

汽车在碰撞过程中，碰撞冲击力的方向总是同某点冲击力特定角度相关，因此，冲击力可以形成分力，通过汽车向不同方向分散，冲击合力可以分解为 3 个分力：垂直分力、水平分力和侧向分力，这 3 个分力都被汽车零部件所吸收。这些分力的大小及对汽车造成的损坏程度取决于碰撞角度以及冲击力与汽车质心相对应的方向。假设冲击力的方向并不是沿着汽车的质心方向，一部分冲击力将形成使汽车绕着质心旋转的力矩，该力矩使汽车旋转，从而减少冲击力对汽车零部件的损坏，另一种情况是，冲击力指向汽车的质心，汽车不会旋转，大部分能量将被汽车零部件所吸收，从而对零部件造成严重损坏。

大部分乘用车采用的是承载式车身壳体，它是由许多片薄钢板制作的车身零部件连接，形成一个箱形的立体空间结构，其碰撞时的受力状态多为空间力系，引起的冲击、振动力的方向不会在同一平面内，冲击、振动力大部分被车身壳体吸收。为了控制二次损伤变形并为乘员提供一个更为安全的空间，承载式车身结构在汽车前部（前车身）和后部（后车身）都设计了碰撞应力吸收区域，当汽车受到碰撞时，它能按照设计要求形成折曲或压溃，碰撞冲击力在此形成应力集中，这样传到车身结构件的冲击力在传送时就被大大减小，如车身左右前后纵梁、左右前后翼子板、左右门槛板、左右A柱、B柱、C柱、左右门框等处。故承载式车身任何构件、支承、连接板等局部变形，都会直接影响汽车的整体性能。

汽车零部件金属材料中的金属晶粒都处于相对松弛的状态，当金属材料受到碰撞后，如果金属材料产生严重变形（塑性变形），材料中的晶粒将被拉伸、压缩、移位和重置，并产生较大的内应力。较大的内应力会使车身结构件变形，焊缝和焊点撕裂或拉断，油漆面和内涂层开裂。

✎ | 任务实施

任务目标：在技术鉴定过程中，着重检查车辆关键部位是否有结构性损伤及水泡、火烧的修复痕迹，科学客观地判断车辆是否为事故车。

一、碰撞事故车的鉴定

（一）前纵梁的检查

前纵梁相当于车的骨架，由两根位于两边的纵梁组合而成，主要用于承载发动机（图1-59）。纵梁多用低合金钢板冲压成，断面为槽形或工字形，以分散吸收事故撞击的能量。车辆的纵梁前方属于吸能盒，吸能盒上有溃缩引导槽（图1-60）。

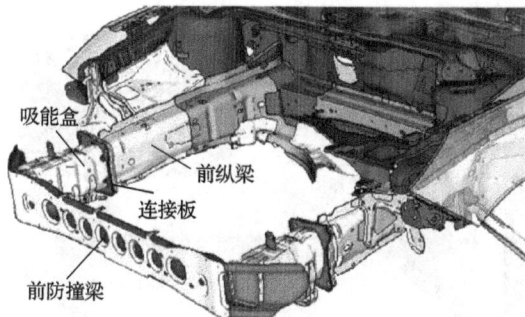

图1-59　前纵梁结构示意图

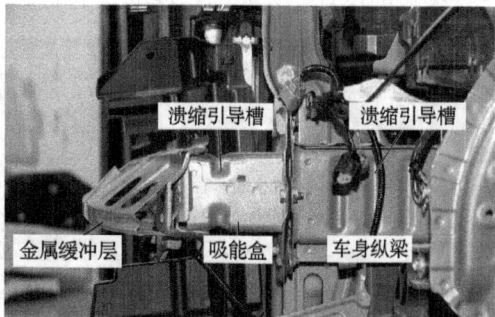

图1-60　前纵梁溃缩引导槽

车辆纵梁在小事故中受伤的概率比较小，如果一辆车的纵梁有问题，那这辆车一定发生过不小的事故。吸能盒是可以更换的，它的破损并不影响汽车本身的安全性（图1-61），但是如果伤及纵梁，造成了纵梁溃缩，那么就可以将车辆认定为大事故车。因为纵梁的维修只能通过钣金修复，严重时甚至需要通过切割焊接进行修复。

纵梁的检测方法有两种：一种是看纵梁是否变形，还有就是看有没有局部的生锈。

纵梁如果有过事故挤压，那么纵梁必然会有扭曲或者变形破损的痕迹（图1-62），则可定性为大事故车。图1-63所示的车辆横梁受损严重，但纵梁没有损伤，不算事故车。

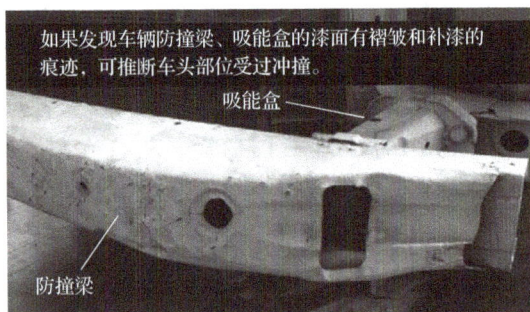

图1-61 防撞梁和吸能盒的修复痕迹

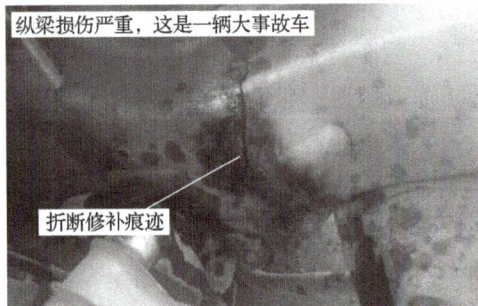

图1-62 严重损伤的纵梁

纵梁生锈在年限比较长的车辆上很常见，而年限不长的车一般不会有局部生锈情况出现。纵梁受伤的车也会产生局部生锈现象。因而在看纵梁时需要注意，并不是所有纵梁生锈都是因为出过事故。

1. 观察梁体是否有变形

如果梁头有不正常的褶皱和凹坑，梁头螺钉也有拧动痕迹，这说明纵梁受损修复过。在检查梁头时要注意左右的对称性，如果发现两个凹坑，或者弯曲是对应存在的，那么很有可能是原厂就有的，不能算事故车，不要盲目下结论，以免误判。同样看褶皱的还有梁身的部分，要顺着梁体进行全面检查。正常原厂车的梁身应该是严丝合缝的，如果发现有开裂的迹象，或者不规则的褶皱，最好把车举升起来做更细致的检查。

2. 观察梁体及减振器座是否有裂隙，焊点是否一致

如果发生严重事故，纵梁在修复时会进行焊接，焊接过的痕迹是非常明显的（图1-64）。一些振裂的位置，只要细致观察，也能发现。

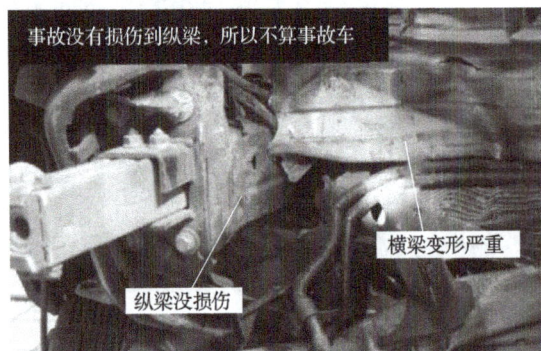

图1-63 严重变形的横梁

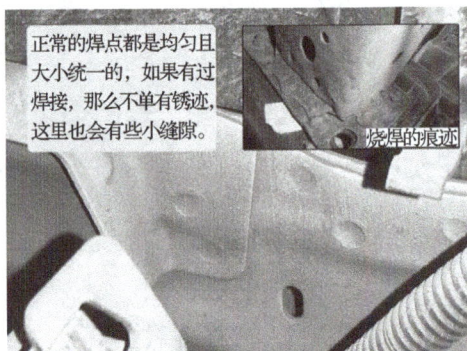

图1-64 纵梁修复痕迹

发生撞击后，结合处容易被撕裂，把车举升起来，特别检查减振器座的部位（图 1-65），严丝合缝的地方发生事故时容易被振裂。

3. 检查后纵梁是否有变形生锈

为了分散事故撞击时的能量，后纵梁设计了一些溃缩引导点（图 1-66）。在发生撞击时，溃缩点就会发生变形。对于严重的事故，梁体都会变形（图 1-67），若变形则可定性为事故车。

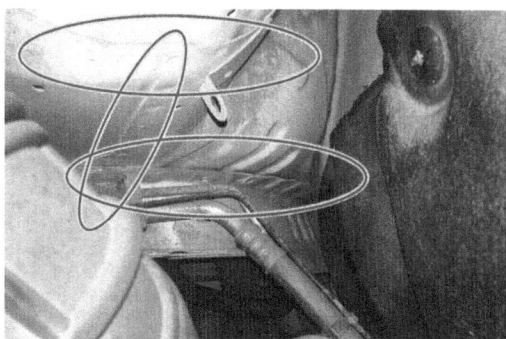

图 1-65　检查减振器座

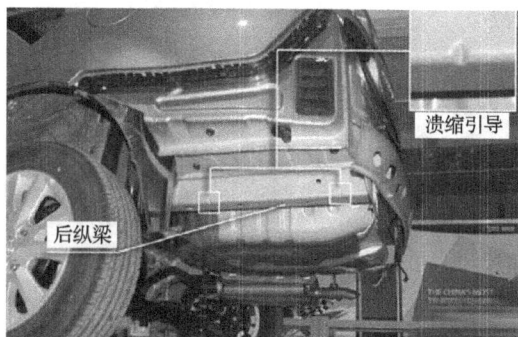

溃缩引导

后纵梁

图 1-66　后纵梁结构

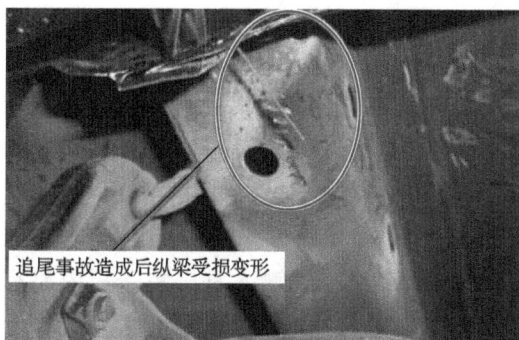

追尾事故造成后纵梁受损变形

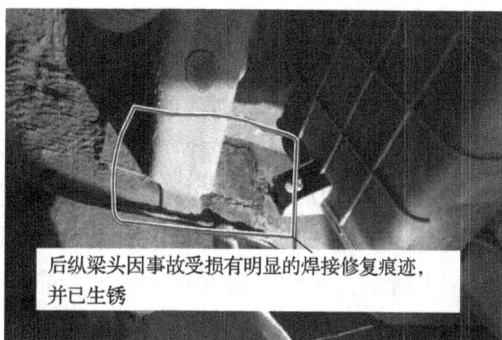

后纵梁头因事故受损有明显的焊接修复痕迹，并已生锈

图 1-67　后纵梁变形

（二）A 柱、B 柱、C 柱的检查

汽车重要的骨架（A 柱、B 柱、C 柱）以及底大边的检查是鉴别是否为事故车的重要依据之一。A 柱、B 柱、C 柱不仅起到支撑车顶的作用，更为重要的是在车辆翻滚或者倾覆时可对车内人员起到保护作用。A 柱、B 柱、C 柱一旦在事故中受伤变形，那么这辆车就属于大事故车了。对车底大边的检查是发现车辆有没有拖底以及切割的重要手段。

1. A 柱及车门的检查

由于 A 柱、B 柱、C 柱对于车身安全以及车辆刚性起到至关重要的作用，并且 A 柱、B 柱、C 柱在修复完成之后也比较隐蔽，因此在检查的时候一定要非常仔细。首先检查 A 柱，由于 A 柱比较靠前，当车辆受到前方严重撞击或者侧方撞击时，A 柱很有可能发生变形。

对于 A 柱的事故检查要内外结合进行。首先看 A 柱外表是否有明显的凹凸现象、重新刮腻子的痕迹或喷过漆。其次要打开 A 柱下方的密封条，观察密封条里的框架与原厂焊点是否规整（原厂的焊点是圆形和凹陷的，如图 1-68 所示）。如果发现金属框架与焊点有钣金修复的迹象，焊点也不平整或者没有这些焊点，有可能是事故修复后用腻子灰填平了（图 1-69），由此可以判断这辆车的 A 柱受过撞击。

拉开车门框的密封胶条，查看门框焊接痕迹，目前大部分采用点焊，焊点都是不规则的。4S 店或修理厂都是乙炔焊，没有这种圆形的焊点。

原厂焊点

拉开门框胶条

图 1-68　车门框上的原厂圆形焊点

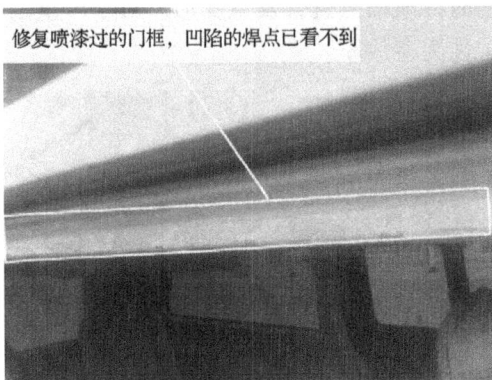

修复喷漆过的门框，凹陷的焊点已看不到

图 1-69　修复后焊点被覆盖

除了使用常规检查方法检查 A 柱焊点来判断是否为事故车外，还可以使用漆膜厚度仪检查 A 柱是否做过漆来进行判断（图 1-70）。图 1-70 中检测的车辆漆膜厚度达 1286μm，可以判断 A 柱做过漆，此时就要重点检查 A 柱是否发生过严重撞击了。

有些严重事故的车辆，单看门框上的焊点可能判断不出是否是事故车，因为 A 柱可能因变形严重而更换了新件，那这些车又应该怎样检查呢？一是要重点检查 A 柱切割的位置，因为切割后一定要焊接，在焊接的地方肯定会留下痕迹。二是检查 A 柱相邻部位翼子板内衬。多部位结合检查，肯定会发现事故修复的痕迹。A 柱切割更换痕迹如图 1-71 所示，一辆丰田 RAV4 轿车，前部发生严重的事故，右侧 A 柱、翼子板内衬都已更换新件，在更换时进行了切割和焊补，在二手车鉴定时找准切割点进行检查，肯定会发现事故修复的痕迹。检查的技巧是从焊点位置来看，焊点从哪里消失的，就说明是从哪里开始切割的。

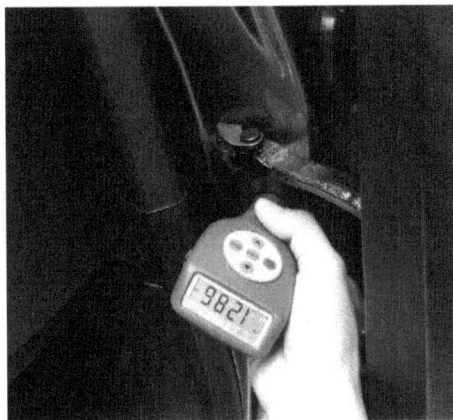

图 1-70　漆膜厚度仪检测 A 柱

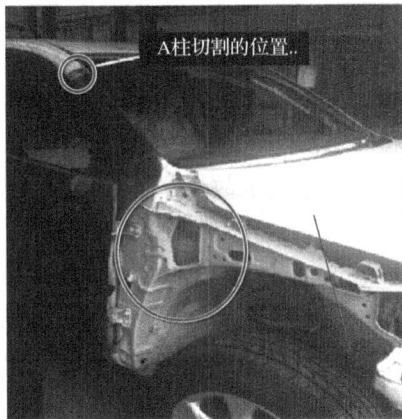

A柱切割的位置..

图 1-71　A 柱切割更换痕迹

除了检查 A 柱上的焊点外，还要检查柱子上的螺栓是否拧动过，拧动过的螺栓会在螺栓头或螺母上留有痕迹（图 1-72），顺便检查车门是否拆装更换过，这也是判断 A 柱是否发生过事故的依据之一。

首先，应打开车门，检查车门铰链及固定螺栓（图 1-73）。如果拧动过，会在螺栓或螺母上留下痕迹（图 1-74）。

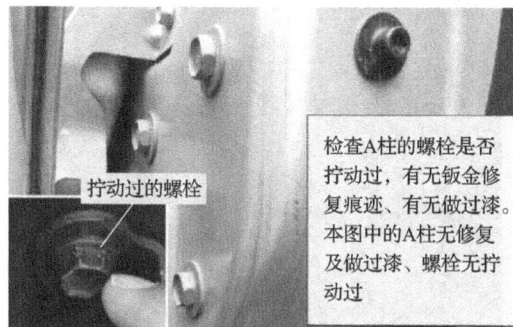

图 1-72　检查 A 柱上螺栓

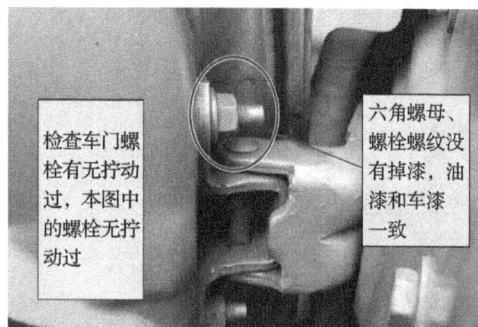

图 1-73　检查车门铰链、螺栓

仅凭车门螺栓的拧动痕迹不能证明车门就是更换过的，可能是因为需要钣金喷漆而拆卸，还要通过检查车门胶条来判断车门是否更换过。正常情况下，原车门都是由机器打胶条，所以会非常平整、顺畅（图 1-75），而后换的车门胶条都是由人工打的，看上去会明显不均匀，摸起来也会稍软一些。

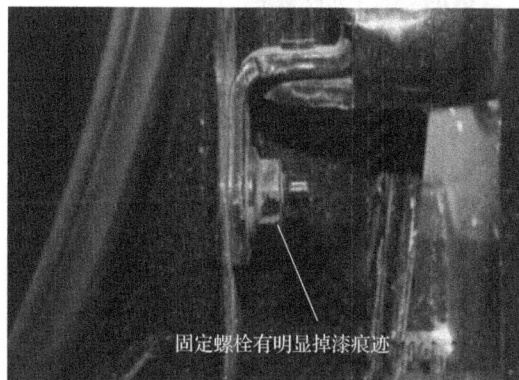

图 1-74　车门螺栓拧动痕迹

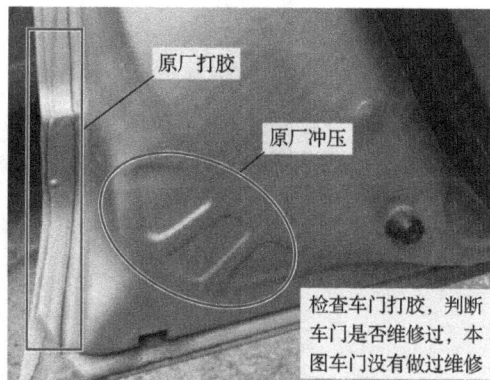

图 1-75　原厂车门打胶

如果发现车门打胶不平整、颜色与车门颜色不一样，那么基本可以判定车辆修复过，甚至可能是更换过。

一般来说，如果车辆的侧面没有受到过碰撞，在关门的时候，车门会很顺畅地关闭。如果车门被修复过，在车门自然关闭的过程中会出现关门不顺畅或者关不严的情况；有的还会出现车门关上了，但是车门和门框却存在落差的情况。可以通过开关车门的顺畅与否、关门声音的厚重感判断是否维修。如果车门被更换过，也可以在车门边缘及门框部分找到喷漆修补的痕迹。

2. B 柱的检查

B 柱的检查和 A 柱相似，都是要检查密封条下的金属框架与激光焊点，如果修复过都会留下痕迹（图 1-76）。还可以配合漆膜厚度仪进行检查（图 1-77），图 1-77 中车辆漆膜厚度为 949μm，说明已喷过漆。

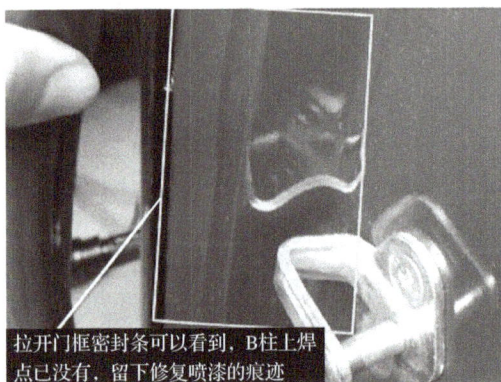

图 1-76　B 柱修复痕迹

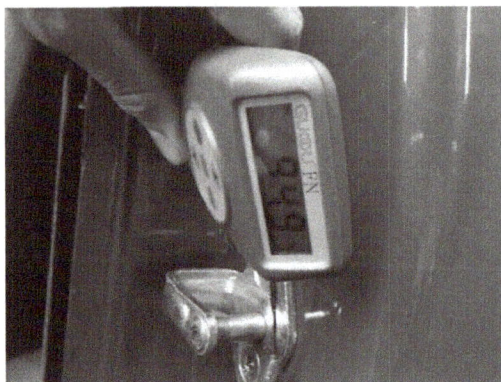

图 1-77　漆膜厚度仪检测 B 柱

检查 B 柱时，要特别注意检查中间位置的铰链部分（当打开前门的时候就可以看到 B 柱中间位置的铰链）。一旦车辆受到来自侧面的撞击造成 B 柱变形，这个位置的铰链也一定会发生变形，严重的甚至要切割更换（图 1-78）。

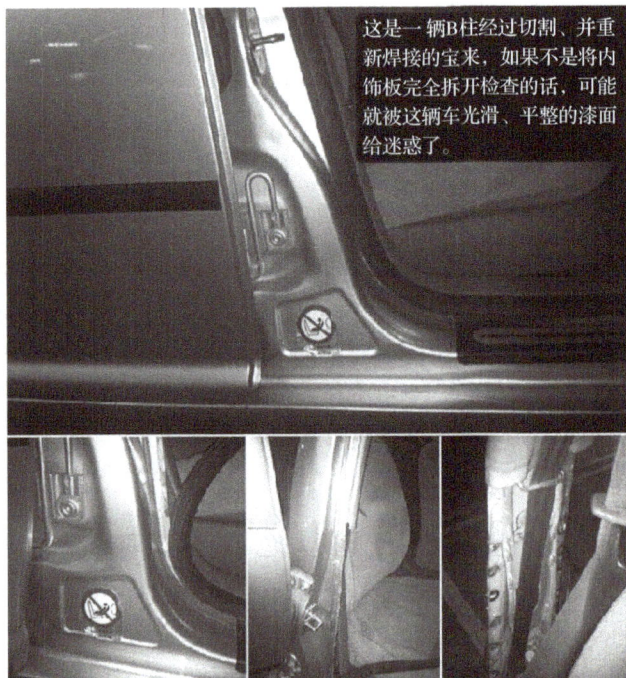

图 1-78　B 柱切割痕迹

另外有一个小窍门：由于 B 柱上的铰链处在十分隐蔽的位置，长时间下来铰链内侧都会有积土痕迹。如果检查时发现铰链十分新，漆面也十分光亮（与外观车漆几乎相同），那么这个铰链也有可能是新换的。

判断 B 柱有没有修复过，还有一个方法：检查 B 柱上的轮胎气压提示标贴（不同车辆粘贴位置可能有差异）是否还存在，因为这些标贴都是一次性标贴，修复过后就不会存在，这也是判断 B 柱是否修复过的一个依据。

同样在车身侧面，通过观察锁具部分是否有位移的痕迹和喷漆修补的痕迹，可以判断车门部分是否修理过。一般只有侧面受到严重的碰撞后才会修理这个部分，尤其是喷过漆的。

3. C 柱的检查

C 柱位于车辆的后方，当车辆受到来自后方或者侧后方的撞击时，C 柱极容易损伤变形（图 1-79）。对于 C 柱的检查也比较"特别"，除了正常的检查之外，最主要的一项就是打开行李舱盖查看行李舱两侧的金属框架是否有变形或者钣金修复的迹象，其次查看这里的激光焊点是否规整（图 1-80），如果发现框架有钣金修复的迹象，焊点也不规整，那么很有可能这辆车受到过来自于后方的撞击（后方的撞击也有可能伤及 C 柱）。

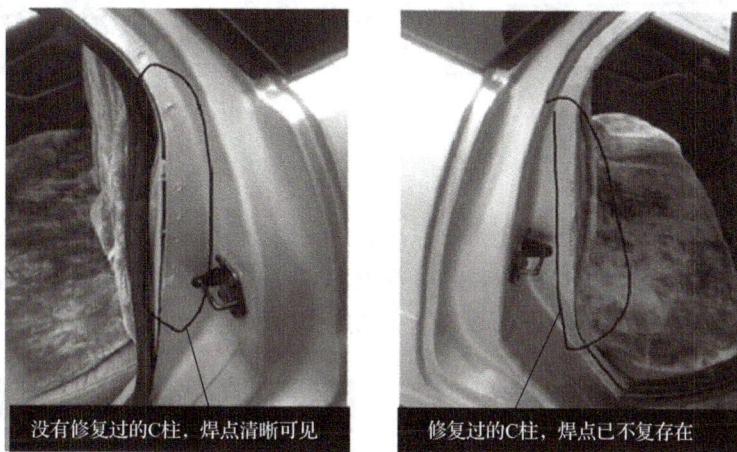

没有修复过的C柱，焊点清晰可见

修复过的C柱，焊点已不复存在

图 1-79　原厂 C 柱与修复后 C 柱

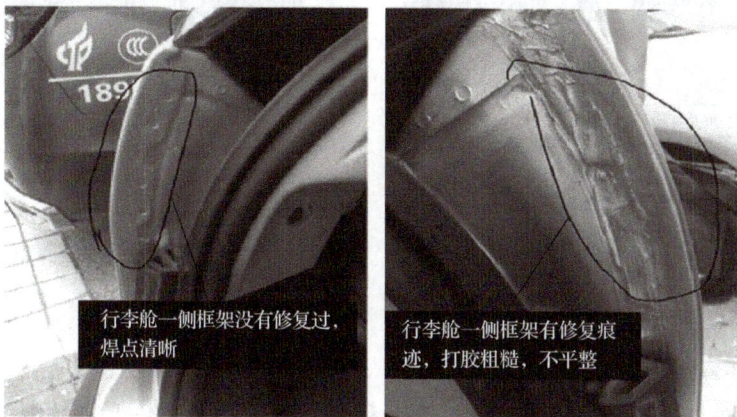

行李舱一侧框架没有修复过，焊点清晰

行李舱一侧框架有修复痕迹，打胶粗糙，不平整

图 1-80　原厂行李舱框架和修复后行李舱框架

另外在检查时，观察左、右翼子板后端内侧的胶条是否均匀完整，有没有龟裂的情况。如果发现了胶条有断裂或者重新涂抹的痕迹，也有可能是 C 柱受伤修复之后造成的。

如果侧面碰撞或后部碰撞比较严重，C 柱就有可能需要更换（图 1-81）。单从行李舱框架、C 柱焊点可能无法判断 C 柱是否修复过，因为更换后焊点和原厂差别不大。这时就要重点检查切割的位置焊接的情况（图 1-82），另外就是重点检查行李舱框架的打胶情况。切割后再焊接就不会有原厂凹陷的焊点，行李舱框架的打胶和原厂相比会显得比较粗糙且不平整。

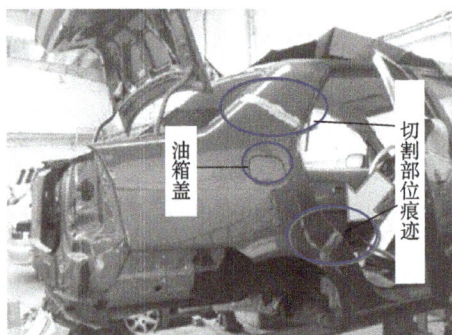

图 1-81　C 柱切割位置

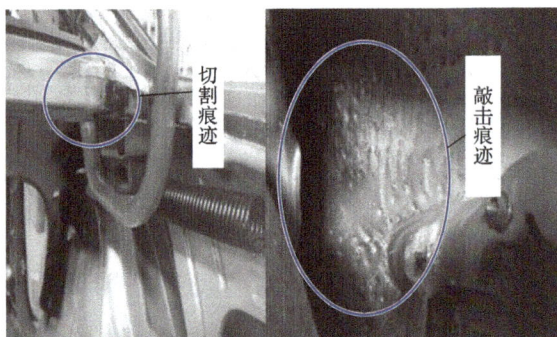

图 1-82　C 柱切割、敲击痕迹

4. 底大边的检查

在查看底大边时，最主要的还是看原厂焊点。因为车辆在切割的时候肯定会触及这些焊点，在查看时主要是看这些焊点是否规整均匀（图 1-83）。如果发现焊点模糊不清或者底大边有明显的焊接痕迹，那么这辆车的底大边肯定被切割过（图 1-84）。

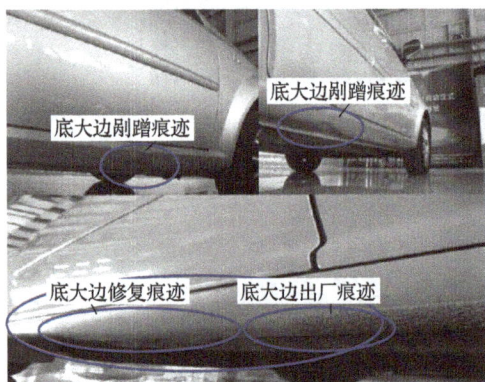

图 1-83　底大边检查

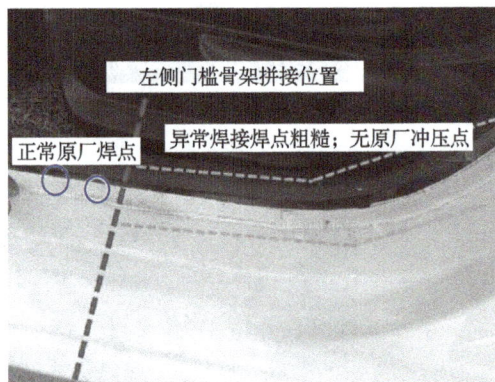

图 1-84　门槛修复痕迹

（三）其他钣金部件的检查

1. 发动机舱盖的检查

如果车辆的车头部分发生过碰撞，有两种可能性：一是比较严重的事故更换了发动机舱盖；另外一种就是轻微事故，发动机舱盖进行过修复喷漆。

（1）发动机舱盖修复喷漆的鉴定方法

1）第一步，打开发动机舱盖，双手提起发动机舱盖，掂量一下发动机舱盖的重量，感觉比较重的，就要怀疑发动机舱盖是否修复喷漆过。

2）第二步，用发动机舱盖撑杆撑起发动机舱盖，观察发动机舱盖内部是否有修补或喷漆的痕迹，以判断车辆是否发生过碰撞事故。

3）第三步，使用漆膜厚度仪检查发动机舱盖漆面的厚度，以判断发动机舱盖是否喷过漆。

（2）更换过发动机舱盖的鉴定方法

1）一是观察发动机舱盖内的标贴是否存在（并不是所有车型都贴在发动机舱盖上，有些车辆贴在散热器框架上），喷漆修复过或更换过发动机舱盖后标贴就不复存在。

2）二是观察发动机舱盖铰链上螺栓是否拆装过，如果发动机舱盖铰链上的螺栓拧动过，发动机舱盖又没有修复过的痕迹，发动机舱盖就可能更换过。

检查发动机舱盖铰链处的螺栓是否存在拧动的痕迹，没有拧动过的螺栓如图1-85所示。

图1-86所示为发动机舱盖铰链螺栓明显被拧动过，而且被重新喷过漆。不过在发动机舱盖上并没有发现钣金修复的痕迹，所以这个发动机舱盖可能是后期更换的。

检查发动机舱盖螺栓是否被拧动过，本图的两个螺栓没有拧动痕迹及喷漆留漆

图1-85　发动机舱盖铰链螺栓没有拧动过　　　图1-86　发动机舱盖铰链螺栓拧动过的痕迹

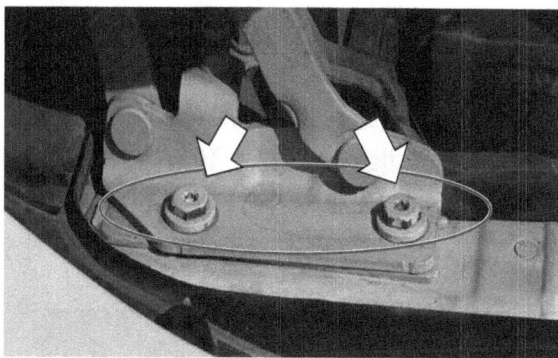

2. 前保险杠、前照灯、散热器框架的检查

汽车发生前部碰撞时，最先碰撞的是保险杠、前照灯，然后就是散热器支架（俗称龙门架）。保险杠、前照灯都是塑料件，发生事故时容易损坏，开裂修复痕迹只要注意观察就很容易鉴别出来。

一般情况下，原厂保险杠做工较好，如果保险杠上沿有漆雾、有毛边等现象，说明前保险杠可能被修复或更换过。

鉴别前照灯是否更换时，可以将左右两个灯对比，如果一个新一个旧，那么新的就是更换过的灯。如果左右一样新，但和使用年限明显不匹配，两个灯就是同时更换的。检查灯的生产日期，如果生产日期晚于整车的生产日期，那么就可以判断两个前照灯已经更换过。

3. 车头结构部件的检查

一辆车一旦发生碰撞，首先受损的一般都是覆盖件，比如发动机舱盖、保险杠、翼子板等。但是如果碰撞的强度非常大，就会波及发动机舱内的各种结构部件，由于冲击力较大，发动机舱内各种连接部位的固定件就容易产生位移。

通过观察翼子板内侧结构件是否有焊接修复的痕迹，可以判断车辆是否碰撞过，但这只是初步判断，还要结合纵梁、减振器座等多部位的情况综合判断车身是否发生过重大碰撞。

发动机舱的减振器座是非常重要的一个部件。减振器座是一个非常重要的区域，如果减振器座变形会影响减振器和悬架的角度，也就是车轮定位参数会改变，通俗讲就是车很可能会是"外八字"或者"内八字"在路上行驶，会引起吃胎、跑偏、转向重、转向不回位等故障。

通过鉴定减振器座的方法去判断事故，主要有以下三种情况：

1）第一种是侧面撞击。从侧面撞击到车身之后，很容易使减振器座报废，而且从结构上来说，比较严重的侧面撞击不仅损伤减振器座，同侧的纵梁也可能伤及，因此纵梁也要仔细检查。

2）第二种是正面撞击而伤及减振器座。正面受到巨大的撞击，发动机总成和纵梁都会产生严重变形，多数车辆在这种情况下已经没有再修复的价值了。

3）第三种是进行减振改装的车辆，如气动悬架、绞牙减振改装。减振改装调硬了之后减振器座所承受的振动会更大，长时间会造成车架变形或者减振器顶部变形。

4. 行李舱盖的检查

打开行李舱盖，首先观察行李舱盖内侧有没有敲打、喷漆过的痕迹（图1-87）；其次观察行李舱盖边缘打胶情况，没有事故修复过的车辆，其打胶均匀平整光滑（图1-88），修复后打胶粗糙不平整；然后观察行李舱盖铰链螺栓有没有拧动过，没拧动过的螺栓上没有痕迹，油漆颜色与车身车漆颜色一样，拧动过的螺栓会留下痕迹。

图1-87　检查行李舱盖

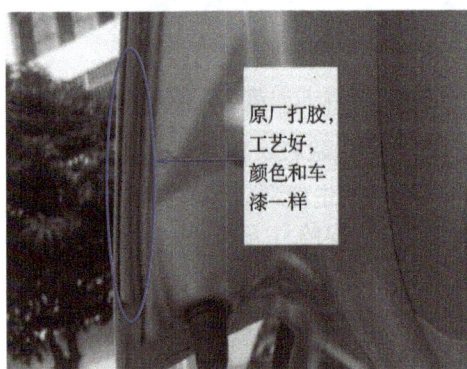

图1-88　行李舱盖原厂打胶

5. 后保险杠、后围板的检查

观察后保险杠的卡扣有没有撬动过（图1-89）、后围板有没有敲打、生锈、喷漆过的痕迹（图1-90）。如果有生锈（图1-91）、焊接（图1-92）过的痕迹，就要重点检查行李舱底板、后翼子板内衬是否修理过。

图 1-89　检查后保险杠拆装痕迹

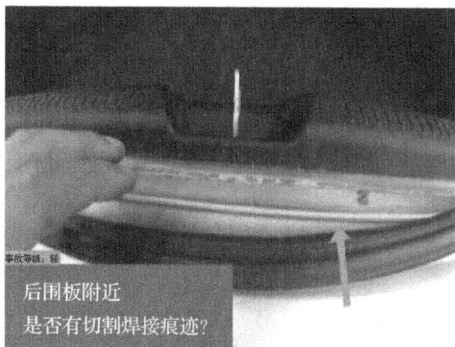

图 1-90　检查后围板修复痕迹

图 1-91　修复后已生锈的后围板

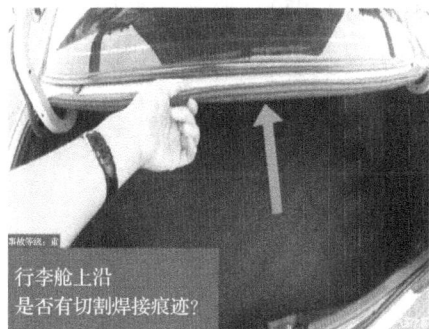

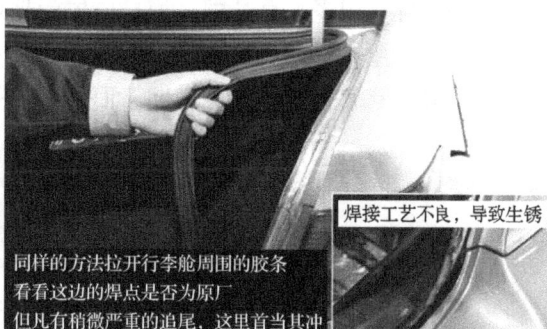

图 1-92　检查后围板是否有切割焊接痕迹

6. 行李舱底板的检查

把行李舱盖板取下，观察底板有没有敲打、喷漆过的痕迹。轿车的行李舱备胎座是冲压成形的，如果有焊接或者敲击复位的痕迹，这辆车后部一定发生过事故。敲击复位的痕迹较容易辨别，通常把备胎拿出来之后就能明显地看到敲击痕迹。

如果发生过比较严重的撞击，行李舱底板已经更换过又怎么检查呢？这就要从行李舱底座周围的打胶情况进行仔细检查了。在切割的位置都会打上钣金胶（图 1-93），原厂打的胶平整，与车的颜色一样，切割修复后打的胶粗糙、不平整，颜色也与车漆不一样。

7. 行李舱框架的检查

行李舱框架的检查是判断车辆是否发生过追尾的重要依据。对于两厢车来说，主要检查尾门框和 C 柱之间的框架，没有修复过的尾门框，打胶均匀、棱角分明、左右对称。对于三厢车来说，主要检查后翼子板框架（图 1-94）。

图 1-93　更换行李舱底板后重新打胶

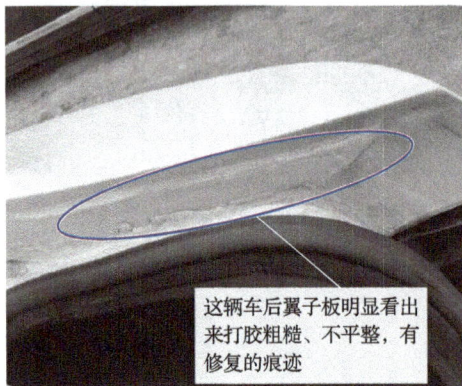

图 1-94　后翼子板框架检查

（四）车辆细节的检查

在侧面碰撞中，轮胎和玻璃往往首当其冲，成为受损严重的部件。可通过查看轮胎的生产日期判断是否进行过单个轮胎的更换，更换单条轮胎除了爆胎等特殊情况外，也可能是事故导致的，车玻璃的鉴别同理。

1. 轮胎上的标识检查

轮胎上的标识很多，有品牌、型号、生产日期等（图 1-95）。鉴定二手车主要要了解轮胎的品牌、生产日期。检查二手车时，最重要的是要知道轮胎是什么时候生产的，然而轮胎上并没有直接标明生产日期，而是通过一串数字表示，如图 1-96 所示。

型号

MICHELIN=轮胎品牌

ENERGY XM1=轮胎花纹

195=横截面宽度195mm

65=高宽比65%

R=子午线轮胎（Radial）

15=轮胎内径15in（1in=25.4mm）

TL=无内胎轮胎

生产日期

轮胎花纹

品牌：米其林

图 1-95　轮胎上的标识

图 1-96　轮胎上的生产日期标识

2. 玻璃上的标识检查

汽车玻璃非常重要，它不仅能够阻挡热量、减弱速度感，同时也是汽车安全系统的重要组成部分。汽车上的每块玻璃都印有相关的标识（图 1-97）。

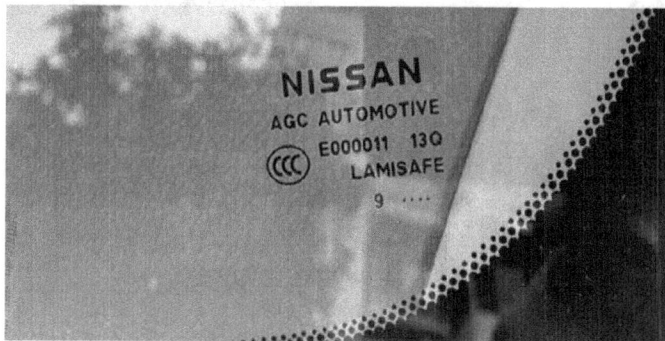

图 1-97　汽车玻璃上的标识

玻璃上会打上汽车生产厂商的品牌 Logo，一般情况下这个是一块玻璃上最大的 Logo。例如奥迪汽车公司会打上奥迪的 Logo，福特汽车公司会打上福特的 Logo。除了在玻璃上打上汽车生产厂商的品牌 Logo 外，还会打上玻璃生产厂商的品牌 Logo，例如我国著名的福耀玻璃等，常见轿车配套玻璃品牌如图 1-98 所示。

玻璃上并没有直接标明生产日期，而是通过一些符号进行标识，如图 1-99 所示。"……8""9……"就是玻璃的生产日期，其中 8、9 表示年份，就是 2008 年和 2009 年，同理 15 表示 2015 年，5 表示 2005 年。黑点在数字前，表示上半年生产，月份计算公式是 7 减去黑点数，那么图 1-99a 中就是 7−6＝1，所以这块玻璃是 2008 年 1 月份生产的；如果黑点在数字后，则表示下半年生产，月份计算公式是 13 减去黑点数，那么图 1-99b 中就是 13−4＝9，所以这块玻璃是 2009 年 9 月生产的。

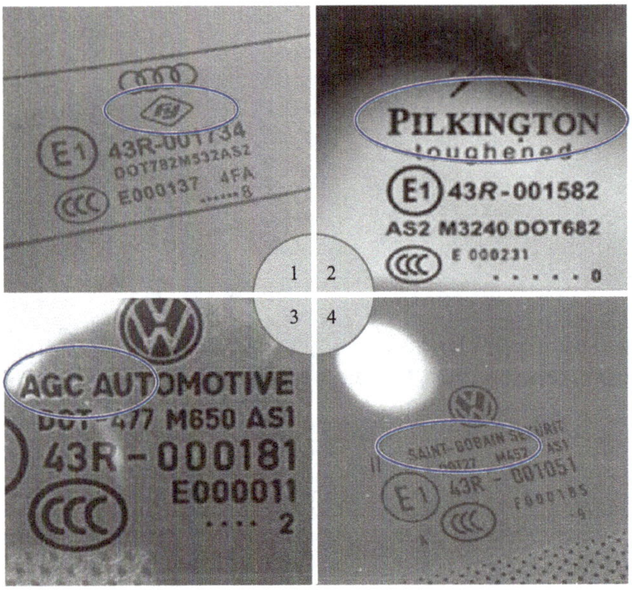

图 1-98　常见轿车配套玻璃品牌

a)　　　　　　　　　　　　　　b)

图 1-99　玻璃上生产日期标识

　　检查玻璃上的生产日期（图 1-100），再与车辆铭牌上的整车出厂日期（图 1-101）比对，可以判断玻璃是否更换过。玻璃作为配套的配件，生产日期要比整车出厂日期早，如果发现玻璃生产日期晚于整车的出厂日期，可以判定玻璃已经更换过。

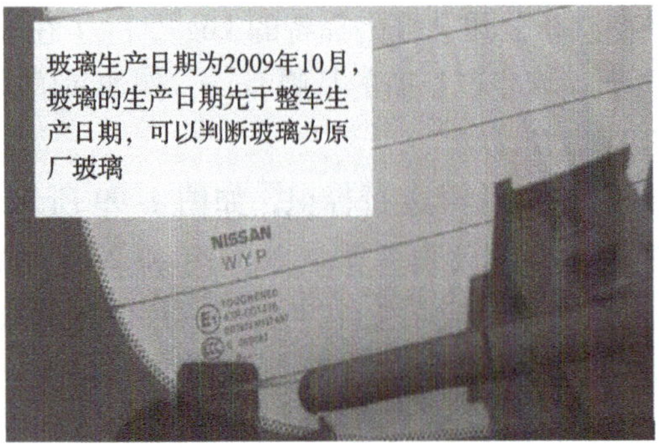

玻璃生产日期为2009年10月，玻璃的生产日期先于整车生产日期，可以判断玻璃为原厂玻璃

图 1-100　检查玻璃生产日期 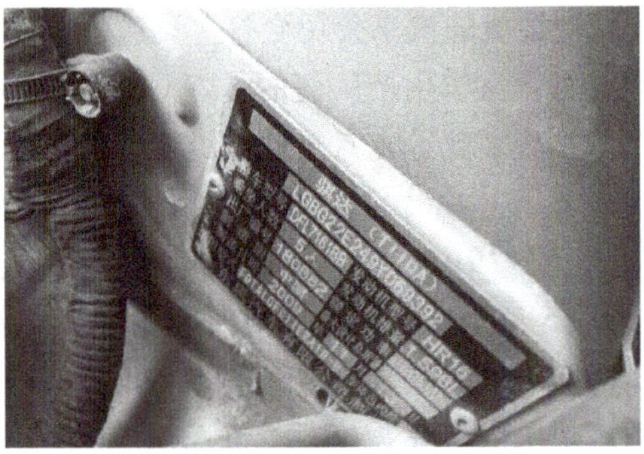　　　　　　　　图 1-101　检查汽车出厂日期

从图 1-100 和图 1-101 中可以看出玻璃的生产日期为 2009 年 10 月，整车出厂日期为 2009 年 11 月，玻璃生产日期先于整车出厂日期，可以判定这块玻璃是原厂玻璃，没有更换过。

二、泡水车的鉴定

（一）查看车辆外观

泡水车与正常车辆在外观方面不易区分，但可以查看汽车的车灯。如果车灯内明显发黄，有可能是泡水所致。如果前照灯组的新旧程度与车辆年份明显不符合，也应留心。雾灯是车辆外观上被关注最少的一项配置，绝大部分二手车整备时会忽略雾灯。雾灯是否有进水的痕迹，也是辨别泡水车的一种方法。注意，由于雾灯位置普遍较低，有些车辆过涉水路段时，雾灯也可能会进水。因此，看雾灯也仅是一种参考手段。

（二）查看发动机舱

首先打开发动机舱，观察电线插头各处有无氧化现象。泡水较深的汽车，在发动机和变速器上的各个传感器的插头里的水分很难完全处理掉，这会导致发生氧化反应，产生绿色铜锈和黄色铁锈，且导致电线绝缘壳内易有污泥（图 1-102），这些是没有办法清洗的。这是鉴别是否为泡水车最为明显的方法之一。

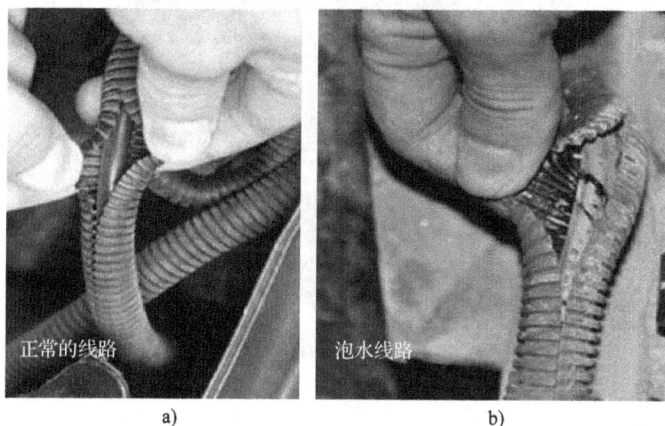

正常的线路　　　　　　　　泡水线路

a)　　　　　　　　b)

图 1-102　检查电线绝缘壳

查看发动机的金属部分和其他金属部件是否存在着一些霉点。如果全车金属都有霉点，这辆车很可能是泡水车（图 1-103），但是如果只是部分金属出现这样的问题，也有可能只是车辆长期放置在潮湿的地方导致。另外，泡水车由于有一些砂石是没有办法清理的，留在齿轮或者传动带处，会造成某些部件容易损坏，并伴随异响。检查熔断器盒，正常熔丝为亮银色，经过浸泡后的熔丝失去光泽，而且会有一些霉点（图 1-104）。泡水后的车辆（不点火的情况下）电源问题不能完全修复，而且修复后的电路问题也会在 3 个月至 1 年或更长时间发作，具体症状是没有故障也会亮起故障灯、前照灯无故打开等。总之，要通过整体和细节查看判断车辆的发动机舱锈蚀情况。

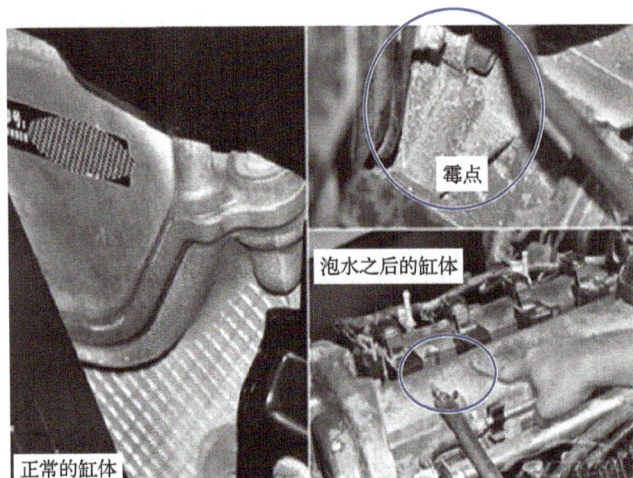

图 1-103　检查全车金属是否有霉点

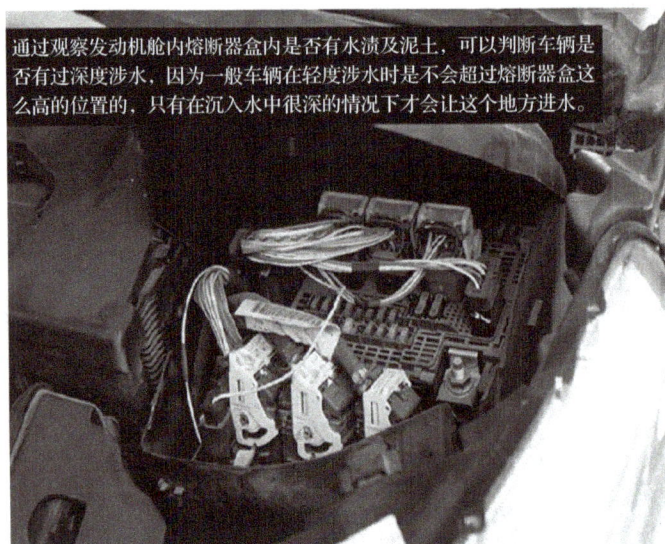

图 1-104　检查熔断器盒

（三）检查内饰

鉴定时进入汽车内部查看前后排座椅，查看弹簧及内套绒布有无残留的污泥，是否伴有霉味，因为泡水后的霉味无法完全清除。

如果把车门关闭，闻到一阵霉臭味，那么这辆车很大程度上就是泡水车了。中控台的皮质材料在泡水后颜色会变深，而且会出现有些地方深，有些地方浅的情况，仔细闻一下，也会闻到霉味。仔细检查前后门中间的 B 柱，如果塑料饰板没有更换，可以发现泡水高度的水线印记。撬开塑料饰板，可以查看 B 柱内死角接缝处不易清洗的污泥和水线印记。还可以检查前后风窗玻璃胶条，从车内将其拉开，如果有污泥，则可以怀疑该车为泡水车。

如果泡水水位较高，空调进风口和安全带等处的水将很难处理掉，将安全带尽量拉长，检查其色差（图 1-105），检查空调进风口有无淤泥、泥沙。整车的任何地方如果发现有泥沙，都应该特别注意是不是泡水车。还应查看金属部件的锈蚀情况，如座椅的导轨、底座、转向柱的锈蚀情况（图 1-106～图 1-108）。

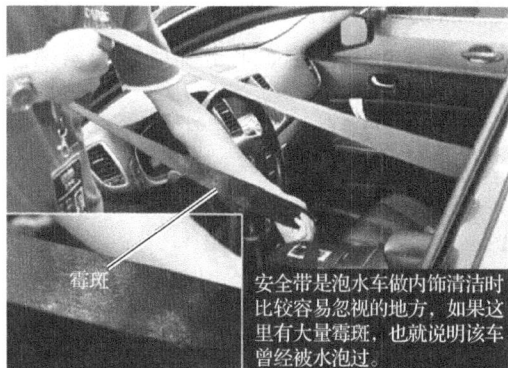

霉斑

安全带是泡水车做内饰清洁时比较容易忽视的地方，如果这里有大量霉斑，也就说明该车曾经被水泡过。

图 1-105　检查安全带

图 1-106　泡水后生锈的座椅导轨

图 1-107　泡水后生锈的座椅底座

图 1-108　泡水后生锈的转向柱

中控台同样是重点，检查中控台最好的办法就是查看各功能按键是否正常，手感是否有差异，泡水车按键会有发涩感，如果车内有液晶显示屏，可以观察液晶屏是否明暗不一。

（四）检查行李舱

掀开行李舱查看钢铁处有无锈蚀，如备胎轮辋、随车工具等。如果有明显锈蚀，应引起重视。如图 1-109 所示，泡水后的行李舱底板留下了明显的水迹和泥沙痕迹，很容易判断这就是一辆泡水车。

图 1-109　行李舱底板留下了明显的水迹和泥沙痕迹

（五）检查底盘

泡水车的鉴定最直接、最快捷的办法就是看底盘。检查发动机底壳、变速器底壳这些铝制部件是否有类似发霉的情况，检查排气管的锈蚀情况，一般车辆经过长时间使用，经过雨水的侵蚀，排气管有轻微锈蚀或者泛红是正常的，但如果出现严重的锈蚀情况，就证明该车一定被水泡过。

三、火烧车的鉴定

（一）车辆火灾的类型

按照起火的原因，汽车火灾可分为自燃、引燃、碰撞起火、雷击和爆炸五种类型。

1. 自燃

自燃是指在没有外界火源的情况下，由于汽车电器、电路、供油管路、机械系统等自身部件或所载货物所引起的燃烧。汽车自燃可能的原因有以下几种。

（1）供油系统原因　严重的汽车自燃一般都是供油系统出现问题，燃油的泄漏是引发汽车自燃的罪魁祸首，油箱中泄漏出来的汽油是汽车上最可怕的助燃物。漏油点大多集中在油管接头处、油管与车身摩擦处等薄弱环节。

无论是行进还是停驶，汽车上都存在着火源，如点火系产生的高压电火花、蓄电池外部短路产生的高温电弧、排气管排出的高温废气和积炭火星等，当泄漏的燃油遇到火花时，就会造成火灾。

电喷发动机喷油器清洗后必须更换密封圈，个别维修厂为了小利重复使用，常常引发汽车火灾。采用柴油发动机的汽车，有时冬季气温较低，会出现供油管路挂蜡的现象。为了解决这一问题，有的驾驶人会在油箱外用明火烘烤，极易引起火灾。

（2）电器原因　发动机工作时，点火线圈自身温度很高，有可能使高压线绝缘层老化、龟裂，导致高压漏电。另外，高压线脱落引起跳火是高压漏电的一种常见形式。当漏电处的温度持续升高时，若遇到油泥等可燃物，就会引发火灾。定期清洁发动机有助于预防此类火灾的发生。

低压电路老化、过载或磨损搭铁漏电是引发汽车自燃事故的另一个主要原因。私自改装（如加装高档音响、增加通信设备、加装电动门窗等）会导致个别电路用电负荷增大，如果没有对整车布线进行合理的分析及功率复核，则发生火灾在所难免。

在汽车电路维修中，有随意加大熔丝容量的情况，更有甚者直接用铜线代替熔丝，在之后的运行过程中，由于熔丝无法及时断开，会造成电路短路引发火灾。

（3）机械系统原因　汽车的相关部件若因汽车超载处于疲劳和过热的状态，一旦超过疲劳极限，就有可能引发自燃。

近年来高速公路上轮胎过热起火的现象较为常见，轮胎过热主要是气压不足与超载的综合效应。无论是胎压不足还是超载，都会导致轮胎的侧壁弯曲，这种情况下所产生的热量比机动车行驶过程中散发的热量还要多，其结果必然是轮胎侧壁的温度持续升高，积聚的热量使轮胎自燃。

2. 引燃

引燃是指汽车被外界火源引发燃烧。建筑物起火、周围可燃物起火、其他车辆起火、人为纵火等都属于汽车被引燃的范畴。

3. 碰撞起火

当汽车发生追尾或迎面碰撞时，由于基本不具备起火的条件，一般情况下不会起火，只有当撞击后导致易燃物（尤其是汽油）泄漏且与火源接触时，才会起火。如果是前置发动机的汽车，在发生了较为严重的正面碰撞后，由于散热器后移，有可能会导致油管破裂，此时发动机尚处于运转状态，一旦高压线脱落或漏电引起跳火，就会引发火灾。

当汽车因碰撞或其他原因导致倾覆翻滚时，极易发生油箱泄漏事件，一旦遇上火花，就会起火爆炸。

4. 雷击

在雷雨天气里，露天停放的车辆有可能遭遇雷击。雷击的电压非常高，会使车体与地面之间形成回路，从而将汽车上的电气电子设备击穿，严重时可以引起火灾。

5. 爆炸

车内违规装载的易爆物品（鞭炮、雷管、炸药）极易引发爆炸和火灾。

（二）火灾车的检查

汽车过火的地方比较容易辨认，过火并烧蚀较严重的金属会出现像排气歧管一样的颜色。凡是燃烧面积较大、燃烧时间较长、过火严重的车修复起来都很困难，一般应报废处理，因为过火的机件，金属变脆、退火，内部金相组织发生变化，不能继续使用，否则会留下严重的安全隐患。鉴别过火车时，鉴定评估人员应主要做以下工作：

1）检查发动机舱内外是否有近期喷漆痕迹，检查发动机舱死角是否有熏黑的迹象。

2）检查发动机舱是否有大量线束更换过的迹象。

3）检查发动机舱盖隔音板是否异常新（更换新件）。

4）检查发动机电气件是否有大量更换过的迹象。

5）检查发动机舱塑料件是否有大量更换过的迹象。

6）检查驾驶室内饰是否有整体大量更换过的迹象，线束是否有更换过的迹象。

7）检查行李舱内饰是否有大量更换过的迹象，线束是否有更换过的迹象。

● 项目总结 ●

本项目内容针对二手车的技术鉴定环节，系统地介绍了二手车相关基本概念，二手车鉴定评估业务开展的主体、客体，以及作业流程等内容。详细说明了二手车相关手续的检查、二手车委托协议的签订，以及运用适当的工具、仪器和方法来对车辆进行检查，并能够鉴别出发生严重碰撞的事故车、水泡车和火烧车。

● 项目实训 ●

实训一　阐述二手车鉴定评估业务开展的前提与流程

根据资讯内容，对二手车鉴定评估机构和二手车鉴定评估师的职能进行分析阐述；理清二手车鉴定评估的基本要素和流程，并且形成书面材料和演示文档，分组展示。进行学员分组，各小组选出一名负责人，组员按负责人要求完成相关任务。

1. 结合你对二手车鉴定评估机构的认识，想一想，为什么要设立二手车鉴定评估机构？这个机构有哪些职能？

_____

_____

_____

2. 想一想，什么人能被称作二手车鉴定评估师？二手车鉴定评估师在二手车交易中能起到哪些作用？

_____

_____

_____

3. 怎样正确认识二手车鉴定评估呢？

_____

_____

_____

4. 二手车作为一类资产，既是生产资料，也是消费资料。想一想，二手车自身有哪些特点？二手车鉴定评估又有哪些特点？

_____

_____

_____

5. 从专业评估角度而言，二手车鉴定评估大致要经历哪几个阶段？

_____

_____

_____

实训二　查验可交易车辆手续并签订委托书

情景模拟：张先生想要将自己的一台梅赛德斯-奔驰 C260 轿车转让给自己的朋友，故委托中估检汽车鉴定评估中心来对这辆车的合理市场价值进行评估。车主张先生提供了车辆的行驶证、购置税本、登记证书、发票及保险单等一系列手续资料，现在二手车评估师小王要对这些手续资料进行查验，可交易车辆判别表见表 1-3，在确认车辆手续无问题后签订鉴定评估委托书。

表 1-3　可交易车辆判别表

序号	检查项目	判别
1	是否达到国家强制报废标准	□是　□否
2	是否为抵押期间或海关监管期间的车辆	□是　□否
3	是否为人民法院、检察院、行政执法等部门依法查封、扣押期间的车辆	□是　□否
4	是否为通过盗窃、抢劫、诈骗等违法犯罪手段获得的车辆	□是　□否
5	发动机号与机动车登记证书登记号码是否一致，且无凿改痕迹	□是　□否
6	车辆识别代号（VIN）或车架号码与机动车登记证书登记号码是否一致，且无凿改痕迹	□是　□否
7	是否走私、非法拼组装车辆	□是　□否
8	是否法律法规禁止经营的车辆	□是　□否

实训三　二手车技术鉴定作业

车辆所有人在与二手车评估机构签订了委托协议后，二手车鉴定评估师需要根据实际情况对车辆进行检查。为方便日后评定估价，在进行车辆静态检查、动态检查和事故车辆鉴别的过程中，机动车鉴定评估师需要对所有检测结果进行详细记录。

请完成车辆检测作业，并记录信息。

1. 客户信息

要求：根据客户情况如实填写，客户信息见表 1-4。

表 1-4　客户信息

车主名称（个人/机构）：			
有效证件号码（个人/机构）：			
联系人：		□先生	□女士
手机：		电话：	
传真：		邮箱：	
	□首次评估客户	□再次评估客户	

2. 车辆信息

要求：根据车辆信息如实填写，车辆信息见表 1-5。

表 1-5　车辆信息

车辆信息			
厂牌：		型号：	
颜色：		排量：	
出厂年月：		初登日期：	
VIN：			
表征里程：			
使用性质：□非营运车　□营运车			
排放标准：□国Ⅰ　□国Ⅱ　□国Ⅲ　□国Ⅳ　□国Ⅴ			
车型：□两厢　□三厢　□商务　□越野　□面包车			
车牌号码：		发动机号：	
年审期限：　　年　　月		保险期限：　　年　　月　　日	

配置信息			
发动机形式	□横置　□纵置　□直列　□V形　□水平　缸数：	制动设备	□全盘式　□全鼓式　□前盘后鼓
		ABS	□有　□无
转向助力	□电动　□电动液压　□液压　□无	ESP	□有　□无
车窗	□手动　□前电后手　□电动　□天窗	空调	□手动　□自动
座椅	□布质　□皮质　□加热　□记忆	倒车辅助	□倒车雷达　□倒车辅助　□无
	□手调　□电调	变速器	□MT　□AT　□CVT
娱乐系统	□VCD　□DVD	驱动方式	□2WD　□4WD　□AWD
	□单碟　□多碟　□导航	内饰颜色	□深色　□浅色　□桃木

3. 车辆静态检测

要求：根据车辆实际检查情况如实填写。

1）安全部件检查见表 1-6。

表 1-6　安全部件检查

是否变形	是否有烧焊痕迹	是否需烧焊	是否曾更换
□是　□否	□是　□否	□是　□否	□是　□否

结论：□完好　□更换车身　□火烧车　□泡水车

是否需喷漆	是否需钣喷	是否需更换	是否曾更换	是否曾喷漆
□是　□否	□是　□否	□是　□否	□是　□否	□是　□否

2）外观部件检查见表1-7。

表1-7　外观部件检查

全车喷漆：□是□否	结论：□质量优良　□多次喷漆较好　□色差、陈旧

3）车辆内饰部件和性能部件。

要求：根据车辆实际检查情况如实填写，车辆内饰部件和性能部件情况见表1-8。

表1-8　车辆内饰部件和性能部件情况

内饰部件								翻新：F　更换：G
车辆内饰	前仪表板	转向盘	变速杆及防尘套	左前车门内饰	左前椅	左后车门内饰	后排座椅靠垫	右后车门内饰
后排座椅坐垫	右前车门内饰	右前座椅	安全带	地胶	脚垫	后隔板	其他	

功能部件										
左前轮胎	左前车门	左前门升降器	左后车门	左后轮胎	左后门升降器	油箱盖开启装置	行李舱盖开启装置	行李舱盖锁止机构	行李舱灯	备胎
尾气颜色	右后轮胎	右后车门	右后门升降器	右前车门	右前轮胎	右前车门升降器	发动机舱盖开启装置	发动机舱盖锁止机构	发动机外观	发动机冷却风扇
发动机管路	起动机	散热器	油漆漆面	刮水器装置	智能泊车辅助系统	转向灯开关	电动反光镜调节开关	空调系统	驻车制动器/电子驻车系统	
多媒体系统	多功能转向盘	助力转向系统	中控门锁	制动系统	后窗加热除霜装置	车内顶灯	遮阳帘	车内后视镜	车厢内储物装置	车载电源

4）发动机及底盘系统的检查。

要求：根据车辆实际检查情况如实填写，仪器设备检测及底盘检查见表1-9。

表 1-9　仪器设备检测及底盘检查

检测项目	故障描述
前悬架	□无故障　□左前减振器漏油　□右前减振器漏油　□轴距变形 1.5cm 以下　□轴距变形 1.5cm 以上
后悬架	□无故障　□左后减振器漏油　□右后减振器漏油　□后桥连杆变形
助力转向系统	□无故障　□转向机漏油　□助力油管漏油　□助力泵漏油
发动机、变速器、传动轴及万向节	□无故障　□传动轴松旷　□传动轴变形　□万向节橡胶套破损　□左外万向节需更换　□右外万向节需更换　□左内万向节需更换　□右内万向节需更换　□半轴油封漏油　□手动变速器后部漏油　□自动变速器油底壳漏油　□涡轮增压器漏机油　□发动机下部漏油　□四驱装置异常
排气系统检查	□完好　□三元催化器损坏　□消声器损坏
左侧车身底边	□完好　□曾喷漆修复现漆面完好　□喷漆　□钣喷　□曾更换　□需更换
右侧车身边	□完好　□曾喷漆修复现漆面完好　□喷漆　□钣喷　□曾更换　□需更换
车身底板	□无损伤　□轻微伤　□需烧焊修复　□有烧焊修复痕迹
制动系统	□无故障　□更换前制动片　□更换前制动盘片　□更换后制动盘片　□更换后制动片
解码器检查结果	□无故障　□发动机控制单元故障或无法检测　□自动变速器控制单元故障　□舒适系统电路故障　□发动机氧传感器故障　□发动机节流阀故障　□ABS 传感器故障　□ABS 泵偶发故障　□ABS 泵失灵 &ESP 失灵　□气囊控制单元失灵　□气囊灯报警，电路故障　□主气囊失灵　□副气囊失灵　□其他故障
火花塞	□无故障　□间隙>1.5mm
燃油喷嘴	□无故障　□喷注脉宽异常
水泵	□无故障　□异响　□漏液
轮胎螺栓紧固力矩	□无故障　□力矩异常
蓄电池	□无故障　□充电异常
发电机	□无故障　□发电量异常

5）动态检测。

要求：根据车辆实际路试情况如实填写，动态检测见表 1-10。

表 1-10　动态检测

检查项目	故障描述
发动机	□运行平稳，加速顺畅，工况良好　□发动机敲缸　□加速异响　□加速无力　□加速闯车　□机油压力报警　□冷却液温度高　□发动机气缸盖漏水
变速器（手动）	□无故障　□档位不清　□换档异响　□行驶异响　□行驶脱档　□倒档异响　□离合器打滑烧蚀
变速器（自动）	□无故障　□换档冲击大　□换档延迟　□加速闯车　□自动变速器打滑　□行驶异响　□倒档失灵　□自动变速器失灵
前悬架	□无故障　□前副梁松旷　□转向节臂松旷　□转向球头松旷
后悬架	□无故障　□后桥松旷
涡轮增压器	□无故障　□加速异响　□加速无力　□漏机油
路试	□无故障　□底盘松旷　□车辆前部行驶异响　□行驶跑偏　□方向不能自动回位　□制动跑偏
性能状况综合描述	

项目二 ▶ 二手车的价格评估

📋 项目导入

二手车鉴定评估师小王已经对被委托的车辆进行了静态和动态的检查，并排除了事故车。接下来，小王将开始进行车辆的价格评估，二手车价格评估的方法和具体流程又是什么呢？

📝 学习目标

1. 明确二手车价格评估的具体流程，了解相关的法律、规章制度和行业政策。
2. 能够在技术鉴定之后，合理确定车辆的成新率。
3. 能够运用现行市价法对车辆价值进行估算。
4. 能够运用重置成本法对车辆价值进行估算。
5. 熟悉其他评估方法并能适当应用。
6. 能够选择合适的价格评估方式，对车辆进行价格评估。
7. 树立科学、严谨、公正、诚信的工作态度。

任务 一 车辆价值的评估

📖 | **任务解析**

通过本任务的学习，学生能够明确二手车价格评估的方法和应用，掌握相关计算公式，能够根据不同的评估目的和车辆使用性质，在完成技术鉴定的基础上合理确定成新率，正确选用评估方法，科学、合理地计算出被评估车辆的价值。

📚 | **知识链接**

一、二手车价格评估标准与类型

（一）二手车价格评估标准

资产评估的目的是根据经济活动的需要决定的。而评估目的不同，其计价标准是不一样的。目前，我国资产评估采用4种计价标准：现行市价标准、重置成本标准、收益现值标准、清算价格标准。资产评估计价标准是关于资产计价所适用的价格类型的法则。二手车作为一种资产，评估时也遵循这4种计价标准。二手车计价标准由二手车评估目的决定。同一辆二手车根据不同的评估目的采用不同的计价标准进行估价，评估结果会产生差异。因此，在对二手车进行价格评估时，必须根据评估目的，选择与二手车评估业务相匹配的计价标准。

> 如何评估一辆
> 二手车的价钱

1. 现行市价标准

现行市价标准是以相同或类似车型的现行交易价格作为衡量被评估二手车的价值尺度。这一计价标准强调二手车在公平市场上正常流通交易的现行市价，也是市场上常用的定价标准。

现行市价是指车辆在公平市场上的销售价格。所谓公平市场，是指充分竞争的市场，买卖双方没有垄断和强制，双方的交易行为都是自愿的，都有足够的时间与能力了解市场行情。实际上，现行市价就是变现价格。非公平市场价格，如迫售价格或优惠价格尽管也是变现，但不能算做"现行市价"。

现行市价标准适用的前提条件有以下两个：

1）存在一个交易活跃、公平的二手车市场。

2）与被评估车辆相同或类似的车辆在市场上有一定的交易量，能够形成市场行情。

2. 重置成本标准

重置成本标准是以复原重置成本或更新重置成本作为衡量被评估二手车的价值尺度。这一标准通常是国内二手车评估参考定价用的标准。

所谓二手车重置成本，是指以现行市价重新购置与被评估车辆相同的新车所需要支付的全部费用。

二手车重置成本与原始成本一样，都反映车辆在购置、运输、注册登记等过程中所支出的全部费用，它们的区别在于：重置成本是按现有技术条件和价格水平计算的。重置成本标准适用的前提是车辆处于在用状态，一方面反映车辆已经投入使用；另一方面反映车辆能够继续使用，对所有者来说具有使用价值。

3. 收益现值标准

收益现值标准是以收益现值作为衡量被评估二手车的价值尺度。二手车收益现值是指被评估二手车在剩余寿命期内继续经营的情况下所产生的预期收益累计总额，按照设定的折现率（行业平均收益率或社会基准收益率）折合成评估时点（即评估基准日）现值，并以此现值作为二手车未来收益能力的价值。这一评估标准依据的不是二手车收益现状，而是其在未来正常经营中可以产生的累计收益总额。

收益现值标准适用的前提条件是车辆投入使用后可连续获利。

4. 清算价格标准

清算价格标准是以相同或相似车型的市场清算价格作为衡量被评估二手车的价值尺度。清算价格是指企业由于破产、抵押违约等原因，被要求在一定期限内将特定资产快速变现的价格。

清算价格与现行市价相比，两者的根本区别在于：现行市价是公平市场交易价格，而清算价格是非正常市场上的拍卖价格，由于在这种情况下的资产清理一般要求在较短时间内甚至强制条件下完成，因此，这类资产处理往往不能像正常出售那样获得"现行公平市价"，买卖双方处于不平等地位，清算价格一般都低于市场交易价格。清算价格标准适用于企业破产清算、抵押违约资产处理业务。汽车是一种容易快速变现的资产，也适用清算价格标准。

（二）二手车估价类型及其区别

根据二手车价格估算目的不同，二手车价格评估可分为鉴定服务估价和收购估价两种。二手车鉴定服务估价是指二手车鉴定评估机构为委托方提供二手车技术鉴定和估价的一种第三方中介服务。其价格评估方法和资产评估的方法一样，按照国家规定的重置成本法、收益现值法、现行市价法和清算价格法4种方法进行，评估价格具有约束性。二手车收购估价是指二手车经营企业开展二手车收购业务时，对被收购二手车进行价格估算。收购价格由买卖双方协商确定，具有灵活性。

二手车鉴定服务估价和收购估价，其实质都是对二手车做现时价格评估。但两者相比较有明显的区别，主要表现在以下几方面。

1. 估价的主体不同

二手车鉴定服务估价是第三方中介服务，估价主体是中介服务机构，它要求估价者遵循公正性、独立性的原则，通过对被评估车辆进行全面的技术鉴定判断确定其客观市场价格。评估价格具有约束性，不可以随意变动。而二手车收购估价的主体是买卖双方，收购价（或卖出价）是买卖双方进行价格谈判、讨价还价的结果，是一种自由定价。

2. 估价的目的不同

二手车鉴定服务估价是评估机构接受委托人委托，为被评估车辆将要发生的经济行为提供价值依据，以服务为目的；二手车收购估价是二手车经营者开展二手车收购业务时的价格估算，是一种买卖行为，以经营为目的。

3. 估价的方法和灵活性不同

二手车鉴定服务估价，要求严格遵守国家颁布的有关评估法规，按特定的目的选择与之相匹配的评估标准和方法，具有约束性；二手车收购估价可以接受国家有关评估法规的指导，根据估价目的，参照评估的标准和方法进行，估价也可以通过讨价还价实现，具有灵活性。

4. 估价的价值概念不同

虽然鉴定服务估价与收购估价的价值概念都具有交易价值和市场价值，但由于估价出发点不一样，两者价值概念存在较大差异。二手车鉴定服务估价要求客观反映二手车的真实现时价格，估价结果与现时市场价一致；而二手车收购估价的目的是今后卖出二手车获取差价利润，因此，估价值应低于市场价格。

二、二手车价格评估方法的比较与选择

（一）二手车估价方法的联系与区别

1. 重置成本法、现行市价法和收益现值法的联系与区别

联系：三者都采用比较法，以二手车现时价值作为估价依据。

区别：重置成本法以现时功能相同的新车价格为参照，强调被评估车辆历史数据（如使用年限、使用强度、技术性能等）对被评估车辆剩余价值的影响，它是从购买者角度参照市场价格的，评估价受市场条件的制约相对较弱；现行市价法是与现时公开市场同类二手车已成交价格比较，是从卖者角度参照市场价格的，强调成功交易的变现值，评估价受市场条件的制约；收益现值法从购买者角度考虑被评估车辆未来使用收益的变现值，评估价主要受现在收益折现率和预计使用年限制约。

2. 现行市价法与清算价格法的联系与区别

联系：两者均以二手车市场价格为评估依据。

区别：现行市价法评估的二手车价格是公平市场价格；而清算价格法评估的价格是非正常市场上的拍卖价格，它以公平市场价格为参照，在清算期限限制和快速变现原则要求下确定评估价，一般大大低于现行市价。

（二）二手车评估方法的选用

估值方法的选用原则是：一般情况下，推荐选用现行市价法，在无参照物、无法使用现行市价法的情况下，选用重置成本法；按照车辆有关情况，确定估值方法，并对车辆价值进行估算。

1. 现行市价法的选用

采用现行市价法的优点是能够客观地反映车辆目前的市场情况，其评估参数指标直接从市场上获得，评估值能反映市场的现实价格，评估结果易于被各方面理解和接受。采用现行市价法的缺点是：由于我国二手车交易市场的发育仍不完善，寻找参照车辆有

一定困难。现行市价法的运用首先必须以市场为前提，它是借助于参照车辆的市场成交价或变现价运作的（该参照车辆与被评估车辆相同或相似）。因此，一个发达活跃的车辆交易市场是现行市价法得以广泛运用的前提。此外，现行市价法的运用还必须以可比性为前提。运用该方法评估车辆市场价值的合理性与公允性，在很大程度上取决于所选取的参照车辆的可比性如何。可比性包括两方面内容：

1）被评估车辆与参照车辆之间在规格、型号、用途、性能、新旧程度等方面应具有可比性。

2）参照车辆的交易情况（如交易目的、交易条件、交易数量、交易时间、交易结算方式等）与被评估车辆将要发生的情况具有可比性。

以上所述的市场前提和可比前提，既是运用现行市价法进行二手车鉴定评估的前提条件，同时也是对运用现行市价法进行二手车鉴定评估的范围界定。对于车辆的买卖，以车辆作为投资参股、合作经营时，均适用现行市价法。

2. 重置成本法的选用

采用重置成本法的优点是，比较充分地考虑了车辆的损耗，评估结果更趋于公平合理。在不易计算车辆未来收益或难以取得市场参照车辆的条件下，可广泛地使用。采用重置成本法的缺点是评估工作量较大，且经济性损耗也不易准确计算。重置成本法是二手车鉴定评估中一种常用方法，它适用于继续使用前提下的二手车鉴定评估。对在用车辆，可直接运用重置成本法进行评估，无须进行较大的调整。

3. 收益现值法的选用

采用收益现值法的优点是与投资决策相结合，容易被交易双方接受；能比较真实准确地反映车辆本金化的价格。采用收益现值法的缺点是预期收益额的预测难度大，受主观判断和未来不可预知因素的影响较大。运用收益现值法进行二手车鉴定评估的前提是被评估车辆具有独立的、能连续用货币计量的可预期收益。由于在车辆的交易中，人们购买的目的往往不在于车辆本身，而是车辆的获利能力，因此，该方法适用于营运车辆的评估。

4. 清算价格法的选用

清算价格法仅限于在特定条件下使用，如企业破产、抵押、停业清理时要售出的车辆。这类车辆必须同时满足以下3个条件，方可利用清算价格法进行出售。

1）以具有法律效力的破产处理文件、抵押合同及其他有效文件为依据。

2）车辆在市场上可以快速出售变现。

3）清算价格足以补偿因出售车辆所付出的附加支出总额。

📝 | 任务实施

对车辆完成技术鉴定之后，根据鉴定结论运用合适的方法确定其成新率，再结合评估目的和车辆使用性质，选用合适的评估方法，完成车辆价值的评估。

一、二手车成新率的确定

成新率是重置成本法的一项重要指标，如何科学、准确地确定该项指标是二手车评估中的重点和难点。它与有形损耗率一起反映了同一车辆的两方面。车辆的有形损耗也称为车辆的实体性贬值，它是由于使用磨损和自然损耗形成的。成新率和有形损耗率的关系是成新率＝1－有形损耗率。在二手车的鉴定评估中，成新率的估算方法有很多种，实际评估时，根据被评估车辆的客观情况选用不同的成新率。成新率的计算方法有以下几种：

（一）使用年限法

根据二手车折旧方法不同，使用年限法估算二手车成新率有两种方法，即等速折旧法和加速折旧法。

1. 等速折旧法

$$C_n = \left(1 - \frac{Y}{G} \right) \times 100\%$$

式中　C_n——使用年限成新率；

　　　G——规定使用年限；

　　　Y——已使用年限。

2. 加速折旧法

加速折旧法又分为年份数求和法和双倍余额递减法两种。

1）年份数求和法。

$$C_n = \left[1 - \frac{2}{G(G+1)} \sum_{n=1}^{Y} (G+1-n) \right] \times 100\%$$

2）双倍余额递减法。

$$C_n = \left[1 - \frac{2}{G} \sum_{n=1}^{Y} \left(1 - \frac{2}{G} \right)^{n-1} \right] \times 100\%$$

3. 规定使用年限与已使用年限

1）规定使用年限。按照国家有关规定，9座（含9座）以下非营运载客汽车（包括轿车和越野车）参考使用年限为15年；旅游载客汽车和9座以上非营运载客汽车使用年限为10年；营运客车的使用年限为10年；微型载货车、带拖挂的载货汽车、矿山作业专用车及各类出租汽车使用年限为8年，其他车辆使用年限为10年；对于大中型拖拉机，其使用年限不超过15年；营运车辆转为非营运车辆和非营运车辆转为营运车辆一律按营运车辆的规定年限报废。右置转向盘汽车报废的管理，按照公安部《关于加强右置方向盘汽车管理的通知》（公交管〔2000〕183号）执行；对于其他机动车辆，国内尚无可供评估使用的规定使用年限，其规定使用年限的确定需要评估人员自行解决，解决的办法是参照《机动车强制报废标准规定》和该类产品的会计折旧年限。

2）已使用年限。已使用年限是代表汽车运行量和工作量的一种计量方法，这种计量方法是以汽车正常使用为前提的，包括正常的使用时间和使用强度。对于汽车来说，它的经济使用寿命指标是规定使用年限，同时也可以行驶里程数作为运行量的计量单位。从理论上讲，综合考虑已使用年限和行驶里程数要符合实际一些，即汽车的已使用年限应采用折算年限。

$$T_{折} = \frac{L_{总}}{L_{年均}}$$

式中 $T_折$——折算年限（年）；

　　$L_总$——累计行驶里程（km）；

　　$L_{年均}$——年平均行驶里程（km）。

这种使用年限的表示方法既反映了汽车的使用情况（即管理水平、使用水平、维护水平）和使用强度，又包括了运行条件和某些停驶时间较长汽车的自然损耗。在汽车评估实务中，通常在使用等速折旧法时，将已使用年限和规定使用年限换算成月数；在使用加速折旧法时，将已使用年限和规定使用年限按年数计算，不足一年部分按十二分之几折算。例如，3 年 9 个月，前 3 年按年计算，后 9 个月按第 4 年折旧的 9/12 计算。汽车评估实务中通常不计算不足一个月的天数折旧。

最近几年我国各类汽车年平均行驶里程见表 2-1。

表 2-1 我国各类汽车年平均行驶里程

汽车类别	年平均行驶里程（$\times 10^4$）/km
微型、轻型货车	3~5
中型、重型货车	6~10
私家车	1~3
行政、商务用车	3~6
出租车	10~15
租赁车	5~8
旅游车	6~10
中低档长途客运车	8~12
高档长途客运车	15~25

汽车按年限折旧只能采用加速折旧的方法，不能采取等速折旧的方法。通常，20 万元以上的汽车评估时采用年份数求和法较好，20 万元以下的汽车评估时采取双倍余额递减法较好。

（二）行驶里程法

1. 计算方法

行驶里程法是通过确定被评估二手车的尚可行驶里程与规定行驶里程的比值来确定二手车成新率的一种方法。以下介绍等速折旧法和 54321 法两种方法。

1）等速折旧法。

$$C_s = \frac{S_g - S}{S_g} \times 100\% = \left(1 - \frac{S}{S_g}\right) \times 100\%$$

式中 C_s——行驶里程成新率；

　　S——二手车实际累计行驶里程（km）；

　　S_g——车辆规定的行驶里程（km）。

2）54321 法。一般规定一辆车的有效寿命为 30 万 km，将其分为 5 段，每段 6 万 km，每段价值依次为新车价值的 5/15、4/15、3/15、2/15、1/15。

假设新车价值为 20 万元，已行驶 12 万 km，那么该车现在价值为

$$20\ \text{万元} \times (3 + 2 + 1) \div 15 = 8\ \text{万元}$$

2. 累计行驶里程与规定行驶里程

1）累计行驶里程。它是指被评估二手车从开始使用到评估基准时点所行驶的总里程。

2）规定行驶里程。它是指《机动车强制报废标准规定》中规定的该车型的行驶里程。行驶里程较使用年限更真实地反映了二手车使用强度及使用过程中实际的物理损耗。它反映了二手车使用强度对其成新率的影响。总的行驶里程越大，车辆的实际有形损耗也越大。

行驶里程法计算成新率的前提条件：车辆里程表的记录必须是原始的，不能是被人为更改过的。由于里程表容易被人为更改，因此在实际应用中，较少直接采用此方法进行评估。

（三）整车观测法

整车观测法是指评估人员采用人工观察的方法，辅助简单的仪器检测，判定被评估二手车的技术等级以确定成新率的一种方法。整车观测法观察和检测的技术指标主要包括：二手车的现时技术状态、使用时间及行驶里程、主要故障经历及大修情况、整车外观和完整性等。二手车技术状况的分级见表 2-2。

表 2-2　二手车技术状况的分级

车况等级	新旧情况	有形损耗率（%）	技术状况参考说明	成新率（%）
1	使用不久的车辆	0~10	使用不久。行驶里程在 3 万~5 万 km，在用状态良好，能按设计要求正常使用，无异常现象	100~90
2	较新车辆	11~35	已使用 1 年以上，行驶里程在 15 万 km 左右，在用状态良好，能满足设计要求，未出现过较大故障，可随时出车使用	89~65
3	半新车辆	36~60	已使用 4~5 年，发动机或整车经过一次大修，在用状态较好，基本上能达到设计要求，外观中度受损，需经常维修以保证正常使用	64~40
4	旧车辆	61~85	已使用 5~8 年，发动机或整车经过两次大修，在用状态一般，性能明显下降，外观油漆脱落，金属件明显锈蚀，使用中故障较多，经维修后仍能满足工况要求，车辆符合《机动车运行安全技术条件》要求	39~15
5	待报废处理车辆	86~100	基本达到或达到使用年限，通过《机动车运行安全技术条件》检查，不能正常使用，动力性、经济性、可靠性下降；燃料费、维修费、大修费用增长速度快，车辆收益与支出基本持平；排放污染和噪声污染达到极限	15 以下

表 2-2 中所列数据是判定二手车成新率的经验数据，只供评估人员参考，不能作为唯一标准。由于该方法对二手车技术状况的评判是采用人工观察方法进行的，所以成新率的估算是否客观、公正取决于评估人员的专业水准和评估经验。整车观测法简单易行，但其判断结果没有部件鉴定法准确，一般用于初步估算中、低档二手车的价格，或作为综合分析法的辅助手段用来确定车辆技术状况的调整系数。

（四）部件鉴定法

1. 计算方法

部件鉴定法（也称技术鉴定法）是指评估人员在确定二手车各组成部分技术状况的基础上，按其各组成部分对整车的重要性和价值量的大小加权评分，最后确定成新率的一种方法。采用部件鉴定法估算二手车成新率的计算公式为

$$C_b = \sum_{i=1}^{n} (C_i \times \beta_i)$$

式中　C_b——部件鉴定法二手车成新率；

　　　C_i——二手车第 i 项部件的成新率；

　　　β_i——二手车第 i 项部件的价值权重。

2. 计算步骤

此方法的基本计算步骤为

1）先确定二手车各主要总成、部件的分类，再根据各部分的制造成本占整车制造成本的比重，确定其权重的百分比（$i=1,2,\cdots,n$），表 2-3 为汽车各部分的价值权重参考表。

2）以全新车辆对应的各总成、部件功能为满分（100 分），功能完全丧失为零分，再根据被评估二手车各相应总成、部件的技术状态估算出其成新率（$i=1,2,\cdots,n$）。

3）将各总成、部件估算出的成新率与权重相乘，得到各总成、部件的权重成新率（$C_i \times \beta_i$）（$i=1,2,\cdots,n$）。

4）最后将各总成、部件的权重成新率相加，即得出被评估车辆的成新率。

表 2-3　汽车各部分的价值权重参考表

车辆各主要总成、部件名称	价值权重（%）		
	轿车	客车	货车
发动机及离合器总成	25	28	25
变速器及万向传动装置总成	12	10	15
前桥、前悬架及转向系总成	9	10	15
后桥及后悬架总成	9	10	15
制动装置	6	5	5
车架装置	0	5	6
车身装置	28	22	9
电器及仪表装置	7	6	5
轮胎	4	4	5
合计	100	100	100

在不同种类、档次的车辆上，各组成部分对整车的重要性及其价值占整车的比重各不相同，有些类型车辆之间相差还很大。因此，表 2-3 只能供评估人员参考，不可作为唯一标准。在实际评估时，应根据被评估车辆各部分价值量占整车价值的比重调整各部分的权重。

3. 特点及适用范围

从上述计算步骤可见，采用部件鉴定法计算加权成新率比较费时费力，但评估值更接近客观实际，可信度高。它既考虑了二手车实体性损耗，同时也考虑了二手车维修或换件等追加投资使车辆价值发生的变化。这种方法一般用于价值较高的二手车评估。

（五）综合分析法

1. 估算方法

综合分析法是以使用年限法为基础，综合考虑二手车的实际技术状况、维护情况、原始制造质量、二手车用途及使用条件等多种因素对二手车价值的影响，以调整系数形式确定成新率的一种方法。其计算公式为

$$C_z = C_n \times K \times 100\%$$

式中　　C_z——综合分析法成新率；

　　　　C_n——使用年限成新率；

　　　　K——综合调整系数。

二手车成新率综合调整系数可参考表 2-4，用加权平均的方法进行调整。

表 2-4　二手车成新率综合调整系数

序号	影响因素	因素分析	调整系数	权重（%）
1	技术状况	好	1.0	30
		较好	0.9	
		一般	0.8	
		较差	0.7	
		差	0.6	
2	维护	好	1.0	25
		较好	0.9	
		一般	0.8	
		差	0.7	
3	原始制造质量	进口车	1.0	20
		国产名牌车（走私罚没车）	0.9	
		国产非名牌车	0.8	
4	车辆用途	私用	1.0	15
		公务、商务	0.9	
		营运	0.7	
5	使用条件	好	1.0	10
		一般	0.9	
		差	0.8	

根据被评估二手车是否需要进行项目修理或换件维修，综合调整系数有两种确定方法：

1）二手车无须进行项目修理或换件时，可直接采用表 2-4 所推荐的调整系数。

2）二手车需要进行项目修理或换件，或需要进行大修时，可采用"一揽子"评估方法，综合调整系数的影响因素。所谓"一揽子"评估方法就是综合考虑修理后对二手车成新率估算值的影响，直接确定一个合理的综合调整系数进行价值评估。

综合调整系数的计算公式为

$$K = K_1 \times 30\% + K_2 \times 25\% + K_3 \times 20\% + K_4 \times 15\% + K_5 \times 10\%$$

式中　　K——综合调整系数；

　　　　K_1——二手车技术状况调整系数；

　　　　K_2——二手车维护调整系数；

　　　　K_3——二手车原始制造质量调整系数；

　　　　K_4——二手车车辆用途调整系数；

　　　　K_5——二手车使用条件调整系数。

表2-4中的因素分析和调整系数只是一个参考，实际确定综合调整系数时，应根据具体情况适当地调整，但各因素的调整系数取值不要超过1，综合调整系数计算结果也不能超过1。

2. 调整系数的选取

（1）二手车技术状况调整系数　二手车技术状况调整系数是在对车辆技术状况鉴定的基础上对车辆进行的分级，然后取调整系数来修正车辆的成新率。技术状况调整系数取值范围为0.6~1.0，技术状况好的取上限，反之取下限。

（2）二手车维护调整系数　维护调整系数反映了使用者对车辆使用和维护的水平。不同的使用者，对车辆使用和维护的实际执行情况差别较大，会直接影响到车辆的使用寿命和成新率。维护调整系数取值范围为0.7~1.0，维护好的取上限，反之取下限。

（3）二手车原始制造质量调整系数　在车辆各方面条件基本一致的情况下，汽车的品牌、口碑、可靠性以及是否是成熟车型等，都会影响二手车的交易价格。一般来说，名牌产品优于一般产品，对依法没收的已领取牌证的走私车辆，该系数建议同国产品牌系数。原始制造质量系数取值范围为0.8~1.0。

（4）二手车用途调整系数　二手车用途不同，其使用强度亦不相同。一般车辆用途可分为私人工作和生活用车，机关企事业单位的公务和商务用车，从事旅客、货运、城市出租的营运用车。以普通小轿车为例，一般来说，私人工作和生活用车每年行驶里程不超过3万km；公务、商务用车每年行驶里程不超过6万km；而营运出租车每年行驶里程可高达15万km。可见二手车用途不同，其使用强度差异很大。二手车用途调整系数取值范围为0.7~1.0，使用强度小的取上限，反之取下限。

（5）二手车使用条件调整系数　车辆的使用条件对其成新率影响很大，使用条件可分为道路使用条件和特殊使用条件。道路使用条件可分为好路、中等路和差路3类。好路是指国家道路等级中的高速公路，一、二、三级道路，好路率在50%以上；中等路是指国家道路等级中的四级道路，好路率在30%~50%；差路是国家等级以外的路，好路率在30%以下。特殊环境使用条件主要指特殊自然条件，包括寒冷天气、沿海地区、风沙天气和山区等。车辆使用条件调整系数取值范围为0.8~1.0。取值时，应根据二手车实际使用条件适当取值。如果二手车长期在道路条件为好路和中等路的道路上行驶，分别取 1 和 0.9；如果二手车长期在差路或特殊环境使用条件下工作，其系数取 0.8。

3. 特点及适用范围

综合分析法较为详细地考虑了影响二手车价值的各种因素，并用一个综合调整系数指标来调整二手车成新率，评估值准确度较高，因而适用于具有中等价值的二手车评估，这是目前二手车鉴定评估最常用的方法之一。

例题

某公司 2012 年 6 月购得一辆奥迪 A6 型轿车作为公务车使用，2016 年 6 月在北京交易，2016 年 6 月在北京市场上该型号车纯车价是 40 万元，该车技术等级评定为 2 级，无重大事故痕迹。该车外表有少数划痕，无须修理，维护好，路试车况好，行驶里程为 15 万 km。试用鉴定调整系数法计算成新率。

解：该车已使用年限为 4 年，由于是公务用车，其规定使用年限为 15 年，则该车技术等级好，$K_1 = 1.0$。

该车维护好，$K_2 = 1.0$。

该车为合资豪华品牌车，$K_3 = 1.0$。

该车为公务用车，$K_4 = 0.9$。

该车作为公务用车经常在市区行驶，使用等级高，$K_5 = 1.0$。故：

$$K = K_1 \times 30\% + K_2 \times 25\% + K_3 \times 20\% + K_4 \times 15\% + K_5 \times 10\%$$

$$= 1.0 \times 30\% + 1.0 \times 25\% + 1.0 \times 20\% + 0.9 \times 15\% + 1.0 \times 10\%$$

$$= 0.985$$

$$C_z = C_n \times K \times 100\%$$

$$= \left(1 - \frac{Y}{G}\right) \times K \times 100\%$$

$$= \left(1 - \frac{4}{15}\right) \times 0.985 \times 100\%$$

$$= 72.23\%$$

二、运用现行市价法进行二手车价格评估

（一）现行市价法的基本原理

1. 定义

现行市价法又称市价法、市场价格比较法和销售对比法，是指通过比较被评估车辆与最近出售类似车辆的异同，并将类似车辆市场价格进行调整，从而确定被评估车辆价值的一种评估方法。

2. 基本原理

现行市价法的基本原理是：通过市场调查，选择一个或几个与被评估车辆相同或类似的车辆作为参照车辆，分析参照车辆原有结构、配置、功能、性能、新旧程度、地区差别、交易条件及成交价格等，并与被评估车辆一一对照比较，找出两者的差别及差别

反映在价格上的差额，经过调整，计算出二手车的评估价格。现行市价法是最直接、最简单的一种评估方法，也是二手车价格评估最常用的方法之一。

（1）现行市价法的应用前提　运用现行市价法对二手车进行价格评估必须具备以下两个前提条件。第一，有一个充分发育的、活跃的、公平的二手车交易市场。在这个市场上有众多的卖者和买者，有充足的参照车辆可取，这样可以排除交易的偶然性。市场成交的二手车价格可以准确反映市场行情，这样评估结果更加公平、公正，易于为双方接受。第二，评估中参照的二手车与被评估的二手车有可比较指标，并且这些可比较的指标的技术参数资料是可收集到的，价值影响因素明确，可以量化。

运用现行市价法，重要的是能够找到与被评估二手车相同或类似的参照车辆。但与被评估车辆完全相同的车辆是很难找到的，这就要求对类似参照车辆进行调整，有关调整的指标、技术参数能否获取，是决定现行市价法能否运用的关键。

（2）现行市价法的应用场合　现行市价法要求评估人员经验丰富，熟悉车辆的评估鉴定程序、鉴定方法和市场交易情况，采用现行市价法评估时间较短，因此，特别适合应用于成批收购、鉴定和典当。单件收购估价时，还可以对价格进行商谈，以达成双方都能接受的交易价格。

（二）现行市价法的计算方法

运用现行市价法确定单辆车辆价值时通常采用直接法和类比法。

1. 直接法

直接法是指在市场上能找到与被评估车辆完全相同的车辆的现行市价，并依其价格直接对被评估车辆评估价格的一种方法。所谓完全相同是指车辆型号相同，但是在不同的时期，寻找同型号的车辆一般来讲是比较困难的。通常认为，参照车辆与被评估车辆类别相同、主参数相同、结构性能相同，只是生产序号不同，并只做了局部改动的车辆，则可以认为完全相同，即可将其作为评估过程中的参照车辆。按参照车辆的市场价格可直接确定被评估车辆的价值。评估公式为

$$P = P'$$

式中　P——评估值；

　　　P'——参照车辆的市场价格。

2. 类比法

计算模型类比法是指评估车辆时，在公开市场上找不到与之完全相同的车辆，但在公开市场上能找到与之相类似的车辆，以此为参照物，并依其价格再做相应的差异调整，从而确定被评估车辆价格的一种评估方法。所选参照物与评估基准日在时间上越近越好，实在无近期参照物的，也可以选择远期的，再做日期修正。其基本计算公式为

$$P = P' + P_1 - P_2 \qquad 或 \qquad P = P' \cdot K$$

式中　P——评估值；

　　　P'——参照车辆的市场价格；

　　　P_1——评估对象比参照车辆优异的价格差额；

　　　P_2——参照车辆比评估对象优异的价格差额；

　　　K——差异调整系数。

（三）现行市价法的评估步骤

运用类比法评估二手车价值时，应按下列步骤进行。

1. 搜集交易实例

运用类比法评估时，应准确搜集大量交易实例，掌握正常市场价格行情。搜集的交易实例应包括：车辆型号、制造厂家、使用性质、使用年限、行驶里程、实际技术状况、经济环境和市场环境、车辆所处的地理位置、成交数量、成交价格、成交日期、付款方式等。

2. 选取参照车辆

根据被评估车辆状况和评估目的，从搜集的交易实例中应选取三辆以上的参照车辆。选取参照车辆应符合下列要求：

1）是被评估车辆的同型号或类似车辆。

2）成交日期与评估时点相近，相隔不宜超过 1 个月。

3）成交价格为正常价格或可修正为正常价格。

3. 进行交易情况修正

应排除交易行为中的特殊因素所造成的参照车辆成交价格偏差，将参照车辆的成交价格调为正常价格。

1）有下列情形之一的交易实例不宜选为参照车辆：

①利害关系人之间的交易。

②急于出售或购买情况下的交易。

③受债权债务关系影响的交易。

④交易双方或一方对市场行情缺乏了解的交易。

⑤交易双方或一方有特殊偏好的交易。

⑥特殊方式的交易。

⑦交易税费非正常负担的交易。

⑧其他非正常的交易。

2）当可供选择的交易实例较少，需要选用上述情形的交易实例时，应对其进行交易情况修正。

3）对交易税费非正常负担的修正。应将成交价格调整为依照政府有关规定，交易双方承担各自应负担的税费下的价格。

4）进行交易日期修正。将参照车辆在其成交日期的价格调整为评估时点的价格。

5）进行地区因素修正。将参照车辆在其他区域市场的价格调整为被评估车辆所在地区的区域价格。

6）进行个别因素修正。将参照车辆与被评估车辆的个别因素逐项进行比较，找出由于个别因素优劣所造成的价格差异，从而进行调整。

交易情况、交易日期、地区因素和个别因素的修正，视具体情况可采用百分率法、差异或回归分析法。每项修正对参照车辆成交价格的调整不得超过 10%，综合调整不得超过 20%。选取的多个参照车辆的价格经过上述各种修正之后，应根据具体情况计算出一个综合结果作为评估值。现行市价法的原理和技术，也可用于其他评估方法中有关参数的求取。

现行市价法评估已包含了被评估车辆的各种贬值因素，包括有形损耗的贬值、功能性贬值和经济性贬值，这是因为市场价格是车辆的各种因素的综合反映。车辆的有形损耗及功能陈旧而造成的贬值，自然会在市场价格中体现出来。经济性贬值的主要表现为供求关系的变化对市场价格的影响。因而用现行市价法评估不再专门计算功能性贬值和经济性贬值。经济性贬值和功能性贬值客观存在，但在实际计算的过程中常常无法计算。因此，推荐采用市场比较法，国外的评估机构也通常优先采用市场比较法。我国中等规模以上城市，特别是经济较为发达的地区和城市，一般情况下，每年成交的各种二手车少则几千辆，多则几万辆甚至十几万辆，在这些城市和地区的二手车交易市场通常总能够找到成交案例作为市场参照车辆，为现行市价法的应用奠定了良好的市场条件。虽然我国的汽车生产厂家较多，各种品牌林立，规格品种众多，但由于近几年来市场交易活跃，特别是各个城市有较多的经纪公司、置换公司并逐渐形成了主营各自品牌的格局，大部分车型都有交易案例。因此，评估机构和评估人员应不断收集各种品牌、车型的成交案例，作为各种评估对象市场参照车辆的资料存档。

（四）现行市价法的优缺点

1. 现行市价法的优点

能够客观反映二手车目前的市场情况；其评估的参数、指标可直接从市场获得；评估值能反映二手车市场现实价格；结果易于被各方理解和接受。

2. 现行市价法的缺点

此方法需以公开且活跃的二手车市场作为基础，而我国很多地方二手车市场建立时间短，发育不完善，寻找参照车辆有一定困难；可比因素多而复杂，即使是同一个生产厂生产的同一型号的产品，在同一天注册登记，不同车主使用强度、使用条件、维护水平的不同可能会带来车辆技术状况不同，造成二手车评估价值存在较大差异。

三、运用重置成本法进行二手车价格评估

（一）重置成本法的基本原理

重置成本法是指以评估基准日的当前条件下重新购置一辆全新状态的被评估车辆所需的全部成本（完全重置成本，简称重置全价），减去该被评估车辆的各种陈旧性贬值后的差额作为被评估车辆评估价格的一种评估方法。

重置成本法的概念中涉及4个基本要素，即二手车的重置成本、二手车实体性贬值、二手车功能性贬值、二手车经济性贬值。

重置成本是购买一辆全新的与被评估车辆相同的车辆所支付的最低金额。按重新购置车辆所用的材料、技术的不同，可把重置成本区分为复原重置成本（简称复原成本）和更新重置成本（简称更新成本）。复原重置成本是指采用与评估车辆相同的材料、制造标准、设计、规格及技术等，以现时价格水平重新购建与评估车辆相同的全新车辆所发生的费用。更新重置成本是指利用现代标准、设计及格式，以现时价格生产或制造具有同等功能的全新车辆所需的费用。一般情况下，在进行重置成本计算时，如果同时可以取得复原重置成本和更新重置成本，应选用更新重置成本；如果不存在更新重置成

本，则考虑用复原重置成本。

实体性贬值也称为有形损耗，是指二手车在存放和使用过程中，因机件磨损和损耗等原因而导致的车辆实体发生的价值损耗，亦即由于自然力的作用而发生的损耗。投入交易的二手车一般都不是全新的，因此都存在实体性贬值。

功能性贬值是指由于科学技术和生产力的发展导致的车辆贬值，它是一种无形损耗，这类贬值可能是由于技术进步引起劳动生产率提高，生产成本降低，从而造成重新购置一辆全新状态的被评估车辆所需的成本降低而引起的车辆贬值。对于营运车辆，也可能由于技术进步，出现了新的、性能更优的车辆，致使原有车辆的功能、生产率、收益能力相对新车型已经落后而引起其贬值。具体表现为原有车辆在完成相同工作任务的前提下，在燃料、人力、配件材料等方面的消耗增加，形成了一部分超额运营成本。

经济性贬值是指由于宏观经济政策、市场需求、通货膨胀、环境保护等外部环境因素的变化所造成的车辆贬值，它也是一种无形损耗。这些外界因素对车辆价值的影响不仅是客观存在的，而且相当大，在二手车的评估中不可忽视。通过对重置成本法计算公式的分析不难发现，要合理运用重置成本法评估二手车的交易价格，必须正确确定车辆的重置成本、实体性贬值、功能性贬值、经济性贬值和成新率。

1. 重置成本法的基本计算公式

$$W = Re$$

式中　W——车辆评估价值；

　　　R——更新重置成本；

　　　e——综合成新率。

2. 综合成新率计算方法

$$e = y\alpha + t\beta$$

式中　e——综合成新率；

　　　y——年限成新率；

　　　t——技术鉴定成新率；

　　　α——年限成新率系数；

　　　β——技术鉴定成新率系数。

其中，$\alpha+\beta=1$，$t\beta$ 相当于实体性陈旧贬值与功能性陈旧贬值后，车辆剩余的价值率；$y\alpha$ 相当于经济性陈旧贬值后，车辆剩余的价值率。

3. 年限成新率计算方法

$$y = N/n$$

式中　y——年限成新率；

　　　N——预计车辆剩余使用年限；

　　　n——车辆使用年限（非营运乘用车使用年限为 15 年，超过 15 年的按实际年限计算；营运车辆、有使用年限规定的车辆按实际要求计算）。

4. 技术成新率计算方法

$$t = X/100$$

式中　t——技术鉴定成新率；

X——车辆技术状况分值。

（二）重置成本法应用的理论依据

任何一个精明的投资者在购买某项资产时，他所愿意支付的价格，绝不会超过现时在市场上能够购买到与该项资产具有同等效用的全新资产所需的最低成本，而不管这项资产的原拥有者当初在购买这项资产时的购置价（历史成本）是多少，这就是重置成本法的理论依据。可见重置成本是现时购买一辆全新的与被评估二手车相同的车辆所支付的最低金额。

（三）重置成本法的应用前提和适用范围

重置成本法作为一种二手车评估的方法，是从能够重新取得被评估二手车的角度来反映二手车的交换价值的，即通过被评估二手车的重置成本反映二手车的交换价值。只有当被评估的二手车处于继续使用状态下，再取得被评估二手车的全部费用才能构成其交换价值的内容。二手车继续使用包含着其使用有效性的经济意义，只有当二手车能够继续使用并且在持续使用中为潜在投资者带来经济利益时，二手车的重置成本才能为潜在投资者和市场承认及接受。从这个意义上讲，重置成本法主要适用于继续使用前提下的二手车评估。

（四）重置成本的估算

重置成本的计算在资产评估学中有加和分析法、功能系数法、物价指数法和统计分析法等几种方法。对于二手车鉴定评估定价，计算重置成本一般采用加和分析法和物价指数法。

1. 加和分析法

加和分析法也称直接法和重置核算法，它是按待评估车辆的成本构成，以现行市价为标准，将车辆按成本构成分成若干组成部分，先确定各组成部分的现时价格，然后相加得出待评估车辆的重置全价的一种评估方法。

二手车的重置成本计算公式如下：

$$B = B_1 + B_2$$

式中　　B——车辆重置成本；

B_1——购置全新车辆的市场成交价；

B_2——购置车辆时需一次性缴纳的税费总和。

重置成本不应包括车辆拥有阶段和使用阶段的税费，如车辆拥有阶段的年审费、车船使用税、车辆使用阶段的保险费、燃油税、路桥费等。

一般而言，车辆重置成本大多是依靠市场调查搜集而来的，并不需要进行十分复杂的计算。但是对于市场上尚未出现的那些新车型（特别是进口新车型）或淘汰车型，由于其价格信息有时不容易获得，这时则需要按照其重置成本的构成进行估算。

根据不同评估目的，二手车重置全价的评估还要区别对待。属于所有权转让的经济行为或为司法、执法部门提供证据的鉴定行为，可将被评估车辆的现行市场成交价格作为被评估车辆的重置全价，其他费用略去不计；属于企业产权变动的经济行为，如企业合资、合作经营和合并兼并，其重置成本构成除了考虑被评估车辆现行市场购置价格外，还应考虑国家和地方政府对车辆加收的合理税费。

2. 物价指数法

物价指数法也称价格指数法，是指根据已掌握的历年来的价格指数，在二手车原始成本的基础上，通过现时物价指数确定其重置成本。其计算公式为

$$B = B_Y \times \frac{I_1}{I_2} \qquad 或 \qquad B = B_Y \times (1 + \lambda)$$

式中　B——车辆重置成本；

B_Y——车辆原始成本；

I_1——车辆评估时物价指数；

I_2——车辆购买时物价指数；

λ——车辆价格变动指数。

当被评估车辆已停产，或是进口车辆无法找到现时市场价格时，这是一种很有用的方法，但应用时必须注意，一定要先检查被评估车辆的账面购买原价。如果购买原价不准确，则不能用物价指数法。

车辆价格变动指数是通过已掌握的历年的车辆价格指数，计算得到的反映车辆价格变动趋势的指标。一般选择与被评估车辆已使用年限相当、近五年内市场占有率为前三名的品牌车型，以其现时购买车价与原始购买车价之比的算术平均值作为车辆价格变动指数。车辆价格变动指数要尽可能选用有法律依据的国家统计部门或物价管理部门以及政府机关发布和提供的数据，也可以取自中国汽车流通协会定期发布的或有权威性的国家政策部门所管辖单位发布的数据，不能选用无依据、来源不明的数据。

（五）车辆贬值的估算

1. 车辆实体性贬值估算

二手车的实体性贬值是指由于使用和自然损耗形成的贬值，也称有形损耗或有形贬值，一般可以采取观察法、使用年限法和修复费用法3种方法进行估算。

（1）观察法　观察法也称成新率法，指二手车鉴定评估人员根据自己的专业知识和工作经验，通过对二手车实体各主要部件进行观察以及使用仪器测量等方式进行技术鉴定，并综合分析车辆的设计、制造、使用、磨损、维护、修理、改装情况和经济寿命等因素，将评估对象与其全新状态相比较，从而判断被评估车辆的实体性贬值的一种方法，其数学公式为

$$D_p = B \times \eta$$

式中　D_p——车辆实体性贬值；

B——车辆重置成本；

η——有形损耗率。

（2）使用年限法　这种方法通过确定被评估车辆已使用年限与该车辆预期可使用年限的比率来确定二手车有形损耗，其计算公式为

$$D_p = (B - Z) \times \frac{Y}{G}$$

式中　Y——已使用年限；

Z——残值，在二手车鉴定评估中，一般残值忽略不计；

G——规定使用年限。

（3）修复费用法　修复费用法也称功能补偿法，指通过确定被评估车辆恢复原有的技术状态和功能所需要的费用补偿，直接确定二手车的有形损耗。

2. 车辆功能性贬值估算

功能性贬值包含一次性功能贬值和营运性功能贬值。

（1）一次性功能贬值的估算　从理论上讲，同样的车辆其复原重置成本与更新重置成本之差即是该车辆的一次性功能贬值。但在实际工作中，具体计算某车辆的复原重置成本是比较困难的。因此，对目前在市场上能购买到的且有制造厂家继续生产的全新车辆，一般就用更新重置成本（市场价）考虑其一次性功能贬值。如果待评估车辆是现已停产或已淘汰的车型，则没有实际的市场价，只能采用参照车辆的价格用类比的方法来估算。参照车辆一般采用替代型号的车辆。这些替代型号的车辆其功能通常比原车型有所改进和增加，故其价格通常比原车型的价格要高（功能性贬值大时，价格也可能降低）。故在与参照车辆比较，用类比法对原车型进行价值评估时，一定要了解参照车辆在功能方面改进或提高的情况，再按其功能变化情况测定原车辆的价值。

（2）营运性功能贬值的估算　测定营运性功能贬值时，首先选定参照车辆，并与参照车辆进行比较，找出营运成本有差别的内容和量值，然后确定原车辆尚可继续使用的年限和应上缴的所得税率及折现率，通过计算超额收益或成本降低额算出营运性功能贬值。

（3）车辆经济性贬值估算　二手车鉴定评估中所涉及的经济性损耗（贬值）也是无形损耗的一种，是由车辆以外的各种因素所造成的损耗（贬值）。二手车经济性贬值的例子可以举出很多，如由于车辆排放标准的提高，同一车辆的排放水平在过去可能被认为是可以接受的，但现在却无法满足现行排放标准的要求。这一标准对车辆的所有者来讲就是制约，除非达到规定的要求，否则车辆就无法继续使用。因此，对车辆的所有者而言，不管是采取措施力求达到标准，还是车辆被迫停用，都需要花费成本，这一成本从评估的角度上看便是经济损耗。

（六）重置成本法的优缺点

1. 重置成本法的优点

1）比较充分地考虑了车辆的各方面损耗，反映了车辆市场价格的变化，评估结果更趋于公平合理，在不易估算车辆未来收益或难以在市场上找到可类比对象的情况下可广泛应用。

2）可采用综合分析法确定成新率，并将车况和配置以及车辆使用情况用适当的调整系数表征出来，比较清晰地解析了车辆残值的构成，使整个评估过程显得有理有据，有助于增强交易双方对评估结果的信任，可应用于价值较高的中高档车辆评估。

2. 重置成本法的缺点

1）评估工作量较大，确定成新率时主观因素影响较大。

2）对极少数的进口车辆，不易查询到现时新车市场报价，一些已停产或是国内自然淘汰的车型，由于不可能查询到相同车型新车的市场报价，因此难于准确地确定出它们的重置成本。

四、运用收益现值法进行二手车价格评估

（一）收益现值法的基本原理

1. 定义

收益现值法是将被评估车辆在剩余寿命期内的预期收益用适当的折现率折现为评估基准日的现值，并以此确定评估价格的一种方法。二手车的价格评估一般很少采用收益现值法，但对一些特定目的、有特许经营权的二手车，人们购买的目的往往不在于车辆本身，而在于车辆获利的能力。因此对于营运车辆的评估采用收益现值法比较合适。

2. 基本原理

收益现值法基于这样的假设，即人们之所以购买某辆车，主要是考虑到这辆车能为自己带来一定的收益。采用收益现值法对二手车进行评估所确定的价值是指为获得该二手车以取得预期收益的权利所支付的货币总额，它以车辆投入使用后连续获利为基础。如果某车辆的预期收益小，车辆的价格就不可能高；反之，车辆的价格肯定就高。

3. 收益现值法的应用前提

被评估的二手车必须是经营性车辆，且具有继续经营和获利的能力，继续经营的收益必须能够用货币金额来表示，经营过程中的风险因素能够转化为数据加以计算，体现在折现率和资本化率中，获利年限可以预测。非营利的二手车不能用收益现值法评估。

（二）收益现值法的计算方法和评估参数的确定

1. 收益现值法的计算方法

收益现值法的评估值的计算，实际上就是对被评估车辆未来预期收益进行折现的过程。被评估车辆的评估值等于剩余寿命期内各收益期的收益现值之和，其基本计算公式为

$$P = \sum_{t=1}^{n} \frac{A_t}{(1+i)} = \frac{A_1}{(1+i)^1} + \frac{A_2}{(1+i)^2} + \cdots + \frac{A_n}{(1+i)^n}$$

式中　P——评估值；

　　A_t——未来第 t 个收益期的预期收益额；

　　n——收益年期；

　　i——收益期，一般以年计，表示整个收益期中的第几年。

当 $A_1 = A_2 = \cdots = A_n = A$，即未来各收益期的收益同为 A 时，则有

$$P = A \cdot \left[\frac{1}{(1+i)^1} + \frac{1}{(1+i)^2} + \cdots + \frac{1}{(1+i)^n} \right] = A \cdot \frac{(1+i)^n - 1}{i \cdot (1+i)^n}$$

其中，$\frac{1}{(1+i)^t}$ 称为现值系数，$\frac{(1+i)^n - 1}{i \cdot (1+i)^n}$ 称为年金现值系数，该式可用 $(P/A, i, n)$ 表示。

2. 收益现值法中各评估参数的确定

（1）剩余经济寿命期的确定　剩余经济寿命期指从评估基准日到车辆到达报废年限

所剩余的使用寿命。如果剩余经济寿命期估计过长，就会高估车辆价格；反之，则会低估车辆价格。因此，必须根据车辆的实际状况对剩余寿命做出正确的评定。

在车辆技术状况基本正常的情况下，可按国家规定的报废标准确定车辆的剩余使用寿命。如果车辆的技术状况很差，则应根据车辆的实际状况，判定车辆的剩余使用寿命。

（2）预期收益额的确定　收益现值法在运用中，收益额的确定是关键。收益额是指由被评估对象在使用过程中产生的超出其自身价值的溢余额。

收益额指的是车辆使用带来的收益期望值，是通过预测分析获得的。无论对于所有者还是购买者，判断某车辆是否有价值，首先应判断该车辆是否能带来收益。对其收益的判断，不仅仅是看现在的收益能力，更重要的是预期未来的收益能力。

收益额的构成，以企业为例，目前有几种算法：第一，企业所得税后利润；第二，企业所得税后利润与提取折旧额之和扣除投资额；第三，利润总额。针对二手车的评估特点与评估目的，为估算方便，推荐选择第一种算法，目的是准确反映预期收益额。为了避免计算错误，一般应列出车辆在剩余寿命期内的现金流量表。

（3）折现率的确定　折现率是将未来预期收益折算成现值的比率，是换算车辆现值与预期收益的有效工具。

从评估的观点看，折现率的选择事实上是在对车辆预期收益评价的基础上对现值的确定。不同折现率的选择将影响车辆的价值。折现率是一种特定条件下的收益率，说明了车辆取得该项收益的收益率水平。收益率越高，意味着单位资产的增值率越高，在收益一定的情况下，所有者拥有资产的价值越低。

在选择和计量折现率时，应注意折现率与预期收益的匹配，如收益的计量指标有净现金流量和税后利润两种，在选择折现率时，就须注意与所选的计量指标相适应。此外，在计量折现率时，必须考虑到风险因素的影响，否则可能过高地估计车辆的价值。评估中的折现率应当包括无风险利率、风险报酬率和通货膨胀率3个方面，即折现率＝无风险利率+风险报酬率+通货膨胀率。

无风险利率是指资产在一般无风险经营条件下的获利水平。风险报酬率是指超过风险收益率以上部分的投资回报率。风险收益能够计算，而为承担风险所付出的代价为多少却不好确定。因此，风险收益率不容易计算出来，只要求选择的收益率中包含这一因素即可。每个行业、每个企业都有具体的资金收益率。因此，在利用收益现值法对二手车鉴定评估选择折现率时，应该进行本企业、本行业历年收益率指标的对比分析。但是，最后选择的折现率应该起码不低于国家债券或银行存款的利率。此外还应注意，在使用资金收益率这一指标时，要充分考虑年收益率的计算口径与资金收益率的口径是否一致。若不一致，将会影响评估值的正确性。

（三）收益现值法的优缺点

1. 收益现值法的优点

1）与投资决策相结合，容易被交易双方接受。

2）能真实和较准确地反映车辆本金化的价格。

2. 收益现值法的缺点

1）预期收益额和折现率以及风险报酬率的预测难度大。

2）受主观判断和未来不可预见因素的影响较大。

五、运用清算价格法进行二手车价格评估

（一）清算价格法的基本原理

清算价格法以清算价格为标准，对二手车进行价格评估。所谓清算价格，是指企业由于破产或其他原因，要求在一定的期限内将车辆变现，在企业清算之日预期出卖车辆可收回的快速变现价格。清算价格法主要根据二手车技术状况，运用现行市价法估算其正常价值，再根据处置情况和变现要求，乘以一个折扣率，最后确定评估价格。

清算价格法在原理上基本与现行市价法相同，所不同的是迫于停业或破产，清算价格往往大大低于现行市场价格。这是由于企业被迫停业或破产，急于将车辆拍卖、出售。

（二）清算价格法的应用前提和适用范围

1. 影响清算价格的主要因素

在二手车鉴定评估中，影响清算价格的主要因素包括资产处置权、债权人处置车辆的方式、车辆清理费用、拍卖时限、公平市价和参照车辆价格等。

2. 清算价格法的应用

以清算价格法评估车辆价格的前提条件有以下 3 个。

1）以具有法律效力的破产处理文件或抵押合同及其他有效文件为依据。

2）车辆以整体或拆零的方式在市场上可以而且必须快速出售变现。

3）所卖收入足以补偿因出售车辆产生的附加支出总额。

3. 清算价格法的适用范围

清算价格法适用于企业破产、资产抵押、停业清理等情况下的二手车鉴定评估业务。

（1）企业破产　当企业因经营不善造成严重亏损，到期不能清偿债务时，企业应依法宣告破产，法院以其全部财产依法清偿其所欠的债务，不足部分不再清偿。

（2）资产抵押　资产抵押是以所有者资产作为抵押物进行融资的一种经济行为，是合同当事人一方用自己特定的财产（如汽车）向对方保证履行合同义务的担保形式。提供财产的一方为抵押人，接受抵押财产的一方为抵押权人。抵押人不履行合同时，抵押权人有权将抵押财产在法律允许的范围内变卖，从变卖抵押物的价款中优先受偿。

（3）停业清理　停业清理是指企业由于经营不善导致严重亏损，已临近破产的边缘或因其他原因无法继续经营下去，为弄清企业财物现状，对全部财产进行清点、整理和查核，为经营决策（破产清算或继续经营）提供依据，以及因资产损毁、报废而进行清理、拆除等的经济行为。

4. 清算价格的方法

二手车清算价格的方法主要有以下 3 种。

（1）现行市价折扣法　现行市价折扣法指对清理车辆，首先在二手车市场上寻找一个相适应的参照物，然后根据快速变现原则估定一个折扣率并据此确定其清算价格。

（2）意向询价法　意向询价法是根据向评估车辆的潜在购买者询价取得市场信息，最后经评估人员分析确定其清算价格的一种方法。用这种方法确定的清算价格受供需关系的影响很大，要充分考虑其影响的程度。

（3）竞价法　竞价法是有法院按照法定程序（破产清算）或由卖方根据评估结果提出一个拍卖的底价，在公开市场上由买方竞争出价，谁出的价格高就卖给谁。

按照国际惯例，资产评估方法主要有 3 种方法：重置成本法、收益现值法、现行市价法。清算价格法不能称为一种独立的评估方法。

六、运用折旧法进行二手车价格评估

（一）折旧法评估的基本原理

1. 机动车折旧的概念

折旧是固定资产的一个基本概念。它是指企业的固定资产在预计的使用年限内由于磨损和损耗而逐渐转移的价值，这部分转移的价值以折旧费的形式计入成本费用，并从企业营业收入中得到补偿。机动车作为固定资产，按现行财务制度规定，会计报表中应定期计提固定资产折旧。所谓机动车折旧，是指机动车在使用中，由于损耗而转移到产品中去的那部分价值。这部分价值从产品销售收入中逐年提取存入建立的机动车折旧基金中，直到折旧基金额等于车辆原始成本时停止折旧提取。由此可见，机动车折旧额实际上是分摊固定资产原值而计提的折旧额。折旧基金主要用于车辆维修或车辆更新。因此，折旧是固定资产成本费用回收的过程，这个过程按顺序由价值损耗、价值转移和价值补偿 3 部分组成。例如，企业有一辆价值 10 万元的货车，使用年限为 10 年，平均每年有 1 万元的价值转移到新产品中去，这样就需要每年从商品售卖价格中提取 1 万元作为货车的折旧费，10 年即可从产品销售额中将车辆的原始成本回收。

2. 折旧法评估二手车的基本原理

二手车折旧额是二手车所有者已经得到的价值补偿，剩下的价值（重置全价-二手车已使用年数的累计折旧额）才是二手车现有的价值，评估时应以这个剩余价值作为评估价。车辆鉴定评估时，如果发现车辆有某些功能完全丧失，需要维修和换件，还应考虑扣减相应的维修费用。计算公式为

$$二手车评估值 = 重置全价 - 累计折旧额 - 维修费用$$

式中，采用重置全价而不采用二手车原值，主要是考虑到其他因素给二手车带来的贬值（如功能性贬值和经济性贬值）。维修费用是指车辆现时状态下，某些功能完全丧失，需要维修和换件的费用总支出。

（二）折旧法与重置成本法评估二手车的区别

二手车折旧是重置成本法中有关损耗和贬值项的一种估算。折旧法和重置成本法都是从二手车"损耗"的角度出发评价二手车价值的，但二者有很大区别，主要体现在以下几个方面。

1. 规定使用年限与规定折旧年限的含义不同

规定使用年限不同于规定折旧年限。规定使用年限由《机动车强制报废标准规定》（2012）确定，是一个全国统一的标准；折旧年限是企业对某一类资产做出会计处理的统一标准，是一种高度政策化的数字。实际上，折旧年限表现出以下几个方面的特征。

1）折旧年限是一个平均年限，对于同一类型中的任何一项资产均适用。

2）它是在考虑损耗的同时，又考虑社会技术经济政策和生产力发展水平，有时甚至以它为经济杠杆，体现对某类资产鼓励或限制生产的政策。

3）它是以同类资产中各项资产运转条件均相同的假定条件为前提的。这种情况下，同类型的资产，无论其所在地如何，维护情况、运行状况如何，均适用统一的折旧年限。

4）折旧年限是一个预计使用年限。预计使用年限是指固定资产预计经济使用年限，它通常短于固定资产的物质使用年限。在预计时应同时考虑有形损耗和无形损耗。在科技进步迅猛的现代社会，产品更新换代快，无形损耗有时会大于有形损耗。因此，企业应结合本企业的具体经营规模和经营效益等情况，合理地确定固定资产的折旧年限。在二手车估价中，鉴定估价人员可根据估价目的合理地确定折旧年限。一般可用《机动车强制报废标准规定》（2012）中的使用年限代替预计使用年限。

2. 两者的损耗含义不同

折旧是由损耗决定的，但折旧并不完全是实际磨损，而是企业根据国家有关规定，结合本企业的具体经营规模和经营特点等情况，在确定的固定资产折旧年限内，分摊固定资产原值而计提的折旧额。根据《企业会计准则——固定资产》的规定，对入账的固定资产，不管企业使用与否都应计提折旧。因此，折旧是高度政策化了的损耗。二手车实体有形损耗是指二手车在存放和使用过程中，由于自然力的作用而发生的损耗，是真正的实体磨损。

3. 折旧额与实体性贬值意义不同

折旧额是会计账面上根据固定资产的原始价值和预计使用年限，按照选择的折旧方法合理地分摊固定资产而提取的折旧总额。年限折旧法计算的折旧额与固定资产的实际使用强度没有联系。实体性贬值是由于实体磨损而带来的真实贬值，它不同于折旧额，不能用账面上的累计折旧额代替实体性贬值。实体性贬值可以通过折旧得到补偿。在车辆使用过程中，价值的变动经过价值损耗、价值转移和价值补偿。折旧作为转移价值，是在损耗的基础上确定的。

4. 成新率与折旧具有差异性

重置成本法中的成新率考虑到了二手车的各种损耗和贬值，对车辆实体损耗反映比较真实客观，但对无形损耗贬值的反映相对较弱；二手车折旧除了包含车辆实体损耗和贬值外，还含有人为规定折旧年限带来的无形损耗和贬值因素，而这种人为因素更能体现无形损耗贬值。

（三）折旧方法的比较、选择与适用范围

1. 折旧方法的比较

采用等速折旧法计算折旧，二手车的转移价值平均摊配于其使用年限中，它的优点

是计算简单，容易理解。但是，随着二手车使用时间的推移，一方面，其磨损程度逐渐增加，使用后期的维修费支出将会高于使用前期的维修费支出，即使各个使用年度负担的折旧费相同，各个使用年度的二手车使用成本（折旧费与维修费之和）也会不同。这种方法没有考虑二手车使用过程中相关支出摊配于各个使用年度的均衡性。另一方面，当前科学技术进步飞快，导致了二手车无形损耗（功能性损耗和经济性损耗）加快，等速折旧法没有反映这种损耗的摊配比例。采用加速折旧法计提折旧，克服了等速折旧法的不足。因为这种方法前期计提的折旧费较多而维修费较少，后期计提的折旧费较少而维修费较多，一方面，保持了各个使用年度负担的二手车使用成本的均衡性；另一方面，较多地反映了由于技术进步所带来的价值损耗客观实际。

2. 折旧方法的选择

在二手车估价中，推荐使用加速折旧法。

3. 适用范围

折旧法采用的是经济使用年限，且可以采用加速折旧法计算二手车的价值转移，使二手车剩余价值相对比较小，这对二手车收购方来说是比较有利的。因此，折旧法比较适用于二手车的收购。

任务 二　撰写评估报告及归档

📖 | 任务解析

通过本任务的学习，学生能够明确二手车鉴定评估报告及其他业务档案的管理办法，掌握二手车鉴定评估报告的撰写、二手车的拍摄及存档等操作。

📚 | 知识链接

一、二手车鉴定评估档案管理制度

撰写二手车鉴定评估报告

为了加强业务档案的科学管理，规范业务档案的立卷、归档、保管、调阅行为，更好地为外勤业务服务，应制订二手车鉴定评估报告档案管理制度。二手车鉴定评估报告的档案管理包括二手车鉴定评估报告的归档制度、保管制度、保密制度、借阅档案制度。其具体内容如下：

1）设立各类业务报告发文登记簿，按报告类别分类顺序登记业务报告。业务报告经二手车鉴定估价师签字并加盖单位公章后，由专人负责统一对外寄送。档案管理员应

留一份业务报告，并按业务类别和发文序号另行分卷保管，以备核对。

2）业务档案的立卷、归档、保管、调阅实行项目负责人负责制。业务部的档案应在每项业务完成后，由项目负责人负责组织人员，将业务报告、业务报告签发稿及业务约定书等工作底稿按工作底稿的内在特性，通过索引方式进行编排目录、编号并装订成册。装订前，对超长、超宽的报表、工作底稿等资料应进行折叠，做到整齐划一。装订好的业务档案应在封面注明客户名称、委托业务、签字的二手车鉴定估价师、助理人员、审验年度，并在卷内目录内注明起止页码，评估人员签章。工作底稿数量较多、一卷难以容纳的，可分卷装订。

3）当年的业务档案可暂由业务部保管一年。期满之后，由项目负责人编造清册移交公司档案部门。档案管理员应将交接的档案造册登记入档。

4）档案部门应对档案进行科学管理，做到妥善保管、存放有序、查找方便。同时，严格执行安全和保密制度，不得随意堆放，严防毁损、散失和泄密，要定期检查档案管理情况，对破损和变质的档案应及时修补、复制或进行其他技术处理。

5）档案部门保存的业务档案应向业务部门积极提供利用，向外单位提供利用时，依照《资产评估程序准则——工作底稿》当中的相关规定办理。

6）业务档案保管年限自评估报告签发之日起至该车辆报废期满后五年止。

7）对于保管期限届满的档案，本司可以决定将其销毁。销毁时，应按照规定履行必要手续。

二、二手车鉴定评估资料公开制度

1）二手车鉴定评估资料是指对委托鉴定评估车辆其价格的形成资料，包括车辆登记信息资料、车辆技术状况资料、鉴定评估方法及评估计算资料。

2）公开原则：车辆鉴定评估是为车辆交易服务，为保证交易公平，交易各方对车辆状况信息必须对称，委托鉴定评估车辆价格的形成资料应对交易各方公开。

3）公开范围：鉴定评估报告的使用人及拟参与交易的购买人。

4）公开内容。

①车辆基本信息资料：车辆登记证上记载的车辆信息资料、车辆保费交纳情况资料、营运车辆经营许可资料、特种车辆运输许可证等资料。

②车辆技术状况资料：委托车辆现时技术状况，是否有过交通事故、事故损坏程度及修复情况，车辆的使用维护情况资料。

③鉴定评估方法及评估计算资料：鉴定评估方法、取价依据、计算过程。

5）公开方式。

①以机动车鉴定评估作业表的方式，作为鉴定评估报告的附件随鉴定评估报告一起，直接向报告使用人公开。

②在满足公开条件并履行公司公开程序后向拟参与交易的购买人公开。

6）公开程序。

①车辆交易信息由委托方在媒体上公开，交易对象不特定的，拟参与交易的购买人凭媒体上公开的交易信息资料，向评估公司申请查询。

②车辆交易信息未公开的，拟参与交易的购买人凭委托方的许可证明，向评估公司申请查询。

③查询申请可直接向该车鉴定评估项目负责人提出，该车鉴定评估项目负责人可自行或指定该项目的执业人员向查询人公开该车的鉴定评估资料，并对查询人提出的与该车鉴定评估有关的问题做出说明、解释。

④查阅资料应在评估公司人员在场情况下进行，鉴定评估资料不得外借，不得涂改损坏。

📖 | 任务实施

一、车辆拍照

车辆拍照是评估人员根据车牌号或评估登记号，使用数码照相机拍摄被评估车辆照片，并存入系统存档。

1. 拍摄距离

拍摄距离是指拍摄立足点与被拍照二手车的远近，一般要求全车影像尽量充满整个像面。

2. 拍摄角度

拍摄角度是指拍摄立足点与被拍照二手车的方位关系。拍摄角度方位一般分为上下关系和左右关系。

1）上下关系。拍摄角度的上下关系可分为俯拍、平拍和仰拍三种。

2）左右关系。拍摄角度的左右关系一般根据拍摄者确定的拍摄方位，分为正面拍摄和侧面拍摄两种。

3. 光照方向

光照方向是指光线与相机拍摄方向的关系，一般分为正面光、侧面光和逆光三种。对二手车拍照应尽量采用正面光拍照，以使二手车的轮廓分明、牌照号码清晰、车身颜色真实。

4. 对二手车拍照的要求

1）车身要擦洗干净。

2）前风窗玻璃及仪表板上无杂物。

3）机动车号牌无遮挡。

4）关闭各车门。

5）转向盘回正，前轮处于直线行驶状态。

5. 二手车常见拍摄位置

对二手车拍照一般要拍摄前面、侧面和后面 3 个方向的整体外形照，发动机舱、驾驶室、行李舱等局部位置的照片。

（1）**整体外形照** 采用平拍的方式，其中，前面照（也称为标准照）是在与车左前侧呈 45°方向拍摄（图 2-1），侧面照是正侧面拍摄（图 2-2），后面照是在与车右后侧呈 45°方向拍摄（图 2-3）。

（2）局部位置照　采用俯拍的方式，一般拍摄部位是发动机舱和乘员舱内饰等，如图 2-4 所示。

照片数量一般不少于 4 张，车辆若有损伤部位，还需局部放大拍照。

图 2-1　前面照（也称为标准照）

图 2-2　侧面照

图 2-3　后面照

图 2-4　局部照

二、鉴定评估报告的编写

二手车鉴定评估报告（以下简称评估报告）是二手车客户顾问同客户沟通的基本文件。因此，评估报告不仅包括二手车的车况和价格，还包含车辆的使用、维护状况、车辆的损伤维修建议，以及车辆的法定手续、交通违章、按揭抵押、保险等状况。

同时评估报告也是 4S 店收进二手车财务结算的重要依据。作为法律依据的评估报告必须由具有法定评估资格的机构按照 GB/T 30323—2013《二手车鉴定评估技术规范》的要求来出具。

（一）评估报告的基本要求

1. 通俗易懂

评估报告不是学术论文，要普通车主都能看明白，因此要将专业化的评估报告用简洁、通俗的表达方式呈现出来。

2. 表达准确

评估报告不可用中性的语言或让人产生不同理解的语言表达，必须表达准确，使每一项结论任何人都只能产生一种解释。

3. 逻辑性强

评估报告要有严密的逻辑性，不能前后矛盾、彼此矛盾，每一项结论的获得，其条件必须完备翔实。

4. 实事求是

评估报告不可用推理或假定的条件给出结论，要以事实说话，不可无事生非，比如为了压低收购价格而夸大损伤和维修成本等。

5. 全面无遗

评估报告要全面反映所评估车辆的技术、使用、身份、所有权和交易价格等状况，不可遗漏，否则就可能造成错误决策，给公司带来经济损失或者失去客户。

（二）评估报告的主要内容

目前评估报告没有统一的样式，但是撰写时，从格式上一般包含以下内容。

1. 封面、首部

评估报告的封面须包括以下内容：评估报告的名称、鉴定评估机构出具鉴定评估报告的编号、鉴定评估机构全称和评估报告的提交日期等。

首部包含标题和评估报告的序号。评估报告序号应符合公文的要求，包括评估机构特征字、公文种类特征字、年份、文件序号等。

2. 绪言

绪言应写明该评估报告委托方的全称、受委托评估事项及评估工作的整体情况。

3. 委托方与车辆所有方简介

应写明委托方、委托方联系人的名称、联系电话及住址、车主名称等信息。

4. 鉴定评估的目的

应写明本次鉴定评估是为了满足委托方的何种需要及其所对应的经济行为类型。

5. 鉴定评估对象

在评估报告中最重要的一部分内容就是评估标的的关键信息，如车辆 VIN、发动机号、车辆首次登记注册时间、使用性质（公车、私车、营运、非营运）、表征里程、车牌号码、发动机排量、变速器形式、车身颜色、内饰颜色、年审检验合格有效日期、车辆购置税起征码、车辆使用税缴纳有效期。

6. 鉴定评估基准日

应写明车辆鉴定评估基准日的具体日期，样式为鉴定评估基准日是××年××月××日。

7. 评估原则

应严格遵循客观性、独立性、公正性、科学性原则。

8. 评估依据

评估依据一般包括行为依据、法律依据、产权依据、评定及取价依据等。

9. 评估方法及计算过程

需要简要说明评估过程中所选择和使用的评估方法；简要说明选择评估方法的依据；评估时若采用一种以上的评估方法，应适当说明原因；简要说明各种评估方法的计算步骤等。

10. 评估过程

评估过程应反映二手车鉴定评估机构自接受评估委托书起至提交评估报告的工作过程，包括接受委托、验证、现场查勘、市场调查与征询、评定估算、提交报告等过程。

11. 评估结论

应给出被评估车辆的评估价格、金额（大、小写）。

12. 特别事项说明

评估报告中陈述的特别注意事项是指在已确定评估结果的前提下，评估人员提示在评估过程中已发现可能影响评估结论，但非评估人员执业水平和能力所不及的有关事项；提示评估报告使用者应注意特别事项对评估结论的影响；揭示鉴定评估人员认为需要说明的其他问题。

13. 评估报告的法律效力

应注意评估报告的有效日期，特别是评估基准日期后的事项对评估结论的影响。

14. 鉴定评估报告的提出日期

应写明评估报告应提交委托方的具体时间，评估报告原则上应在评估基准日后一周内提出。

15. 附件

在评估报告后部必须附有评估中使用的工具表格，如二手车鉴定评估委托书、二手车鉴定评估作业表、车辆行驶证、车辆购置税、车辆登记证书复印件、二手车鉴定评估师资格证书复印件、鉴定评估机构营业执照复印件、鉴定评估机构资质复印件和二手车照片等。

16. 尾部

写明出具评估报告的评估机构名称，并盖章；写明评估机构法定代表人姓名并签名；注册二手车鉴定评估师盖章并签名；高级注册二手车鉴定评估师审核签章及报告日期。

● 项目总结 ●

二手车的价格评估需要经过技术鉴定之后，根据车况确定成新率，结合评估目的选择合适的评估方法，最终科学地确定评估对象在评估基准日的合理价值。二手车鉴定评估工作开始时需双方签订委托书，结束时要出具规范的二手车鉴定评估报告书，同时还要对被评估车辆按要求进行拍照，最终按规定把二手车鉴定评估相关的相关材料进行缮制归档。

● 项目实训 ●

实训一　非营运性质的二手车价值评估

车辆经过静态检查、动态检查后，根据车辆技术状况鉴定结果和鉴定目的，二手车鉴定评估师需运用相应的评估方法（如重置成本法、现行市价法）对车辆价值进行评估。

　　请分别用现行市价法和重置成本法来评估该车辆的价值，并分析价格差异的原因。

1. 重置成本法

2. 现行市价法

被评估二手车与参照车辆的有关技术经济参数

序号	技术经济参数	参照车辆 A	参照车辆 B	被评估二手车
1	车辆型号			
2	车辆配置类型			
3	发动机类别			
4	发动机排量			
5	变速器类型			
6	尾气排放标准			
7	销售条件			
8	行驶里程			
9	交易时间			
10	规定使用年限			
11	初次登记日期			
12	已使用时间			
13	技术鉴定分值			
14	成新率			
15	交易数量			
16	付款方式			
17	交易地点			
18	物价指数			
19	交易价格			

实训二　营运性质的二手车价值评估

　　李先生打算购置一辆二手北京现代伊兰特轿车用于出租车运营。该车的基本信息及经营预测如下：

2017 年 10 月购买，并于当月完成车辆登记手续，已行驶里程为 40 万 km。目前车辆技术状况良好，能正常运行，若用于出租车运营，全年预计可出勤 320 天。根据对哈尔滨市的市场调查，该车型每天平均毛收入约 700 元，每天燃料费用 200 元，年检、保险及各种应支出费用每年 10000 元，年日常维修、维护费用约 12000 元，年平均大修费用约 1000 元，人员劳务费 30000 元。根据目前银行储蓄年利率、行业收益等情况，确定资金预期收益率为 15%，风险报酬率为 5%。

假设每年的纯收入相同，试结合上述条件评估该车可接受的最大投资额是多少。

项目导入

小王所在的二手车交易中心，准备收购部分二手车辆，考虑到市场的供求关系，在进行鉴定评估的基础上，要确定这些车辆的价格。现在企业领导将这个任务交给了小王，要求他结合新车市场价格，充分考虑影响二手车收购定价的诸多因素，以市场营销的理念，科学、公正地确定这批二手车的收购价格，并以适当的价格销售这批二手车，同时协助客户进行交易过户。

学习目标

1. 掌握二手车收购定价的概念和价值的计算方法。
2. 通过学习二手车销售定价的内容，能够阐述影响二手车销售定价的因素。
3. 掌握二手车收购流程及二手车收购合同的签订过程。
4. 掌握二手车销售定价的方法，能够选用正确的二手车定价方法计算其销售价格。
5. 掌握二手车销售的基本流程，能够准确地对销售的车辆进行合理的定价。
6. 提高风险分析与防范意识。
7. 培养理清思路、分析问题影响因素的工作习惯。

任务 一 二手车的收购

📖 | 任务解析

通过本任务的学习，能够明确二手车收购价格概念，掌握二手车的价值评估方法，并能够使用相关方法对二手车的价值进行评估，结合二手车价格的影响因素，能够合理估价并能够按照流程进行二手车的收购工作。

📚 | 知识链接

在市场经济体制下，价格是一个非常重要的因素，它直接影响到企业产品的销售和利润，关系整个市场的发展。二手车收购价格的确定直接决定了二手车的销售价格及二手车企业盈利与否，因此必须切实加强二手车收购定价决策工作，以便企业扩大市场占有率和追求长期利润的增长。二手车收购价值的确定是根据其特定的目的，在二手车鉴定估价的基础上，充分考虑市场的供求关系，对评估的价格做快速变现的特殊处理。

一、二手车的 4 种价格

在二手车的交易过程中，经常遇到的二手车的价格有 4 种：评估价、收购价、标价和销售价。

（一）评估价

评估价是指缴纳二手车过户费（也称交易费、市场服务管理费）的基准价。评估价是由评估机构确定的，以防止交易双方谎报成交价而逃避应缴税费。

（二）收购价

如果原车主将车卖给车市，则为车市的收购价；如果卖给二手车经纪公司，则为经纪公司的买入价。

（三）标价

标价为二手车市或经纪公司的卖出价，这个标价是车市出让这款车的理想价格，一般都会高于最终成交价。

（四）销售价

销售价为最终成交价。一般情况下，一辆二手车从收购到最终交易会在 1~2 周内完成，售价较高的二手车如奔驰、宝马销售时间可能会超过一个月。如果由于各种原因超过了这个周期，经销公司的利润就会大大缩水，有些甚至会亏本。

从以上内容可知，一般评估机构算出的评估值和办证部门算出的供缴纳过户费使用的评估价不同；收购价、标价、交易价格和评估值或评估价没有必然的关系，纵使没有评估值，经销公司的收购人员仍然要确定收购价；经销公司的标价通常要高于最终成交价。

二、机动车折旧

（一）机动车折旧的概念

所谓机动车的折旧，是指机动车随着时间的推移或在使用过程中，由于损耗而转移到产品中去的那部分价值。当这部分价值随着车辆产生收益的回收、积累，则形成机动车的折旧基金。折旧基金是为了补偿机动车的磨损而逐年提取的专用基金，其主要目的是在二手车不能使用或不再使用时，用折旧基金购置新车辆，实现机动车更新。

机动车的损耗分为有形损耗和无形损耗。有形损耗是固定资产在使用中的磨损和自然力影响其物理性能而发生的实物损耗。无形损耗是指由于技术进步、劳动生产率提高等原因使机动车变得陈旧或不适用而提前报废所发生的价值损失。

（二）机动车的折旧算法

根据《中华人民共和国企业所得税法实施条例》（以下简称《条例》）第五十九条规定，固定资产按照直线法计算的折旧，准予扣除。企业应当自固定资产投入使用月份的次月起计算折旧；停止使用的固定资产，应当自停止使用月份的次月起停止计算折旧。企业应当根据固定资产的性质和使用情况，合理确定固定资产的预计净残值。固定资产的预计净残值一经确定，不得变更。《条例》第六十条规定，除国务院财政、税务主管部门另有规定外，固定资产计算折旧的最低年限如下：房屋、建筑物，为 20 年；飞机、火车、轮船、机器、机械和其他生产设备，为 10 年；与生产经营活动有关的器具、工具、家具等，为 5 年；飞机、火车、轮船以外的运输工具，为 4 年；电子设备，为 3 年。所以汽车的折旧年限为 4 年。

车辆的折旧根据车辆的价值、使用年限，用所规定的折旧方法计算，对于允许使用的折旧方法，不同的国家有不同的规定，一般有直线折旧法、快速折旧法等多种方法，我国大多数采用直线折旧法。

1. 直线折旧法

直线折旧法又称使用年限法或平均折旧法，是指用车辆的原值除以车辆规定使用年限，以求得每年平均计算折旧额的方法。计算公式为

$$D_t = \frac{1}{N}(K_0 - S_V)$$

式中　D_t——机动车年折旧额；

　　　K_0——机动车原值；

　　　S_V——机动车残值；

　　　N——机动车规定的折旧年限。

2. 快速折旧法

在所有折旧方法中，直线折旧法是应用最广泛的方法。除此之外，我国有条件的企业也采用快速折旧法。快速折旧法常用的算法有：年份数求和法以及余额递减折旧法两种。

（1）年份数求和法　年份数求和法是指每年的折旧额可用车辆原值减去残值的差额乘一个逐年变化的递减系数来确定的一种方法。此递减系数的分母为车辆使用年限（通常为报废年限）历年数字的累计之和，即每年递减系数的分母均相等。一般来说，车辆使用年限为 N 时，递减系数的分母等于 $N(N+1)/2$，分子等于 $N+1-t$。年份数求和的计算公式为

$$D_t = K_0 - S_V \times \frac{N + 1 - t}{N(N + 1)/2}$$

式中　$\dfrac{N+1-t}{N(N+1)/2}$——递减系数（或年折旧率）；

t——机动车在使用期限内某一确定年度。

（2）余额递减折旧法　余额递减折旧法是指任何年的折旧额用现有车辆原值乘以在车辆整个寿命期内恒定的折旧率，接着用车辆原值减去该年折旧额作新的原值，下一年重复这一做法，直到折旧总额分摊完毕。在余额递减中所使用的折旧率，通常大于直线折旧率，当使用的折旧率为直线折旧率的 2 倍时，称为双倍余额递减法，具体计算公式为

$$D_t = K_0\alpha(1 - \alpha)^{t-1}$$

式中　D_t——机动车原值；

α——折旧率，直线法的折旧率为 $\alpha = 1/N$；

t——机动车在使用期内某一确定年度。

应用该公式计算时，若在使用期终了时仍有余额，则为了使折旧总额到使用期终了时分摊完毕，到一定年度后，要改用直线折旧法。通常，在连续计算各年折旧额时，如果发现使用双倍余额递减法计算的折旧额小于采用直线折旧法计算的折旧额，就应改用直线折旧法计算折旧。

三、二手车收购定价的影响因素

1. 车辆的总体价值

影响二手车价格的因素有什么

二手车收购要充分考虑车辆的总体价值，它主要包括车辆实体产品价值和各项手续价值。

（1）车辆实体产品价值　除了用鉴定估价的方法评估车辆实体的产品价值外，还应根据经验结合目前市场行情综合评定。主要评定的项目包括：车身外观整齐程度、漆面质量等静态检查项目和发动机怠速声音、尾气排放情况等动态检查项目。另外，配置、装饰、改装等项目也很重要，包括有无 ABS、助力装置、真皮座椅、电动门窗、中控防盗锁、CD 音响等；有效的改装包括动力改装、悬架系统改装、音响改装、座椅及车内装饰改装等。

（2）各项手续价值　各项手续价值主要包括：登记证、原始购车发票或交易过户票、行驶证、购置税本、车船使用费证明、车辆保险合同等。如果收购车辆的证件和规费凭证不全，就会影响收购价格。

2. 二手车收购后应支出的费用

二手车收购除了支付车辆产品的货币以外，从收购到售出时限内，还要支出的费用有：保险费、日常维护费、停车费、收购支出的货币利息和其他管理费等。

3. 市场宏观环境的变化

二手车收购要注意国家宏观政策、国家和地方法规的变化因素以及这些影响导致的车辆经济性贬值。

例如，2021 年 6 月 24 日，商务部在例行新闻发布会上表示，商务部正会同有关部门，围绕取消二手车限迁政策、便利二手车交易等推动二手车市场加快发展。商务部将推动取消对二手车交易的不合理限制，加快推进落实二手车交易登记跨省通办，进一步便利二手车交易，完善二手车流通领域相关政策措施，持续释放二手车消费潜力，全链条促进汽车消费，推动汽车市场加快实现高质量发展。取消限迁无疑是对二手车市场的绝佳利好。

4. 市场微观环境的变化

市场微观环境，主要指新车价格的变动以及新车型的上市对收购价格的影响。

5. 经营的需要

二手车经营者应根据库存车辆的多少提高或降低收购价格。例如，本期库存车辆减少、货源紧张时，应适当提高车辆收购价格，以补充货源，保证库存的稳定。反之，库存车辆多时，则应降低收购价格。另外一种情况是，若某一车型出现断档情况，则该车型的收购价格会提高。例如，某公司本期二手桑塔纳轿车销售一空，则该公司会马上提高桑塔纳车型的收购价格。反之，如果某公司本期二手桑塔纳轿车销路不畅，库存积压显著，那么应降低桑塔纳轿车的收购价格，同时库存桑塔纳轿车的销售价格也会降低。

6. 品牌知名度和维修服务条件

对不同品牌的二手车，由于其品牌知名度和售后服务的质量不同，也会影响到收购价格。如一汽、上汽、东风、广本等公司，都是国内颇具实力的企业，其产品具有很高的品牌知名度，技术相对成熟，维修服务体系也很健全，二手车收购定价可以适当提高。

四、二手车收购定价的思路与方法

二手车的收购和估价有其特定的目的，比较科学和正规的做法是在二手车鉴定估价的基础上，充分考虑市场的供求关系和企业利润，对评估值做快速变现的特殊处理，按不同的原则一般有以下几种思路和方法。

1. 以现行市价法、重置成本法的思路与方法确定收购价格

首先应用现行市价法或重置成本法计算出二手车的评估值，再根据市场的供求关系估定一个折扣率并以此确定收购价格。用数学公式表示为收购价=现行市价或重置成本评估值（P）×（1-折扣率）。比如，运用重置成本法计算出某二手车的评估值为 10 万元，根据行情，估定折扣率为 20% 时可立即出售，则该车收购价格为 8 万元。

2. 以清算价格的思路与方法确定收购价格

如果客户由于破产、抵债等原因要求快速变现，可用此思路确定收购价。具体来说，就是先运用现行市价法确定其正常价值，再根据处置情况和变现要求乘以一个快速变现系数，最后确定收购价值。就目前的二手车市场收购实际情况来说，如果原车主对其车辆还有处置权的话，是否破产、抵债对收购价影响不大，因为一般都是现金收车，最多也就是扣下 1500~3000 元的缓发金（或办理过户手续的保证金），什么时候能卖出去是车行的事情，所以用这种思路确定的收购价格和运用现行市价法确定出的正常价格并没有什么差别。若原车主对其车辆已丧失处置权，需由法院或其他机构委托拍卖公司以拍卖的形式变现，才会对收购价产生明显的影响，其收购估价会大大低于二手车市场成交的同类车辆的公平价格。

五、二手车收购价格的计算

如何进行二手车
收购价格的计算

　　二手车收购价格的确定是指被收购车辆手续齐全的前提下对车辆实体价格的确定。如果所缺失的手续能以货币支出补办，则收购价格应扣除补办手续的货币支出、时间和精力的成本支出，具体采用以下几种方法。

　　1）运用重置成本法对二手车进行鉴定估价，然后根据快速变现的原则，估定一个折扣率，将被收购车辆的评估价格乘以折扣率，即得二手车的收购价格，用数学式表示为

收购价格 = 评估价格 × 折扣率

　　2）运用现行市价法对二手车确定评估价格，再根据上述办法计算收购价格，表达式与运用重置成本法的收购价格表达式相同。

　　折扣率是指车辆能够当即出售的清算价格与现行市场价格的比值。它的确定是经营者根据对市场销售情况的充分调查和了解凭经验估算的。

　　3）运用快速折旧法。

　　首先计算出二手车已使用年数累计折旧额，然后，将重置成本全价减去累计折旧额，再减去车辆需要维修换件的总费用，即得二手车收购价格，用数学式表示为

收购价格 = 重置成本全价 − 累计折旧额 − 维修费用

重置成本全价一律采用国内现行的新车市场价格。

　　累计折旧额的计算方法：先用年份数求和法或余额递减折旧法计算出年折旧额后，再将已使用年限内各年的折旧额汇总累加，即得累计折旧额。

　　维修费用是指车辆现时状态下，某功能完全丧失，需要维修和换件的费用总支出。

六、二手车收购评估与鉴定评估的区别

　　二手车的收购评估与二手车鉴定评估的实质都是对二手车进行现时价格评估，但两者相比较有明显的区别。

1. 二者估价的主体不同

　　鉴定估价的主体是独立性的鉴定评估师，它是在技术鉴定的基础上，尽量公正地反映车辆的客观价值，其结果不能随意改动。收购估价的主体是车市（经销公司）的车辆收购人员，他是以买者的身份与卖方进行价格估算和洽谈，所以可根据供求价格规律讨

价还价，自由定价。

2. 二者估价的目的不同

二手车鉴定估价是受委托人委托，在将要发生的经济行为中给被评估对象提供价值依据，它是以服务为目的的；而收购估价是购买者（当事人）估算车辆价格，以把握事实真相，做到心中有数地与卖方讨价还价，它是以经营为目的的。

3. 二者估价的思路和方法不同

二手车鉴定估价要求严格遵守国家颁布的有关评估法规，按特定的目的选择与之相适应的评估标准和方法，具有约束性。收购估价接受国家有关评估法规的指导，根据估价的目的，参照评估的方法进行，具有灵活性。

4. 二者估价的价值概念不同

虽然鉴定估价和收购估价其价值概念都具有交易价值和市场价值的含义，但收购价格受快速变现原则的作用，其价值大大低于"市场价格"。

七、二手车收购的相关法律规定

二手车经销企业在收购车辆时，应按下列要求进行。

1. 确认卖方的身份及车辆的合法性

1）卖方身份证明或者机构代码证书原件合法有效。

2）车辆号牌、机动车登记证书、机动车行驶证、机动车安全技术检验合格标志真实、合法、有效。交易车辆不属于《二手车流通管理办法》第二十条规定禁止交易的车辆。

2. 核实卖方的所有权或处置权证明

1）机动车登记证书、行驶证与卖方身份证明名称一致；国家机关、国有企事业单位出售的车辆，应附有资产处理证明。

2）委托出售的车辆，卖方应提供车主授权委托书和身份证明。

3）二手车经销企业销售的车辆，应具有车辆收购合同等能够证明经销企业拥有该车所有权或处置权的相关材料，以及原车主身份证明复印件。原车主名称应与机动车登记证、行驶证名称一致。

3. 与卖方商定收购价格

若对车辆技术状况及价格存有异议，经双方商定可委托二手车鉴定评估机构对车辆技术状况及价值进行鉴定评估。

4. 签订合同

达成车辆收购意向的，签订收购合同，收购合同中应明确收购方享有车辆的处置权。

5. 付款

按收购合同向卖方支付车款。

八、二手车收购中的风险分析与防范

在二手车收购的过程中，环境的变化有可能产生机会，也有可能带来风险。风险是指由于客观环境的变化带来损失，从而难以实现某种目的的可能性。二手车收购中的风险是指由于二手车收购环境的变化，给二手车的销售带来的各种损失。收购环境的变化是绝对的、客观的，并经常会发生，因而在二手车收购过程当中，既充满了机会，同时又会出现许多风险。所以，二手车流通企业要生存与发展，就必须加强收购活动中的风险管理，能否获取期望利润，关键在于能否有效地控制和降低风险损失。

由于二手车价格的某些不可预见的因素，收购过程具有比销售过程更大的风险，对企业造成的潜在损失也更大。因此，如何有效地将收购风险控制在一定的范围内，分析研究环境变化可能带来的风险，发现并及时规避风险，对于降低收购成本、增加企业的利润、最大限度地减小自己可能遭受的损失具有重大意义。

（一）对待风险的原则

二手车收购环境的变化是绝对的、必然的，收购风险也势必经常发生，不可能完全避免收购风险，而只能掌握战胜风险的策略和技巧，把风险变为机会，实现成功的转化，总体原则如下：

1）要提高识别二手车收购风险的能力。应随时收集、分析并研究市场环境因素变化的资料和信息，判断收购风险发生的可能性，积累经验，培养并增强对二手车收购风险的敏感性，及时发现或预测收购风险。

2）要提高风险的防范能力，尽可能规避风险。可通过预测风险，从而尽早采取防范措施来规避风险。在二手车收购工作中，要尽可能谨慎，最大限度地杜绝二手车收购风险发生的隐患。

3）在无法避免的情况下，要提高处理二手车收购风险的能力，尽可能最大限度地降低损失，并防止引发其他负面效应和有可能派生出来的消极影响。

（二）风险因素及其防范措施

在二手车收购中的风险防范上，具体可从以下几个方面考虑影响二手车收购中的风险因素及其相应的防范措施。

1. 新车型的影响

新车型大量应用了新技术，技术含量的提高使老车型贬值甚至被淘汰。从国内市场看，新车型投放明显加快，技术含量和配置也越来越高。如转向助力、安全气囊、ABS+EBD、电子防盗、CD音响都已成了标准装备。以一汽捷达为例，捷达自在国内生产以来经历了多次改款，虽然该车的生产平台未变，但是早期的捷达与现在的新款捷达在外观和装备上已不可同日而语。因此，二手车市场在收购旧车时应以最新款车的技术装备和价格来做参照，否则会给二手车收购带来一定的风险。

2. 车市频繁降价的影响

在新车市场频繁降价、优惠促销的环境下，二手车经销公司面临着很大的风险，若出现损失只能自己承担。所以，在二手车收购中都是以某一款车目前新车市场的开票价格来计算折旧，而不会去考虑消费者买车时的价格。如果某一款车最近有降价的可能，二手车经销公司要考虑新车降价的风险，开价往往要比正常的收购价还要低一些。如果某一款车刚降价，那么收购价就会稳定一段时期。为了减少车辆频繁降价的风险，规范市场、稳定价格成为当务之急。另外通过二手车代卖的方式，可一方面从中收取一定的交易费，另一方面降低风险。

3. 折旧加快的影响

从实际行情看，使用期限在 3 年以内的车辆折旧最高，使用 3 年的车辆往往要折旧到 40%~50%，其后的几年进入了一个相对稳定的低折旧期，接近 10 年折旧又开始加快。所以，3 年以内的车要收购的话，收购定价要考虑车辆的大幅折旧因素的影响。

4. 尾气排放标准提高的影响

尾气排放标准提高也加速了在用车辆的折旧和淘汰。越来越严格的排放标准将使老旧车型加速淘汰。因此，在确定二手车收购价格时应考虑车辆排放标准提高的影响。

5. 车况优劣的影响

有的车虽然只开了两三年，但是机件的磨损已很严重了，操作起来感觉不好。而有的车已开五六年了，发动机的状况依然良好，各机件操作顺畅。这些不同车辆的技术状况自然影响到二手车的收购价格。

6. 品牌知名度的影响

知名品牌的汽车因其市场保有量大、质量可靠而深受消费者的青睐。这些品牌的汽车在新车市场售价较为稳定，口碑好，所以在二手车市场认同率较高，贬值的程度自然要低于其他品牌。而其他一些知名度不高的品牌车辆市场的认同率低，贬值的程度也就要高，在确定二手车收购价格时，应予以考虑。

7. 库存的影响

若二手车销售顺畅，求大于供，二手车经纪公司的库存急剧减少，那么商家们为了保持正常的经营运转，维持一定的库存，可适当抬高一些收购价格。反之，在二手车销售低迷时，商家们的库存积压，流通不畅，供大于求，商家的主要矛盾是消化库存，这个时期应压低收购价格，规避由于库存积压所带来的风险。

8. 宏观环境的影响

要密切关注国家有关二手车的政策与法规的变化，做到未雨绸缪。要能够根据已有的和即将颁布的国家有关二手车的政策与法规预测二手车价格的可能变动趋势，及时调整二手车的收购价格，使收购二手车的风险降到最低。

九、二手车收购经营技巧

对于经营二手车的车行而言，没有收购就没有销售，就无法产生利润，企业将无法生存，二手车的收购来源就是经营者生存之源。拓展二手车收购的来源以后，有效提高成交率才能真正实现有效收购，因此，在二手车收购经营中，如何拓展业务来源以及如何提高成交率是两个最为重要的环节。

（一）拓展收购业务

二手车的车源主要有以下几个渠道。

1. 店面收购

在合适的区位设置店面非常重要，选对地址，经营也就成功了一半。一般二手车经营者会选择在二手车交易较为集中的区域（集散地）或者是在车辆管理所附近设置店面，俗话说，"店多成市"，这些地方有自然的集客能力，不用做广告，车主们都会来到这里咨询或出售车辆，只是竞争将会比较激烈，收购的车辆价格普遍会偏高。

2. 从 4S 店等新车销售商处收购车辆

目前许多 4S 店表面上开展二手车业务，其实并不具备收购能力。由于缺乏相应的专业人才或者销售渠道，他们的目的是新车销售，当二手车收购回来以后，自己并不具备销售条件，没有销售卖场，于是便直接转让给二手车市场，由二手车市场的经营户收购后再销售，有的甚至直接让二手车商派人驻点服务，将二手车收购业务转包给二手车商。因此，4S 店资源成了许多二手车商的主要车源渠道。从 4S 店等新车销售商处收购二手车也有许多弊端，虽然车源稳定，但由于受到新车销售政策影响，以及需维护与 4S 店等新车销售商的关系，二手车商有时不得不付出额外的成本。

3. 从维修厂收购

维修厂是跟车主们接触最多的地方，也是车主们卖车前都会去的地方，许多车主卖车也是因为维修成本高。二手车商一般也会跟维修厂保持联系，以获得二手车车源。

4. 其他相关企业（如轮胎店、保险公司等）

这些企业在给客户做服务时，也会得到一些信息，如同车主去维修一样，有卖车意向的车主在购买保险时和换轮胎时都会表现出较为保守的态度，不急于买新保险或换新轮胎等，二手车经营者也可以从这些相关企业的服务人员处获得二手车车主信息。

5. 通过网络报纸广告

这种方式成本较高，报纸广告有"分类广告"栏目提供宣传，但是，只有争取到较好版面，效果才会好，否则没有意义。另外就是网络渠道，现在有许多的专业二手车网站提供二手车信息。一些新车网站也设立了二手车栏目，收集和发布二手车信息，这些网站通过收集和发布二手车信息给二手车商提供车源渠道。

6. 老客户资源

挖掘老客户资源也很重要。挖掘历史成交客户资源是许多二手车商业务员长期的工作，将历史成交的客户定期逐一联络一遍，既可关心客户用车情况，解决疑难问题，提高服务形象，也可提醒车主换车或推荐客户。

（二）提高成交率

1. 规范操作，增加诚信度

专业的服务形象、规范的操作流程、合适的商业礼仪有助于消除客户疑虑，促进顺利成交。

2. 把握客户心态，有效解决客户疑虑

许多客户卖车时并不一定只关注价格，也会关注车辆交接以后的安全问题、车款的支付问题以及卖车手续的复杂程度等，因此，把握客户心态，采取合适的方案，有效解决客户疑虑有助于提高成交率。

3. 娴熟的鉴定手法、坚定的报价

报价时的模棱两可会给车主一个信息，那就是"价格还有很大的商量余地，收购人员在试探我"，给人很不诚信的感觉。

4. 准确报价

要做到准确报价就必须非常熟悉每一款车的市场状况。单个评估师做到很难，可以

采取两人同行的方式，即两个评估师一同参与接待，一个评估师在鉴定车辆时，另一个评估师可以同步进行有针对性的价格咨询，以获得该车型准确的市场信息，然后提供给鉴定车辆的评估师参考。同时，两人同行也可以最大限度地解决车况误判问题以及避免私人炒单等经营风险。

5. 不要太在意收购价格

许多二手车收购人员往往会为了压低收购价，甚至为了 500 元的差价而跟客户进行长时间的纠缠，这些是完全没必要的，因为这样做即使成交了，客户心里也会有所不满。若收购人员能获取客户满意，而挖掘其周边客户资源，将会获得更大利益。因此，当价格差距不大时，不要刻意压低收购价格。

6. 把握客户成交阶段，谨慎报价

客户处于咨询了解阶段与真实想卖车的心态是不一样的，客户不了解二手车行情与基本了解行情确认要成交时对价格的要求也是不一样的。因而把握客户成交阶段，谨慎报价的技巧也很重要。

7. 不必追求每一辆车最终都能赚钱

希望每一辆车都赚钱当然是每一个二手车商的愿望，但是，若在收购价格上刻意保守，实现"每一辆车都赚钱"，却导致经营机会丧失，是得不偿失的。

🔬 | 任务实施

一、二手车收购合同的订立

二手车收购合同是具有法律效力的文本，双方一旦签订，就必须严格执行，因此，在签订二手车收购合同时须认真对待。

为规范二手车交易市场，国家和地方相关部门提出了二手车交易合同范本，但是由于合同里并未明确区分收购和销售，未被大多数二手车商在二手车收购时采用。

二、二手车收购流程

二手车收购的基本流程共分 7 个步骤，其内容如下。

1. 收购接待

无论是车主开车主动到店里评估还是评估师上门看车，都需要进行评估收购前的接触，对评估师而言，也就是收购接待工作。这个环节主要是对车主身份以及相关证件进行初步的核对，同时双方也可以通过这个环节使彼此间有初步了解，判断交易是否可靠。

2. 车辆鉴定

这个环节主要是对车辆交易合法性进行初步判定及车况的技术鉴定。首先初步判定该车是否具备交易的合法性，主要是对车主及车辆的各项手续判断，然后客观判断这辆车各项功能的技术状态。经验不足的评估师或者不够细心的评估师一旦在这个环节出现失误，将会给企业带来直接的损失。因此，对二手车经营者而言，这是一个控制技术风险的重要环节。

3. 商谈价格

这是一个非常重要的环节，价格商谈是否能达成一致，直接决定交易是否成功。在这个过程中，不一定能完全按照车辆的客观评估价格成交，而是通过双方的商谈决定最终的成交价。可以由评估师通过对车辆进行技术鉴定以后提出收购价格给车主，也可以由车主提出销售期望价格给评估师，经双方协商，确定最终都认可的成交价格。

4. 签订协议

双方一旦对成交价格达成一致，就进入签订协议阶段，作为保障双方权益的法律文件，许多地区已经采用了政府提供的参考文本。

5. 查档刑侦

查档刑侦是由车辆管理部门对车辆的身份进行核对，未能通过的车辆不允许进行交易，这是保证收购方收购合法车辆最有效的保证。如果交易车辆尚未办理"机动车登记证书"，则需要立即补办，否则将不可以过户，甚至有可能会影响到正常销售。

6. 支付车款

车款可以一次性支付，也可以分多次支付（一般情况下车款是分多次支付的）。在签订协议时支付收购定金，查档刑侦完毕以后支付主要车款，但是为了保障原车主在车辆销售出去过户时能及时提供配合（我国许多地区规定，在车辆过户时还需原车主提供身份证明，否则不予过户），收购方往往会扣留部分押金。同时，由于原车主将车辆交付收购方之前，可能该车辆有交通违章尚未处理，因此，这部分押金还可以用于支付该由原车主承担的交通违章等费用。

7. 收车入库

收车入库就是双方对车辆进行交接，收购方验收车辆、验收车辆证件、建档的过程。双方在进行交接时主要是进行车辆和证件的交接，收购方检查车辆是否与评估时一致，证件是否齐全有效。完成以后，双方还需要在交接清单上签字确认，并注明交接时间，以确定双方的责任时间，以免日后产生不必要的责任纠纷。收购方收到车辆以后应及时建立车档案，为有效管理及迅速进入下一环节做准备。

任务 二 二手车的销售

任务解析

通过完成本任务，使学生了解影响二手车销售定价的因素，掌握二手车销售定价的方法，能够选用正确的二手车定价方法计算其销售价格，掌握二手车销售的基本流程，并能够准确地对销售的车辆进行合理的定价，掌握二手车拍卖流程及相关政策和规则。

📚 | 知识链接

一、二手车销售定价的影响因素分析

1. 成本因素

产品成本是定价的基础和最低界限，二手车的销售价格如果不能保证成本，企业的经营活动就难以维持。二手车流通企业销售定价应分析价格、需求量、成本、销量、利润之间的关系，正确地估算成本，以作为定价的依据。二手车销售定价时应考虑收购车辆的总成本费用，总成本费用由固定成本费用和变动成本费用之和构成。

（1）固定成本费用　固定成本费用是指在既定的经营目标内，不随收购车辆的变化而变动的成本费用，如分摊在这一经营项目的固定资产的折旧、管理费等项支出。

（2）固定成本费用摊销率　固定成本费用摊销率是指单位收购价值所包含的固定成本费用，即固定成本费用与收购车辆总价值之比。例如某企业根据经营目标，预计某年度收购 100 万元的车辆价值，分摊固定成本费用 1 万元，则单位固定成本费用摊销率为 1%。如花费 4 万元收购一辆旧桑塔纳轿车，则应该将 400 元计入固定成本费用。

（3）变动成本费用　变动成本费用指收购车辆随收购价格和其他费用而相应变动的费用。主要包括车辆实体的价格、运输费、公路养路费、保险费、日常维护费、维修翻新费、资金占用的利息等。由上面成本分析可知，一辆二手车收购的总成本费用是这辆车应分摊的固定成本费用与变动成本费用之和，用数学式表达为

一辆二手车的总成本费用 = 收购价格 × 固定成本费用摊销率 + 变动成本费用

2. 供求关系

在市场经济中，产品的价格由买卖双方的相互作用来决定，以市场供求为前提，所以决定价格的基本因素有两个，即供给与需求。若供大于求，则价格会下降；若供小于求，则价格会上升，这就是市场供求规律。供求关系必然会成为影响价格形成的重要因素，它是制订产品价格的一个重要前提。需求大于供给，价格就会上升；需求小于供给，价格就会下降，市场的一切交易活动和价格的变动都受这一定律的支配，这就是供求规律或称供求法则，它是市场变化的基本规律。供求关系表明价格只能围绕价值上下波动，而价值仍然是确定价格水平及其变动的决定性因素，企业在定价决策时，除以产品价值为基础外，还可以自觉运用供求关系来分析和制订产品的价格。

价格受供求影响而有规律性地变动过程中，不同商品的变动幅度是不一样的。因此在销售定价时还要考虑需求价格弹性。所谓需求价格弹性，是指因价格变动而引起的需求相应的变动率，它反映需求变动对价格变动的敏感程度。按照西方经济学理论，当某种产品需求弹性较小时，提高价格可以增加企业利润；反之，当产品需求富有弹性时，降低价格也可以增加企业利润，同时还能起到打击竞争对手、提高自己产品市场占有率的作用。对于二手车来说，其需求弹性较强，即二手车价格的上升（或下降）会引起需求量较大幅度的减少（增加）。因此，在二手车的销售定价时，应该把价格定得低一些，应该以薄利多销达到增加赢利、服务客户的目的。

3. 竞争状况

在产品供不应求时，企业可以自由地选择定价方式，而在供大于求时，竞争必然随之加剧，定价方式的选择只能被动地根据市场竞争的需要来进行。为了稳定维持自己的市场份额，二手车的销售定价要考虑本地区同行业竞争对手的价格状况，根据自己的市场地位和定价的目标，选择与竞争对手相同的价格，甚至低于竞争对手的价格进行定价。

4. 国家政策法令

任何国家对物价都有适度的管理，所不同的是，各个国家和地区对价格的控制程度、范围、方式等存在着一定的差异，完全放开和完全控制的情况是没有的。一般而言，国家可以通过物价部门直接对企业定价进行干预，也可以用一些财政、税收手段对企业定价实行间接影响。

二、二手车销售定价的目标分析

二手车销售定价的目标是指二手车流通企业通过制订价格水平，凭借价格产生的效用来达到预期目的要求。企业在定价以前，必须根据企业的内部和外部环境，制订出既不违背国家的方针政策，又能协调企业的其他经营目标的价格。企业定价目标类型较多，二手车流通企业要根据自己树立的市场观念和市场微观、宏观环境，确立自己的销售定价目标。企业定价目标主要有两大类，即获取利润目标和占领市场目标。

1. 获取利润目标

利润是考核和分析二手车流通企业营销工作好坏的一项综合性指标，是二手车流通企业最主要的资金来源。以利润为定价目标有 3 种具体形式：预期收益、最大利润和合理利润。

（1）获取预期收益目标　预期收益目标是指二手车流通企业以预期利润（包括预交税金）为定价基点，并以利润加上商品的完全成本构成价格出售商品，从而获取预期收益的一种定价目标。预期收益目标有长期和短期之分，大多数企业都采用长期目标。预期收益高低的确定，应当考虑商品的质量与功能、同期的银行利率、消费者对价格的反应以及企业在同类企业中的地位和在市场竞争中的实力等因素。预期收益定得过高，企业会处于市场竞争的不利地位，定得过低，又会影响企业投资的回收。一般情况下，预期收益适中，才能获得长期稳定的收益。

（2）获取最大利润目标　最大利润目标是指二手车流通企业在一定时期内综合考虑各种因素后，以总收入减去总成本的最大差额为基点，确定单位商品的价格，以取得最大利润的一种定价目标。最大利润是企业在一定时期内可能并准备实现的最大利润总额，而不是单位商品的最高价格，最高价格不一定能获取最大利润。当企业的产品在市场上处于绝对有利地位时，往往采取这种定价目标，它能够使企业在短期内获得高额利润。最大利润一般应以长期的总利润为目标，在个别时期，甚至允许以低于成本的价格出售，以便招徕客户。

（3）获取合理利润目标　合理利润目标是指二手车流通企业在补偿正常情况下的社会平均成本基础上，适当地加上一定量的利润作为商品价格，以获取正常情况下合理利润的一种定价目标。企业在自身力量不足，不能实行最大利润目标或预期收益目标时，往往采取这一定价目标。这种定价目标以稳定市场价格、避免不必要的竞争、获取长期利润为前提，因而商品价格适中，客户乐于接受，政府积极鼓励。

2. 占领市场目标

以市场占有率为定价目标是一种志存高远的选择方式。市场占有率是指一定时期内某二手车流通企业的销售量占当地细分市场销售总量的份额。市场占有率高意味着企业的竞争能力较强，说明企业对消费信息把握得较准确、充分，资料表明，企业利润与市场占有率正向相关。提高市场占有率是增加企业利润的有效途径。

由于企业所处的市场营销环境不同，自身条件与营销目标不同，企业定价目标也大相径庭。因此，二手车流通企业应在综合考虑市场环境、自身实力及经营目标的基础上，将获取利润目标和占领市场目标结合起来，兼顾企业的眼前利益与长远利益，来确定适当的定价目标。

三、二手车销售价的定价方法分析

定价方法是二手车流通企业为了在目标市场实现定价目标，给产品制订基本价格和浮动范围的技术思路。由于成本、需求和竞争是影响企业定价的最基本因素，产品成本决定了价格的最低限，产品本身的特点决定了需求状况，从而确定了价格的最高限，竞争者产品与价格又为定价提供了参考的基点，也因此形成了以成本、需求、竞争为导向的三大基本定价思路。

1. 成本导向定价法

（1）成本加成定价法　成本加成定价法也称为加额定价法、标高定价法或成本基数法，是一种比较普遍应用的定价方法。它首先确定单位产品总成本（包括单位变动成本和平均分摊的固定成本），然后在单位产品总成本基础上加上一定比例的利润，从而形成产品的单位销售价格。该方法的计算公式为

$$单位产品价格 = 单位产品总成本 \times (1 + 成本加成率)$$

由此可以看到，成本加成定价法的关键是成本加成率的确定。一般地说，加成率应与单位产品成本成反比，和资金周转率成反比，与需求价格弹性成反比，需求价格弹性不变时加成率也应保持相对稳定。

（2）目标收益定价法　目标收益定价法又称投资收益率定价法，是根据企业的投资总额、预期销量和投资回收期等因素来确定价格。在产品供不应求的条件下，或产品需求的价格弹性很小的细分市场中，目标收益法具有一定的应用价值。

（3）边际成本定价法　边际成本是指每增加或减少单位产品所引起的总成本的增加或减少。采用边际成本定价法时是以单位产品的边际成本作为定价依据和可接受价格的最低界限。在价格高于边际成本的情况下，企业出售产品的收入除完全补偿变动成本外，尚可用来补偿一部分固定成本，甚至可能提供利润。该方法在竞争激烈的市场条件下具有极大的定价灵活性，对于有效地应对竞争、开拓新市场、调节需求的季节差异、形成最优产品组合可以发挥巨大的作用。

2. 需求导向定价法

需求导向定价法是以消费者的认知价值、需求强度及对价格的承受能力为依据，以市场占有率、品牌形象和最终利润为目标，真正按照有效需求来策划价格。需求导向定价法又称客户导向定价法，是二手车流通企业根据市场需求状况和消费者的不同反应分别确定产品价格的一种定价方式。其特点是：平均成本相同的同一产品价格随需求变化而变化，一般是以该产品的历史价格为基础，根据市场需求变化情况，在一定的幅度内变动价格，同一商品可以按两种或两种以上价格销售。这种差价可以因客户的购买能力、对产品的需求情况、产品的型号和式样以及时间、地点等因素而采用不同的形式。

3. 竞争导向定价法

竞争导向定价是以企业所处的行业地位和竞争定位而制订价格的一种方法，是二手车流通企业根据市场竞争状况确定商品价格的一种定价方式。其特点是：价格与成本和需求不发生直接关系。它主要以竞争对手的价格为基础，并与竞争品价格保持一定的比例。即竞争品价格未变，即使产品成本或市场需求变动了，也应维持原价；竞争品价格变动，即使产品成本和市场需求未变，也要相应调整价格。

上述定价方法中，企业要考虑产品成本、市场需求和竞争形势，研究价格怎样适应这些因素，但在实际定价中，企业往往只能侧重于考虑某一类因素，选择某种定价方法，并通过一定的定价政策对计算结果进行修订。而成本加成定价法深受企业界欢迎，主要是由于如下 3 个优势。

（1）定价工作简化　由于成本的不确定性一般比需求的不确定性小得多，定价着眼于成本可以使定价工作大大简化，不必随时依需求情况的变化而频繁地调整，因而大大地简化了企业的定价工作。

（2）可降低价格竞争程度　只要同行业企业都采用这种定价方法，那么在成本与加成率相似的情况下价格也大致相同，这样可以使价格竞争减至最低限度。

（3）对买卖双方都较为公平　卖方不利用买方需求量增大的优势趁机哄抬物价因而有利于买方，固定的加成率也可以使卖方获得相当稳定的投资收益。因此，一般推荐用成本加成法来对二手车销售进行定价。

四、二手车销售定价的策略分析

在二手车的市场营销中，尽管非价格竞争作用在增长，但价格仍然是影响销售的重要因素，是营销组合中的关键因素。定价是否恰当，不仅直接关系到二手车的销量和企业的利润，而且还关系到企业其他营销策略的制订。营销中定价策略的意义在于有利于挖掘新的市场机会，实现企业的整体目标。在市场经济条件下，价格决策已成为企业经营者面临的具有现实意义的重大决策课题。

二手车销售定价策略是指二手车流通企业根据市场中不同变化因素对二手车价格的影响程度采用不同的定价方法，制订出适合市场变化的二手车销售价格，进而实现定价目标的企业营销战术。

1. 阶段定价策略

阶段定价策略就是根据产品寿命周期各阶段不同的市场特征而采用不同的定价目标和对策。投入期以打开市场为主，成长期以获取目标利润为主，成熟期以保持市场份额、利润总量最大为主，衰退期以回笼资金为主。另外，还要兼顾不同时期的市场行情，相应修改销售价格。

2. 心理定价策略

不同的消费者有不同的消费心理，有的注重经济实惠、物美价廉，有的注重名牌产品，有的注重产品的文化情感含量，有的追赶消费潮流。心理定价策略就是在补偿成本的基础上，按不同的需求心理确定价格水平和变价幅度。如尾数定价策略就是企业针对消费者的求廉心理，在二手车定价时有意定一个与整数有一定差额的价格。这是一种具有强烈刺激作用的心理定价策略。价格尾数的微小差别，能够明显影响消费者的购买行为，会给消费者一种经过精确计算的、最低价格的心理感觉。如某品牌的二手车标价 69998 元，给人以便宜的感觉，认为只要不到 7 万元就能买一台质地不错的品牌二手车。

3. 折扣定价策略

二手车流通企业在市场营销活动中，一般按照确定的目录价格或标价出售商品。但随着企业内外部环境的变化，为了促进销售者销售且顾客更多地购买本企业的产品，企业往往根据交易数量、付款方式等条件的不同，在价格上给销售者和客户一定的减让，这种生产者给销售者或消费者的一定程度的价格减让就是折扣。灵活运用价格折扣策略，可以鼓励需求、刺激购买，有利于企业搞活经营，提高经济效益。

4. 市场反馈定价策略

众所周知，二手车一车一价，但是，类似车辆的价格彼此间是具有可参考性的。某一辆二手车最高能卖多少钱，相信没有一个经销商在该车辆卖出去之前能完全准确预测，因此，有的二手车商就采取市场反馈定价策略，即先标一个相对较高的价格，根据消费者还价的情况再适度调整售价和最终成交价。

5. 成交定价策略

成交定价策略是根据既有的成交价调整下一辆车销售定价的策略。一般情况下，若车辆定价以后几天内就卖出去了，说明定价可能偏低了，若定价后在相当长的时间内仍未成交，则说明定价可能高了，因此，确定合适的销售周期作为定价参考是非常有必要的。一般来说，常见车型 5 万元以内的车辆 1 周左右为其合理的销售周期，常见车型 10 万元左右的车辆 2 周左右为其合理的销售周期，20 万元以上的车的销售周期则要 3 周左右。一般情况下，价格越贵，品牌越"冷门"，则销售周期就会越长。如果某品牌二手车基本接近正常的销售周期，那么该品牌二手车的销售定价就比较合理，若高于或低于正常的销售周期，则要好好总结定价中可能出现的问题，以便在下一次同品牌类似车辆定价时做适当的调整。

为了使定价工作能够有效、顺利地进行，保证定价工作的规范化，一般有 5 个定价步骤，如图 3-1 所示。

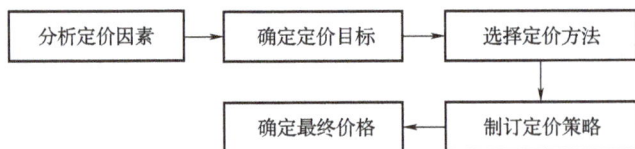

图 3-1 定价步骤

五、二手车销售最终价格的确定

二手车流通企业通过以上程序制订的价格只是基本价格，只确定了价格的范围和变化的途径。为了实现定价目标，二手车流通企业还需要考虑国家的价格政策、用户的要求、产品的性价比、品牌价值及服务水平，应用各种灵活的定价战术对基本价格进行调整，同时将价格策略和其他营销策略结合起来，如针对不同消费心理的心理定价和让利促销的各种折扣定价等，以确定具体的最终价格。

六、拍卖的相关概念

1. 拍卖

拍卖是指以公开竞价的形式，将特定物品或者财产权利转让给最高应价者的买卖方式。

2. 委托人

委托人是指委托拍卖人拍卖物品或者财产权利的公民、法人或者其他组织。

3. 拍卖人

拍卖人是指依照《中华人民共和国拍卖法》和《中华人民共和国公司法》设立的从事拍卖活动的企业法人，其在法律关系中的地位是受委托人，其行为应符合合同法和拍卖法的规则。

4. 竞买人

竞买人是指参加竞购标的的公民、法人或者其他组织。

5. 买受人

买受人是指以最高应价购得拍卖标的的竞买人。

6. 底价

底价是指拍卖标的的最低价格。如果底价低于这一价格则拍卖标的不予出售，底价应当由委托人提出。

7. 起拍价

起拍价是指拍卖时就某一标的开始拍卖时第一次报出的价格。起拍价可能低于底价，可以等于底价，也可以高出底价，因此底价与起拍价二者属于两种不同的价格现象。

七、二手车拍卖的相关政策介绍

1. 二手车流通管理办法

（1）拍卖政策与规定　《二手车流通管理办法》第二十条规定："下列车辆禁止经

销、买卖、拍卖和经纪：已报废或者达到国家强制报废标准的车辆；在抵押期间或者未经海关批准交易的海关监管车辆；在人民法院、人民检察院、行政执法部门依法查封、扣押期间的车辆；通过盗窃、抢劫、诈骗等违法犯罪手段获得的车辆；发动机号码、车辆识别代号或者车架号码与登记号码不相符，或者有凿改迹象的车辆；走私、非法拼（组）装的车辆；不具有第十九条所列证明、凭证的车辆；在本行政辖区以外的公安机关交通管理部门注册登记的车辆；国家法律、行政法规禁止经营的车辆。"

（2）统一发票的规定　《二手车流通管理办法》第二十一条规定，二手车经销企业销售、拍卖企业拍卖二手车时，应当按规定向买方开具税务机关监制的统一发票。

2. 二手车交易规范

依据《二手车流通管理办法》，为便于操作，《二手车交易规范》中对拍卖的操作规程作了细化，规定要求从事二手车拍卖及相关中介服务活动，应按照《拍卖法》及《拍卖管理办法》的有关规定进行。

八、参加拍卖各方当事人的权利和义务

1. 拍卖人的权利和义务

（1）拍卖人的权利

1）拍卖人有权要求委托人说明拍卖标的的来源和瑕疵。

2）委托人、买受人可以与拍卖人约定佣金的比例，未做约定时，拍卖成交的，拍卖人可以向委托人、买受人各收取不超过拍卖成交价5%的佣金。

（2）拍卖人的义务

1）拍卖人应当向竞买人说明拍卖标的的瑕疵。

2）拍卖人对委托人交付拍卖的物品负有保管义务。

3）拍卖人接受委托后，未经委托人同意，不得委托其他拍卖人拍卖。

4）委托人、买受人要求对其身份保密的，拍卖人应当为其保密。

5）拍卖人及其工作人员不得以竞买人的身份参与自己组织的拍卖活动，并不得委托他人代为竞买。

6）拍卖人不得在自己组织的拍卖活动中拍卖自己的物品或者财产。

7）拍卖人应于拍卖日7日前发布公告。拍卖人应在拍卖前展示拍卖车辆，并在车辆显著位置张贴拍卖车辆信息。车辆的展示时间不得少于2天。

8）拍卖成交后，买受人和拍卖人应签署二手车拍卖成交确认书。

9）拍卖成交后，拍卖人应当按照约定向委托人交付拍卖标的的价款，并按照约定将拍卖标的移交给买受人。

2. 委托人的权利和义务

（1）委托人的权利

1）委托人可以自行办理委托拍卖手续，也可以由其代理人代为办理委托拍卖手续。

2）委托人有权确定拍卖标的的底价并要求拍卖人保密。

（2）委托人的义务

1）委托人委托拍卖物品或者财产权利，应当提供身份证明和拍卖人要求提供的拍卖标的的所有权证明，或者依法可以处分拍卖标的的证明及其他资料。

2）委托人应当向拍卖人说明拍卖标的的来源和瑕疵。

3）委托人撤回拍卖标的的，应当向拍卖人支付约定的费用；未做约定的，应当向拍卖人支付为拍卖支出的合理费用。

4）委托人不得参与竞买，也不得委托他人代为竞买。

5）按照约定由委托人移交拍卖标的的，拍卖成交后，委托人应当将拍卖标的移交给买受人。

3. 竞买人的权利和义务

竞买人是指参加竞购拍卖标的的公民、法人或者其他组织。

（1）竞买人的权利

1）竞买人可以自行参加竞买，也可以委托其代理人参加竞买。

2）竞买人有权了解拍卖标的的瑕疵，有权查验拍卖标的和查阅有关拍卖资料。

（2）竞买人的义务

1）法律、行政法规对拍卖标的的买卖条件有规定的，竞买人应当具备规定的条件。

2）竞买人一经应价，不得撤回，当其他竞买人有更高应价时，其应价即丧失约束力。

3）拍卖成交后，买受人和拍卖人应当签署成交确认书。

4）竞买人之间、竞买人与拍卖人之间不得恶意串通，损害他人利益。

4. 买受人的权利和义务

买受人是指以最高应价购得拍卖标的的竞买人。

（1）买受人的权利

1）买受人未能按照约定取得拍卖标的的，有权要求拍卖人或者委托人承担违约责任。

2）其他权利与竞买人的权利相同。

（2）买受人的义务

1）买受人应当按照约定支付拍卖标的的价款；未按照约定支付价款的，应当承担违约责任，或者由拍卖人征求委托人的同意，将拍卖标的再行拍卖。拍卖标的再行拍卖的，原买受人应当支付第一次拍卖中本人及委托人应当支付的佣金。再次拍卖的价款低于原拍卖价款的，原买受人应当补足差额。

2）买受人未按照约定受领拍卖标的的，应当支付由此产生的保管费用。

九、二手车现场拍卖

（一）拍卖流程

二手车拍卖流程没有统一的标准，但拍卖业务应有拍卖师、估价师和有关业务人员参与，才能够进行拍卖业务活动。二手车委托拍卖流程如图 3-2 所示，二手车拍卖竞买流程如图 3-3 所示。

二手车拍卖流程

```
车辆登记 → 勘察车辆 → 协商底价 → 签订合同
                                        ↓
再次委托 → 拍卖 ← 公告宣传
  ↑        ↓
协商底价 ← 不成交   成交
  ↑        ↓        ↓
退换车辆 ←        配合办理
                  过户手续
                    ↓
                  价款结算
```

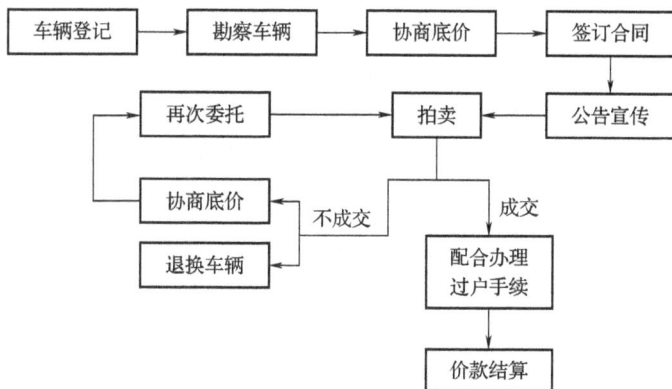

图 3-2　二手车委托拍卖流程

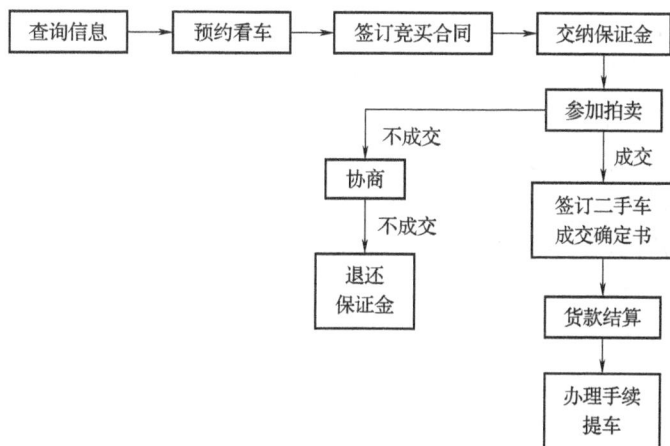

```
查询信息 → 预约看车 → 签订竞买合同 → 交纳保证金
                                        ↓
                                      参加拍卖
不成交                                   成交
  ↓                                      ↓
协商                                   签订二手车
不成交                                 成交确定书
  ↓                                      ↓
退还                                   货款结算
保证金                                   ↓
                                       办理手续
                                       提车
```

图 3-3　二手车拍卖竞买流程

（二）拍卖注意事项

《中华人民共和国拍卖法》（以下简称《拍卖法》）对拍卖的规则、程序、拍卖标的物等都有严格的规定，竞买人在拍卖公告规定的咨询、展示期限内，有权了解拍卖车辆的有关情况，实地查看拍卖车辆。现场查看非常重要，静态检查包括车身、发动机、底盘、内饰等检查，动态路试检查包括车辆发动机动力性、底盘间隙、电气功能等检查。竞拍前应了解竞拍车辆的当地市场价格，做到心中有数，并注意以下相关事项：

二手车拍卖介绍

1）拍卖活动应公开、公平、公正，它的一切活动都具有法律效力。

2）竞买人必须具备相关的竞买条件，否则不得参加竞买。

3）竞买人必须事先按照规定办理登记手续，提交有关合法文件。进入拍卖现场前，必须办理入场手续，方能参加竞买。

4）竞买人若委托代理人竞买，代理人必须出示有效的委托文件及本人身份证件。

5）竞买人在公告规定的咨询期限内有权了解拍卖标的物的情况，实地查看，有偿获得文件资料。一旦进入拍卖会现场，即表明已经完全了解情况，并愿意承担一切责任。

6）在竞买过程中，竞买人一定要认真严肃地进行竞买，一经应价，不得反悔，否则应赔偿由此造成的经济损失。

7）竞买人的最高应价在竞拍师以落槌的方式确认后，拍卖成交。

8）竞买成交后，买受人必须当场签署拍卖成交确认书和有关文件、合同等。

9）买受人付清全部价款后，方能办理拍卖标的物的交付手续。

10）竞买人必须遵守场内公共秩序，不得阻挠其他竞买人叫价竞标，不得阻挠拍卖师进行正常的拍卖工作，更不能有操纵、垄断等违法行为，一经发现，应取消竞买资格，并追究法律责任。

11）竞买人应先到现场查看拍卖的二手车，了解其技术状况，并具备一定的法律和经济知识，以免遭受不必要的损失。

（三）拍卖规则

二手车拍卖没有统一的标准，但是为了规范拍卖行为，维护拍卖秩序，保护在拍卖活动中各方当事人的合法权益，使拍卖顺利进行，二手车拍卖要严格按照《拍卖法》及国家的相关政策、法律、法规的指导进行。在拍卖规则中应包含下列内容：

1）拍卖人、拍卖日期与场所。

2）拍卖标的及底价。

3）拍卖标的展示的时间及场所。

4）竞买人权利和义务。

5）保证金交纳约定。

6）拍卖方式。

7）买受人的权利和义务。

8）拍卖标的清点移交。

9）违约责任。

10）其他。

十、二手车网上拍卖

（一）拍卖概述

在检验车辆手续和车辆评估之后，根据这些提供给消费者车辆拍卖的底价，消费者可以自愿选择是否参加拍卖。

同意参加拍卖后，市场拍卖部门应根据时间安排对车辆进行展示，在此期间出现的问题由二手车市场负责，确保委托拍卖期间车辆的安全和消费者的权益。

二手车市场在接受消费者委托后将对车辆以及车辆相关资料进行现场和网络两种方式展示，有竞买权力的竞买方既可以到二手车市场拍卖车辆展示区现场观看，也可以通过相关网站的竞买广场进行网络观看。

网站在规定时间进行车辆拍卖，届时将会有大量竞买者进行出价，在一定时间内出价最高者将成功竞买车辆。通过网络拍卖确保了二手车拍卖的公开公平，所有竞买用户的用户名和密码都是各自保密的，相互之间串通的可能性较小，这就从根本上确保了车辆拍卖的透明公正。

（二）拍卖流程

1）委托人在网上登记拍卖车辆信息。

2）鉴定估价。二手车网认证评估师将进行专业的评估检测鉴定，详细报告单在网上随拍卖车辆介绍一同公布。

3）协商底价。应根据鉴定报告协商拍卖底价。

4）网上拍卖展示。应六方位拍照，并进行车辆、证件交接，纳入库存二手车管理系统，信息上传网站。

5）竞买人出价。拍卖结束后，该拍卖车辆的评估师将通知竞价排名前三名者看车，与车主协商最终成交价。

6）办理成交车辆转移手续。二手车网向委托方收取交易服务费，向买受人收取过户服务费。

（三）拍卖所需资料

1）机动车行驶证。

2）机动车登记证书。

3）车主证件（组织机构代码证书或身份证）。

4）原始发票或过户发票。

5）车辆购置附加税单据。

6）车船使用税单据。

（四）拍卖规则

1）委托人必须向拍卖方保证其对该车辆拥有绝对的所有权，在车辆上没有设定任何债权，车辆证件齐全合法，规费有效。

2）必须经过二手车质量认证。

3）车辆成交后由评估师统一办理交易手续。

4）拍卖服务费用支付。

①成交金额在 1 万元以下（含 1 万元），收取网络佣金 1000 元。

②成交金额在 1 万~3 万元（含 3 万元），收取网络佣金 2000 元。

③成交金额在 3 万~6 万元（含 6 万元），收取网络佣金 4000 元。

④成交金额在 6 万元以上，网络佣金收取成交金额的 8%。

| 知识拓展

我国二手车市场发展

我国二手车市场起步较晚，发展于改革开放之后。此时国内外汽车大量涌入市场，汽车保有量逐年上升，二手车市场开始逐步形成。经过几十年的发展，中国的二手车市场已经发展到一定的规模。探究我国二手车市场的发展历程，主要分为 4 个阶段。

（一）萌芽阶段

我国二手车市场起步于 20 世纪 80 年代之前，汽车销售主要面向政府、军队、事业单位等部门，由于产能的限制，私人汽车拥有量极少，导致当时汽车的保有量非常低，因此导致了当时我国汽车市场消费主体单一，大部分车辆基本没有更新换代，二手车车源非常稀少，主要为路边摊式的自营模式，因此二手车的市场化交易形式还尚未形成。

（二）发展阶段

随着改革开放的到来，国内经济迅速发展，各类车企如雨后春笋般出现，国外优质汽车也迅速进入中国市场。因此，短时间内国内汽车保有量不断增加，私家汽车增长最快，这也为二手车市场提供了非常有潜力的货源。同时国家也颁布了一系列政策，促进二手车市场往企业经营为主的方向发展，完善二手车的评估机制，细分二手车的收购销售流程，为客户提供完整的过户、上牌、保险以及售后等服务，从此我国的二手车市场初步形成，开始进入发展阶段。

（三）困境阶段

从 2001~2013 年的二手车市场数据来看，二手车的销量逐年增加，但增速整体呈下降趋势。以 2008 年为例，由于金融危机的影响，经济疲软，人民购买力下降，导致二手车市场低迷，增速仅为 2.99%。到 2009 年及 2010 年二手车增长率虽有回缓，但是仍然较低。到 2013 年我国二手车市场交易量已经达到了 520.33 万辆，但是同比增长仅为 8.59%，是自 2009 年来增长最低的一年，这与二手车市场的发展特点不无关系。二手车市场初期的小规模经营、诚信度不够等历史问题导致客户的信任度不够；政策原因下，大部分二手车具有国企背景，导致购买、转迁十分困难；二手车市场不断发展的过程中，各类二手车企业良莠不齐，导致售后服务十分滞后，客户体验极差等，都限制了二手车市场的进一步发展。

（四）转型阶段

我国互联网经济的迅速发展为二手车市场注入新的动力。据中国汽车流通协会统计，到 2021 年，我国二手车交易量已经达到 1758.51 万辆，同比增长 22.62%；交易额达到 11316.92 亿元，同比增长 27.32%。未来，随着电商经济的不断发展，国家政策的不断完善，二手车市场必会朝着稳定长远的方向发展，形成具有中国特色的二手车市场。2013—2021 年中国二手车市场交易量如图 3-4 所示。

图 3-4　2013—2021 年中国二手车市场交易量

📖 | 任务实施

一、调研我国二手车市场发展情况

目标：通过查找资料等方式，了解我国二手车市场发展现状和存在的问题，同时了解电子商务对二手车市场的影响和具体的应用。

分组：各小组选出一名负责人，组员按负责人要求完成相关任务，根据资讯内容制订当地二手车市场的调研方案，小组成员做好任务分工，科学合理地完成调研方案，并利用课余时间完成调研任务。

（一）我国二手车市场发展现状

经过几十年的发展，我国二手车市场发展取得了长足进步，市场规模仅小于美日欧等发达国家或地区。二手车交易越来越方便，国家优惠政策不断完善，新型电商平台层出不穷，都促进了二手车市场的蓬勃发展。

在 2021 年，尽管受到疫情、极端天气、自然灾害频发以及全球供应链风险激增等国际、国内多重因素的叠加影响，消费预期降低，汽车市场面临复杂严峻的形势，但二手车市场在面临诸多挑战与压力的情况下成为汽车市场的新亮点。据中国汽车流通协会数据显示，2013—2021 年中国二手车市场交易额如图 3-5 所示。

图 3-5　2013—2021 年中国二手车市场交易额

（二）我国二手车市场存在的问题

1. 二手车认知度低

我国作为世界上人口最多的国家之一，汽车市场巨大，但是依然有很多人在购买汽车时，受主观因素的影响，认为一定要买新车，二手车必定会存在问题，影响使用，购买二手车就是受骗。人们对于二手车知之甚少，大多数二手车信息通过听说获得，对二手车存在很大偏见，认为多花钱买新车要比少花钱买旧车性价比高，这对二手车市场的发展制造了很大的障碍。

2. 售后服务能力不足

二手车销售企业本质上区别于服务行业，客户出于对企业的信任购买产品，就应当享受后续应有的服务。相较于新车售后的全流程式服务，二手车的售后十分不足。由于二手车交易多为线下交易，且国家政策不完善，很多二手车经销商认为二手车为一次性交易，交易成功后就对二手车不再提供任何售后服务，出现问题则需要客户自行解决，很多时候，还会存在店大欺客现象，让消费者的购买体验十分差。不能保证的售后服务，大大降低了消费者的购买欲望。

3. 评估标准不统一

二手车的评估直接决定了二手车的价格，因此如何更好地对二手车进行评估，直接影响二手车市场的发展。我国二手车市场虽发展规模较大，但十分分散，对于二手车的评估更是五花八门，因此导致买卖双方对于同一辆二手车的估价会出现很大争议。消费者对于二手车最关心的是质量和性能，因为这直接决定了二手车的销售价格，而对于质量性能的评价并没有一个标准的规则，大部分是依靠人们的经验，这其中经验的高低则是造成人们对于同一辆二手车产生不同估价的原因。对于二手车的评估有专业的质量评估人员，即获得国家统一颁发的二手车鉴定评估师资格证的人员，但是由于人们对该资格证认知不足，且培训机构少，导致我国拥有该资质的专业人员十分稀缺。另一方面，由于不同培训机构授课标准不同，所以获得鉴定评估师资格证的人员也存在地域性差异。

4. 交易信息不对称

我国汽车市场起步晚，但是发展迅速，在新车销售的过程中并没有对每辆车建立档案，因此在新车销售后对于汽车的维修信息、事故记录等并没有一个公开透明的信息渠道。二手车车主掌握着全部信息，但是很多二手车车主为了能够获得更高的估价会选择隐瞒汽车的部分信息，而这部分维修记录、事故信息正是消费者最关注的部分。其次，在客户购买时会选择第三方机构进行评估，但很多评估机构会与二手车经销商合作，故意隐瞒二手车细节，从而提高售价，完成交易后获取回扣。所以大部分消费者对于经销商提供的二手车信息不认可，这都导致了消费者对于二手车信息获取渠道十分闭塞，从而导致部分消费者购买到质量差、性能不好的二手车，同时售后服务的不完善，进一步导致消费者对于二手车市场的不信任，阻碍二手车市场的发展。

5. 营销体系落后

相较于新车发布时的大型发布会、各类广告、明星代言等营销方式，二手车的营销几乎没有。很多二手车经销商多依靠熟人带客的方式，被动营销，传播十分有限。精准高效的营销理念是保证二手车销售的必备环节，如果没有先进的营销理念支持，部分经销商就会为了蝇头小利走歪路，不利于企业的长远发展。先进营销理念在中国其他行业其实已经有了很长时间的应用，但是二手汽车市场由于起步晚，且对于营销不重视，导致二手车市场并没有一个专业的营销环境，这就导致二手车市场还处在一个盲目发展的阶段，对于消费者的需求不能准确把握，很难实现市场的转型发展。

6. 电子商务模式发展缓慢

近年来我国互联网发展迅速，二手车市场也及时地拥抱互联网，发展电子商务经济，因此出现了互联网二手车交易平台，为二手车市场的转型提供了参考。互联网二手车交易平台能够很好地调动二手车资源，为消费者提供更多的选择，同时互联网平台能够提高交易信息的透明度，让买家和卖家无缝隙交流，很好地促进了二手车的交易。但是我国二手车互联网交易平台起步晚、国家对于互联网平台销售的政策不完善、二手车评估机构不足等都阻碍了二手车电子商务的发展，不利于二手车市场转型。

（三）我国二手车电子商务的模式

随着我国二手车市场的快速发展，互联网已渗透到二手车交易的各个环节，包括二手车展示、检测、评估、销售、支付、物流等，二手车服务商或经销商的商业模式也更加成熟、更加多元化。具体来说，这些互联网二手车服务商或经销商主要分为收购型、信息服务型、交易服务型和在线竞拍型。

1. 收购型

收购型即二手车服务商先对二手车进行收购，然后再转卖给消费者，并从中赚取差价。目前，二手车收购模式仍是国内二手车市场的主流模式，市场参与者众多。而互联网凭借信息传播速度快、实时性强等优势，成了传统二手车服务商获取和发布二手车信息的一个重要渠道。

2. 信息服务型

二手车的信息服务主要以提供线上信息服务为主，为交易双方提供一个发布供需信息的平台，这是最传统的互联网二手车服务。二手车经销商、经纪公司、拍卖机构和二手车主等可以在网络平台上发布卖车信息，而买主则可以在这个平台上寻找到符合需求的车辆信息、评估信息以及行业信息。

3. 交易服务型

与汽车经销商不同，二手车交易服务商虽然参与到整个汽车交易过程中，但主要是提供核心的二手车交易经纪服务，以及延伸的在线信息服务，而不赚取差价。交易经纪服务是指车主可以通过线上平台发布二手车信息，二手车交易服务商帮助车主寻找买家并给出专业评估，而买方则可以在该平台上获取车辆信息，并可通过线下连锁店做进一步咨询。

4. 在线竞拍型

在线竞拍是实现二手车流通的最佳方式之一，二手车在线拍卖公司主要通过向车主抽取佣金获取收入。二手车在线拍卖公司通过在线拍卖系统进行拍卖，交易双方不受地域限制，不用见面就可完成整个交易，降低了交易成本；最后车辆由条件最合适的买方拍得，提高了交易效率。当消费者在网络平台上拍下车辆并支付车款后，二手车在线拍卖公司也可以将拍下的车辆送到消费者手中。

（四）二手车市场大事件

自2013年以来，我国二手车市场相继发生了如下与行业发展休戚相关的大事件，标志着二手车市场的发展进入了一个秩序再造的崭新阶段。

1. 鉴定评估规范

随着我国汽车保有量的增加，二手车交易逐渐活跃，为促进二手车行业的发展，2013年，国家质检总局、国家标准委正式颁布了经中国汽车流通协会制订的、我国首个二手车行业的国家标准《二手车鉴定评估技术规范》（GB/T 30323—2013），通过明确规定二手车评估鉴定机构的条件和要求、二手车鉴定评估程序、二手车鉴定评估机构经营管理等，以此建立了一个涉及二手车交易、质保、消费贷款等相关方面的鉴定评估行业标准规范。

2. 资产评估法

2016 年 7 月，国家颁布的《中华人民共和国资产评估法》（中华人民共和国主席令第四十六号）中，资产评估是指评估机构及其评估专业人员根据委托对不动产、动产、无形资产、企业价值、资产损失或者其他经济权益进行评定、估算，并出具评估报告的专业服务行为。

3. 消费者权益保护

国家于 1993 年颁布，并经 2009 年、2013 年两次修订的《中华人民共和国消费者权益保护法》及国家工商行政管理总局 2015 年印发的《侵害消费者权益行为处罚办法》（国家工商行政管理总局令第 73 号）是维护全体公民消费权益和对经营者侵害消费者权益的行为实施行政处罚的法律法规。

自 2015 年 7 月起，山东出现全国首例新法实施后汽车产品 4S 店新车销售"退一赔三"案例以后，全国部分省市相继发生二手车"退一赔三"诉讼案件。

4. 政府工作报告

2016 年 3 月，在第十二届全国人民代表大会第四次会议上，国务院总理李克强所作的《政府工作报告》中提出："活跃二手车市场"。

5. "国八条"意见

2016 年 3 月，为贯彻落实李克强总理《政府工作报告》提出的要求，便利二手车交易，活跃二手车市场，为新车消费创造更大的市场空间，同时带动汽配、维修、保险等相关服务业的发展，国务院办公厅印发《关于促进二手车便利交易的若干意见》（国办发〔2016〕13 号），提出推动二手车行业发展的"国八条"意见。

6. 经营管理规范

2016 年 9 月，受国家商务部委托、由中国汽车流通协会承办并起草的、经中华人民共和国行业标准备案后公告的首个二手车行业标准《二手车流通企业经营管理规范》（SB/T 11144—2015），更好地补充和完善了现行的《二手车流通管理办法》和《二手车交易规范》，有助于解决二手车流通企业准入与规范经营问题，有助于建立竞争有序的二手车市场秩序。

7. "十三五"规划

2016 年 11 月，国家商务部等 10 部门联合印发的《国内贸易流通"十三五"发展规划》（商建发〔2016〕430 号）提出："推进商品交易市场优化布局、集聚资源和创新发展，向智能化、体验化、平台化转型升级，促进市场与产业融合发展。"

8. 电商平台渗透

2003 年，在中国互联网刚步入宽带的时代，宁波二手车经销商自发创建 QQ 群，后在 2004 年升级改为"宁波二手车内网"并移交当地经纪行业协会管理。该网站不针对外界或消费者，仅为本地二手车经销商提供车源数据共享服务。通过该网站的运行，可使入网经销商将待售车辆，交由所有的同行通过内网查看帮卖，而自己也可以帮助售卖所有同行的车，实现了经销商"抱团经营，一辆车全城卖"的互助卖车效果。

这种抱团合作大大提升了经销商的库存周转率，降低了经营风险，成为二手车行业最早的电商触网方式。但近两年因为运营标准缺失、管理机制松散，出现了中介横行、市场混乱的局面。

2013 年，成都宏盟二手车交易市场管理有限公司以自有交易市场为依托，联合兰州、哈尔滨、武汉、中山、苏州、南宁、南京、厦门、常州、西安、广州等当地交易市场，发起设立"阳光车网"；2015 年，由天津市空港二手车交易市场联合哈尔滨、大连、成都、长春、长沙、福州、南京、大同、江西等当地交易市场，发起设立"中古车网"，均旨在建立中国专业的二手车交易平台，它们成了二手车行业同业电商平台的开拓者。

2017 年，北京汽车集团产业投资有限公司在前期广泛、深入调研的基础上，提出了建立全国汽车市场智慧服务共享平台的项目思路。经过近半年的筹备，以北京汽车集团产业投资有限公司旗下北京安鹏行达汽车投资有限公司为操作平台，汽车之家、腾讯汽车等作为战略合作伙伴，贵州合朋二手车市场、重庆西部国际汽车城、西安公诚二手车交易市场、南京大公二手车交易中心以及临沂远通二手车交易市场等共同参与，车来客、换车网等近 20 家技术和服务机构共同合作的"启辕全国汽车市场智慧服务共享平台"正式启动。该平台的启动是我国二手车交易市场升级转型的标志性事件，为我国二手车市场带来一个全新理念。

二手车电商平台营销模式从 2011 年起在业内兴起，自 2014 年开始了爆发性的增长，并在被称为中国汽车移动互联网发展元年的 2015 年，迎来了资本井喷和迅速崛起。

在行业经济发展、"互联网+"政策红利、风投资本青睐三要素的助推下，二手车专业电商平台从无到有，并在历经三年期的 B2B、C2C、B2C、C2B 等模式探索的市场角逐洗牌后，分化开始显现、市场细分，现已形成以优信集团 B2C（优信二手车）+B2B（优信拍）、瓜子和人人车 C2C、车置宝 C2B 模式为代表的，门类各异的专业化平台。

凭借巨额资本的投入、广告效应的显现和全国范围的渗透，二手车专业电商平台的风头已经完全取代二手车同业电商平台的领头地位，成为推动行业发展的加速器。

二、二手车销售的基本流程

二手车的销售是二手车经营者获取利润的关键环节，销售速度的快慢、价格的高低直接决定二手车经营者的收入和利润。确定销售价格是一件十分复杂的事，企业必须根据市场状况、成本及国家方针、政策、法规并运用一定的定价方法、技巧和艺术来对其产品制订切实可行的价格政策。下面详细讲解二手车销售的具体操作方法和技巧。

1. 销售定价

销售定价并不是最终的成交价，出于不同目的，定价也不会一样，绝大多数的销售定价一般是在消费者可接受的范围内追求利润最大化的过程，这个过程非常复杂，需要定价者具有非常丰富的市场经验。

二手车不同于新车，收购过程凝聚了工作人员的汗水和努力以及经营者的投资，为使定价工作能够有效、顺利地进行，保证定价工作的规范化，一般按以下 5 个步骤进行：分析定价因素—确定定价目标—选择定价方法—制订定价策略—确定最终价格。

2. 二手车整备翻新

一般情况下，收购来的车辆或多或少都有些缺陷，因此，为了使车辆能以更好的价格销售出去，同时为了使销售的车辆有更好的质量，又有吸引客户的漂亮外观，必须对车辆进行检修维护。

（1）成本控制　对车辆进行维修整备类似于对车辆进行再加工的过程，是一项对回收车辆进行价值提升的过程。在这个过程中如何控制费用，缩短时间是非常重要的，表 3-1 为单车成本控制表样本。

表 3-1　单车成本控制表样本

库存编号	品牌\车型\颜色		
VIN		出厂年份	
收购日期		里程数	
展示日期		修整完成日期	
收购成本			
整修成本	机械电器	（预计费用）	（实际费用）
	钣金油漆	（预计费用）	（实际费用）
	饰件	（预计费用）	（实际费用）
	整备	（预计费用）	（实际费用）
	其他	（预计费用）	（实际费用）
	小计	（预计费用）	（实际费用）
认证费		其他费用	
成本总计		预计利润	
预定售价		实际利润	
价格调整一		实际利润	
价格调整二		实际利润	
外理价格			
备注			

（2）整备要求和方法　整备除了机电维修以外主要就是对车辆的外观及内饰进行翻新、清洁与装饰，使其达到给客户以"整旧如新"的感觉。整备是个非常细致的工作环节，一般情况下，除了需要重新喷漆的部分以外，仅清洁与美容部分，一辆车就需要两名专业人员工作 6~7h 的时间才能完成。国际上有许多专业生产企业为二手车整备提供专业清洁材料及工具，如美国的 AutoMagic 公司等。表 3-2 为车辆整备操作标准。

表 3-2　车辆整备操作标准

部位	目的	步骤
全车外表	去除黏附在车身上的柏油及排气油垢	1. 用清水洗净车身外部灰尘 2. 擦干全车水渍 3. 喷上去柏油剂 4. 约 15min 之后用海绵擦拭全车

（续）

部位	目的	步骤
轮圈	清洁	1. 喷上铝合金轮圈专用清洁液 2. 等待数分钟之后刷干净 3. 检查胎压是否足够
发动机舱	清洁及检查	1. 打开发动机舱盖，检查各项油品（机油、制动液、变速器油等）以及散热器冷却液、刮水器清洗液等是否足够且干净 2. 用清洗液清洗干净（需要注意高压线圈、发动机点火系统及熔断器盒的防水效果） 3. 检查并整理发动机舱电路 4. 检查火花塞导线及各类传动带有无破损
轮辋、车门槛和保险杠下方	去除泥垢及检查锈蚀	1. 用高压水管冲洗车轮等部分及底盘部分 2. 用刷子清洗前后翼子板内侧、车胎、轮辋细缝、前后保险杠下方、车门槛下方及车门框内侧 3. 查看底盘有无掉漆及锈蚀现象。若有，先刮除锈斑，用砂纸磨过后再用同色漆修补
车厢内部	清洁	1. 拿出车内所有的物品（包括地毯、脚垫、座椅套等）并清洗 2. 用吸尘器将车厢内部全部吸干净 3. 有污垢的地方用内饰清洁剂刷洗干净
仪表板和中控台	清洁	1. 用吸尘器将仪表板、中控台及座椅吸干净 2. 用棉花棒沾清洁液清洁各通风口的细缝凹槽 3. 用内饰专用清洁剂清理仪表板及中控台
行李舱	清洁及整理随车工具	1. 清出行李舱所有物品 2. 将备胎及行李舱地毯拿出来清洗 3. 用吸尘器将这些地方仔细吸干净 4. 喷上清洁液擦洗干净 5. 将随车工具归位 6. 检查并整理音响电路及制动车灯电路
车门框	清洁及防水检查	1. 打开车门看车内有无漏水 2. 清除车门框四周边缘及防水胶条上的水迹、泥垢 3. 检查车门框胶条有无破损，若有破损立即更换 4. 检查车门框边缘有无锈斑，若有，先刮除锈斑，再用砂纸磨过后涂上同色漆
车门下方	清洁及排水	1. 检查车门底下是否有泥土及锈蚀 2. 清除泥土及锈蚀 3. 检查并确保门底下的排水孔通畅
车厢内部	上色	1. 内饰维护，皮革、塑料、绒布等不同材质需分别处理 2. 将洗干净的脚垫及座椅套套好
车辆外观	抛光打蜡	1. 将海绵打上一层粗蜡或烤漆白蜡，以直线方式对车顶、发动机舱盖、行李舱盖、车身左右等部位进行处理（保险杠是黑色塑料材质且无烤漆的，不要上蜡） 2. 再以海绵打上一层细蜡，方法同1 3. 一个地方打完蜡再打下个部分，否则上蜡时间太久，抛光时很累且会留下蜡痕
全车	终检	

3. 二手车销售及合同签署

销售环节是二手车交易中实现价值的环节，在这个环节必须注意车辆包装、展示、价值点挖掘、价格策略、谈判技巧等方面，在此不详细介绍具体内容及技巧，只介绍整个操作的一般过程。

（1）销售准备　在车辆维修整备时，将会确定销售价格，其中包括报价及成交底价，以及准备该车证件、保险、加装配置等，此时销售人员开始积累客户。车辆维修整备完毕以后被放进卖场，由销售经理对车辆整备进行验收。正式开始销售前，需进行销售包装，包括价格牌、基本信息表、车牌、特殊车辆特殊包装（如女性车放公仔、越野车贴车贴等）等。一切就绪后，将车辆放在指定位置开始销售展示。

（2）销售展示　一般情况下，由于消费者购买车辆时往往是根据自己的购买力来确定购买的车辆，因此，必须将卖场进行价格分区，即价格相近的车辆摆放在一起。统计历史客户动线，并设计规划客户新动线，然后根据客户动线调整规划车辆摆放。需注意的是，车辆必须定期变动一下摆放位置，以便给客户带来常变常新、生意旺盛的感觉。销售人员必须随时清洁车辆表面灰尘以及看管客户遗留下来的物品。

（3）销售谈判　在这里只是根据实践介绍一下二手车销售与其他商品销售或新车销售的不同之处，以便把握谈判要点。

1）二手车车况的不确定性决定销售顾问在向客户介绍时不可能保证其质量完全没问题（即使该车辆已经检测维修过）。

2）二手车只有一辆（每一辆二手车都不一样），因此，当不同的客户对同一辆车关注并应价时，就需要销售人员彼此间多沟通协作，同时实施价格管制。

3）一般情况下，同一卖场里若同时有几辆同品牌相近型号的车，往往最先卖出去的是车况最好价格最高的车，因此，卖场里不能同时摆放过多同品牌型号相近的车，而且车况最好的车成交价格可适度提高。

4）由于过户流程较复杂，部分还需要原车主配合，而且关于保险及车辆加装部分必须进行特别说明（如保险更名必须等到正式行驶证出来以后，如果此前出险，保险公司可能会拒赔；加装的太阳膜以及大包围尾翼等，过户必须拆除），因此，当车辆销售出去并收到客户全部款项以后，必须向客户详细讲解过户流程及相关注意事项，希望得到新车主的理解和支持，以免日后出现不必要的纠纷。

（4）合同签署　签订二手车买卖合同。

三、汽车拍卖

现有一辆奔驰 A 级 2017 款 A200 时尚型汽车准备拍卖，车辆基本信息见表 3-3，证件信息见表 3-4，车辆配置见表 3-5。

表 3-3　车辆基本信息

项目	内容
新车厂商指定价（仅供参考）	28.3 万元

（续）

项目	内容
所在地	南通
车牌号	苏 F
车辆类型	轿车
使用性质	非营运
车龄	3 年 6 个月
表显里程	48430km
牌照性质	私牌
过户次数	0 次
当前颜色	白色
特殊车辆	无
核定载人数	5
车门数	5
车辆是否改色	否

表 3-4　证件信息

项目	内容
出厂日期	2017 年 9 月
注册日期	2018 年 2 月
发证日期	2018 年 2 月
年检有效期	2022 年 2 月
交强险	2022 年 2 月

表 3-5　车辆配置

项目	内容	项目	内容	项目	内容
外观颜色	白色	ABS	有	座椅	织物
内饰颜色	深色	电动钥匙数	2	铝合金轮毂	有
排量	1.6T	手动钥匙数	0	巡航	有
进气形式	涡轮增压	空调	机械空调	导航	无
变速器	自动	转向助力	有	雷达	普通雷达
燃料	汽油	电动门窗	4	影音系统	收音机
气囊	4	天窗	全景天窗	电动座椅	1

车辆损伤情况如图 3-6 所示。

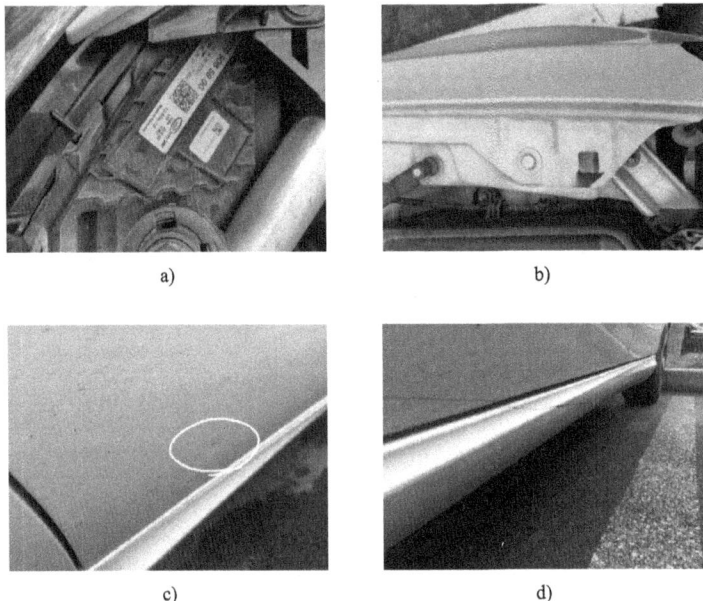

图 3-6　车辆损伤情况
a）左前照灯更换　b）左前翼子板非原车件
c）右后门 3 处凹陷　d）左前车门框外板累计 ≤ 10cm 伤底漆的划痕

根据上述材料完成以下任务。

1. 接受委托

1）审查车辆来源的合法性。对委托拍卖车辆的行驶证、产权证、销售发票、企业代码或身份证等有关证件资料进行真伪鉴别，并对这些证件资料逐一登记，填写拍卖车辆信息表，以便进一步核实。

2）审查车辆的处置权。在接受委托拍卖前，必须对车辆的处置权进行审核，审查委托人是否对委托拍卖的机动车具有处置权。

3）审查车辆的手续、证照及缴纳的各种税费是否齐全。对委托拍卖车辆的各种手续要审查是否齐备，特别是进口车和罚没车要审查是否带有海关进口证明书、商检局检验证书、罚没证明、法院的有关裁决书及有关批文等；另外还要检查车辆的附加费、养路费、保险等是否齐全；还要落实取得行驶权需要办理哪些手续、缴纳哪些税费以及税费数额。

4）对车辆进行静态和动态检查。对委托拍卖的车辆要进行详细的静态和动态检查，并对每项检查做好登记记录，填写车辆情况表，主管人员要签字审核。

5）确定委托底价（即拍卖底价）。在对车辆手续和车辆检查完毕和确定符合拍卖条件后，由评估师、拍卖师和委托人三方根据当前市场行情确定拍卖底价，但是底价不作为成交价。

2. 签订机动车委托拍卖合同

检查工作完成后，拍卖人如果决定接受委托人的拍卖委托，应与委托人签订机动车委托拍卖合同，一式两份。

3. 机动车拍卖公告的发布

《二手车交易规范》第三十一条规定，拍卖人应于拍卖日 7 日前发布公告。拍卖公告应通过报纸或者其他新闻媒体发布，并载明下列事项：

1）拍卖的时间、地点。

2）拍卖的车型及数量。

3）车辆的展示时间、地点。

4）参加拍卖会办理竞买的手续。

5）需要公告的其他事项。

4. 车辆展示

在机动车拍卖前必须进行至少 2 日的公告展示，并在车辆显著位置张贴拍卖车辆信息。在展示期间必须要有专业人员在现场进行解答，并做好宣传工作。

如果有意参加拍卖会竞买，经审核符合竞买人要求，则必须提前办理入场手续，如交验竞买人的个人资料、填写竞买登记表、缴纳竞买押金、领取拍卖手册和入场号牌等。

5. 拍卖实施

在拍卖实施当天，竞买人经工作人员审查确认后，方可提前半个小时进入会场。拍卖方法可根据车辆情况及竞买人到场情况，以有声增价拍卖的方式进行，但最后的成交价不得低于委托人的底价。拍卖成交后，以拍卖人的"成交确认书"作为交易市场开具交易发票的价格依据。

6. 收费

拍卖成交后，拍卖人收取委托人和买受人一定的佣金（收费标准按成交价的百分比确定，一般为双方各 5%）并开具拍卖发票。拍卖车辆在整个拍卖活动中发生的相关费用由委托人和买受人双方分别承担（以成交确认作为界定，成交前由委托人承担，成交后由买受人承担）。

7. 过户手续办理以及车辆移交

机动车拍卖成交后，买受人和拍卖人应签署二手车拍卖成交确认书，办理车辆过户手续，在买受人付清全部车款后，方可填写机动车拍卖车辆移交清单，办理车辆移交手续。移交方式（含办理过户、转出、转入等相关手续）由委托人、买受人和拍卖人具体商议决定。

四、准备拍卖所需资料

《二手车交易规范》第二十九条规定，委托拍卖时，委托人应提供身份证明、车辆所有权或处置权证明及其他相关材料。具体材料如下。

1. 二手车委托拍卖所需材料

材料包括：车辆行驶证、购置证、车船税证、车辆所有人证件（个人为身份证、户口本；企事业单位为企事业单位代码证）。拍卖人接受委托的，应与委托人签订委托拍卖合同。

2. 二手车参加竞买所需材料

材料包括：竞买人身份证明（个人为身份证；企事业单位为企事业单位代码证书）和保证金（按每次拍卖会规定的标准交付）。

《二手车交易规范》第三十条规定，委托人应提供车辆真实的技术状况即车辆信息表（表3-6），拍卖人应如实填写拍卖车辆信息表（表3-7）。若对车辆技术状况存有异议，拍卖委托双方经商定可委托二手车鉴定评估机构对车辆进行鉴定评估。

表 3-6   车辆信息表

质量保证类别					
车牌号					
经销企业名称					
营业执照号码			地址		
车辆基本信息	车辆价格		品牌型号		车身颜色
	初次登记	年 月 日	行驶里程		燃料
	出厂日期	年 月 日	年检到期		生产厂家
	结构特点	○自动档 ○手动档 ○ABS ○其他			
	使用性质	○营运 ○出租车 ○非营运 ○营转非 ○出租营转非 ○教练车 ○其他			
	交通事故记录 次数/类别/程度				
	重大维修记录 时间/部件				
法定证明、凭证	○号牌 ○行驶证 ○登记证 ○年检证明 ○车辆购置税完税证明 ○车船使用税完税证明 ○保险单 ○其他				
车辆技术状况					
质量保证					
声明	车辆符合《二手车流通管理办法》有关规定，属合法车辆				
买方（签章）	经销商（签章） 经办人（签章）				
				年 月 日	

备注：1. 本表由经销企业负责填写。

2. 本表一式三份，一份用于车辆展示，其余作为销售合同附件。

填表说明：

1）质量保证类别。车辆使用年限在3年以内或行驶里程在6万km以内（以先达到者为准，营运车辆除外），填写"本车属于质量保证车辆"。如果超出质量保证范围，则在质量保证类别栏中填写"本车不属于质量保证车辆"，质量保证栏填写"本公司无质量担保责任"。

2）经销企业名称、营业执照号码及地址应按照企业营业执照所登记的内容填写。

3）车辆基本信息按车辆登记证书所载信息填写。

①行驶里程按实际行驶里程填写。如果更换过仪表，应注明更换之前的行驶里程；

如果不能确定实际行驶里程，则应予以注明。

②年检到期日以车辆最近一次年检证明所列日期为准。

③车辆价格按二手车经销企业拟卖出价格填写，可以不是最终销售价。

④其他信息根据车辆具体情况，符合项在"○"中划√。

⑤使用性质按表中所列分类，符合项在"○"中划√。

⑥交通事故记录次数/类别/程度（对车辆有重大损害的交通事故次数、类别及程度），应根据可查记录或原车主的描述以及在对车辆进行技术状况检测过程中发现的情况填写。未发生过重大交通事故的填写"无"。

⑦重大维修记录（更换或维修车辆重要部件部分，如发动机大、中修等）应根据可查记录或原车主的描述以及在车辆检测过程中发现的情况填写有关内容。车辆未经过大、中修的填写"无"。

4）法定证明、凭证等按表中所列项目，符合项在"○"中划√。

5）车辆技术状况是指车辆在展示前，二手车经销企业对车辆技术状况及排放状况进行检测，检测项目及检测方式根据企业具体情况实施，并将检测结果在表中填写。同时，检验员应在表中相应位置签字。

6）属于质量担保车辆的，经销企业根据交易车辆的实际情况，填写质量保证部件、里程和时间。一般情况下，质量保证可按以下内容填写：

①质量保证范围为从车辆售出之日起3个月或行驶5000km，以先到者为准。

②本公司在车辆销售之前或之后的质量保证期内，保证车辆安全技术性能。

③质量保证不包括轮胎、蓄电池、内饰和车身涂漆，也不包括因车辆碰撞、车辆用于赛车或拉力赛等非正常使用造成的质量问题。经销企业也可根据实际情况适当延长质量保证期限，放宽对使用年限和行驶里程的限制。

7）当车辆实现销售时，由经销企业及其经办人和买方分别在签章栏中签章。

表 3-7 拍卖车辆信息表

拍卖企业名称					
营业执照号			地址		
拍卖时间	年 月 日		拍卖地点		
车辆基本信息	车牌号		品牌型号		车身颜色
	初次登记	年 月 日	行驶里程		燃料
	发动机号		车架号码		
	出厂日期	年 月 日	发动机排量		
	年检到期	年 月 日	生产厂家		
	结构特点	○自动档　○手动档　○ABS　○其他			
	使用性质	○营运　○出租车　○非营运　○营转非　○出租营转非　○教练车　○其他			
	交通事故记录次数/类别/程度				
	重大维修记录				
	其他提示				

（续）

法定证明、凭证	○号牌　○行驶证　○登记证　○年检证明　○车辆购置税完税证明　○车船使用税完税证明 ○保险单　○其他		
车辆技术状况			
	检测日期		检测人
质量保证			
声明	车辆符合《二手车流通管理办法》有关规定，属合法车辆		
其他载明事项			
拍卖人（签章）			

备注：1. 本表由经销企业负责填写。

2. 本表一式三份，一份用于车辆展示，其余作为销售合同附件。

填表说明：

1）拍卖企业名称、营业执照号码及地址应按照企业营业执照所登记的内容填写。

2）拍卖时间、地点填写拍卖会举办的时间和地点。

3）车辆基本信息按车辆登记证书所载信息填写。

①行驶里程按实际行驶里程填写，如果更换过仪表，应注明更换之前的行程里数；如果不能确定实际行驶里程，则应予以注明。

②年检到期日以车辆最近一次年检证明所列日期为准。

③其他信息根据车辆具体情况，符合项在"○"中划√。

④使用性质按表中所列分类，符合项在"○"中划√。

⑤交通事故记录次数/类别/程度（对车辆有重大损害的交通事故次数、类别及程度），应根据可查记录或委托方的描述以及在对车辆技术状况检测过程中发现的情况填写。确定未发生过重大交通事故的填写"无"。

⑥重大维修记录（更换或维修车辆重要部件部分，如发动机大、中修等）应根据可查记录或委托方的描述以及在车辆检测过程中发现的情况填写内容。确定未经过大、中修的填写"无"。

⑦拍卖企业应在其他提示栏中指出车辆存在的质量缺陷、未排除的故障等方面的瑕疵。

4）法定证明、凭证等按表中所列项目，符合项在"○"中划√。

5）车辆技术状况是指车辆在展示前，拍卖企业会对车辆技术状况及尾气排放状况进行检测，检测项目及检测方式根据企业具体情况实施，并将检测结果在表中填写。同时，检测员在表中相应位置签字。

6）有能力的拍卖企业可为拍卖车辆提供质量保证，质量担保范围可参照经销企业车辆信息表的有关要求。质量保证部件、里程和时间可根据实际情况由企业自行掌握。

7）其他载明事项是拍卖企业需要对车辆进行特殊说明的事项。

8）当车辆拍卖成功时，拍卖人在签章栏中签章。

任务 三 二手车的置换

任务解析

通过本任务的学习，培养学生能够从优势和劣势两个方面分析问题的工作习惯。二手车置换业务作为连接新车与旧车之间的桥梁，既可以帮助经销商促进新车销售，同时经销商也可以从二手车的收购和销售过程中获得相当丰厚的利润，消费者也可以通过置换获得便捷可靠的换车服务，甚至有可能获得更加优惠的价格。由此可见，二手车的置换业务在我国的汽车行业中潜力巨大，作为二手车从业人员必须对此重视。

知识链接

一、汽车置换业务发展的背景及意义

（一）汽车置换业务的发展背景

在许多发达国家和地区，新车销售趋于稳定，买新车的人多数原来就有车，为促进新车销售、提高服务，新车制造商和经销商推出了"以旧换新"业务，也就是二手车置换业务。二手车置换业务是二手车业务和新车销售业务紧密结合的一种产物。

对于车主来说，车辆更新是一个烦琐的过程，首先要到二手车市场把车卖掉，这其中要经历了解市场行情、咨询二手车价格、与二手车经纪公司讨价还价直至成交。办理各种手续和等待回款，至少要好几天，等拿到钱后再到新车市场买新车，又是一番周折。对于车主来说更新一辆车比买一辆车麻烦得多，在生活节奏日益加快的今天，人们期盼能有一种便捷的以旧换新业务，使他们在自由选择新车的同时，能很方便地处理要更新的旧车。因此，二手车置换业务应运而生。

（二）汽车置换的定义

汽车置换有狭义和广义的区别。从狭义上来说，汽车置换就是以旧换新业务，经销商通过二手车的收购与新车的对等销售获取利益。目前，狭义的置换业务在世界各国都已成为流行的销售方式。

而广义的汽车置换概念则是指在以旧换新业务基础上，还同时兼容二手车整新、跟踪服务、二手车再销售以及折抵分期付款等项目，是一系列组合业务，从而形成一种独立的营销方式。

二手车作为替代产品，已经对新车销售构成威胁。国内各地的二手车市场虽然起步较晚，但目前的交易规模已经相当可观，狭义置换业务也得到长足的发展；广义的置换业务在国内尚处于萌芽状态，亟待各方面的关心和扶持。

（三）汽车置换的价值和意义

二手车置换业务无论是对新车经销商还是对消费者而言，都是有利的。

对消费者而言，参与二手车置换比独立卖掉旧车再买新车带来更多价值，主要体现在以下 4 个方面。

1）交易便捷。二手车置换服务将消费者淘汰旧车和购买新车的过程结合在一起，一次完成甚至一站完成，为客户解决了先要卖掉旧车再去购买新车的麻烦。

2）新车经销商的让利置换，使旧车增值。与客户将旧车出售给二手车经纪公司不同，这些经销商通常是以二手车交易市场上二手车收购的最高价格甚至高出的价格确定二手车价格，经双方认可后，置换二手车的钱款直接冲抵新车的价格。不仅如此，各大汽车生产厂商为积极推进二手车置换业务提供了各项优惠政策的支持。

3）享受"全程一对一"的置换服务。二手车置换经销商提供的车辆置换服务，往往会是"全程一对一"的服务模式。从车定价、过户手续到新车的贷款、购买、保险牌照等过程都由二手车置换经销商内部的专业部门完成，保证效率和服务水准。

4）完善而有保障的销售服务。通过置换购买的新车，汽车置换授权经销商提供包括保险、救援、替换车、异地租车等服务在内的完善的售后服务。对于符合条件的顾客，有的经销商还提供更加个性化的车辆保值回购计划，使顾客可以无须考虑再次更新时的车辆残值，安心使用车辆。

对新车生产厂商及其经销商而言，开展二手车置换比单纯卖新车带来了更多价值，其主要体现在以下几方面。

1）促进新车销售。在国外发达市场，每销售出去 100 辆新车中，有 70 辆是通过置换实现的。

2）获得更大利润。表面上，新车经销商为了开展二手车置换业务往往会推出新车置换、旧车增值的促销活动，因此收购价格偏高，减少了利润。其实，新车经销商们通过经营回收的二手车，同样能获得利润，甚至获得比销售新车还高的利润。

3）提升品牌价值。汽车整车制造商积极开展置换业务的另一主要目的就是提高本品牌价值。新车生产厂商积极开展置换业务，鼓励经销商们提高价格收购本品牌的二手车，其目的就是提高本品牌车辆的残值，提升品牌价值，增加消费者对其品牌的信任，从而获得更多和更长远的利益。

二、国内主要汽车置换商简介

过去，由于用户对车辆残值和二手车交易行情缺少了解，且缺乏规范、有公信力的专业技术评估手段，导致二手车交易障碍重重，市场发展不够规范。2004 年，品牌二手车的兴起，成为二手车市场的一个亮点。具有原厂质量保证的二手车认证和置换服务，为消费者提供了车辆更新和购置的新选择。

（一）"诚新二手车"

上汽通用汽车公司是国内较早涉足品牌二手车领域的汽车制造商，在服务经验、规范化程度以及开展的业务等方面比较领先，其"诚新二手车"品牌已逐渐成为二手车市场的一个标杆。目前其开展的业务主要还是新车置换，但是业务开展深度较强，认证二手车数量较多，可以在全国范围内开展整备后二手车的销售。

2004 年"诚新二手车"在北京、上海、杭州、广州、深圳 5 城市进行的"品牌二手车第一拍"中，成交率高达 89%。

（二）一汽-大众认证二手车

相比上汽通用，一汽-大众进入二手车领域较晚，2004 年 8 月 28 日，一汽-大众认证二手车首批样板店开业，宣布进军二手车业务。相比前者来说，其经验和方式等多样性方面不够理想，但也逐渐采用了拍卖等销售方式。

（三）上汽大众特选二手车

上汽大众集团早在 2003 年 11 月就推出了自己的二手车交易品牌——特选二手车。其在发展的形势方面和一汽-大众认证二手车基本相同。上汽大众是国内汽车品牌中最大保有量的拥有者，车源和用户丰富也是上海大众进行二手车交易（包括旧车置换业务）的优势。

三、国内主要汽车置换运作模式

（一）我国汽车置换模式

从国内的交易情况来看，目前在我国进行汽车置换有 3 种模式。

1）用本厂旧车置换新车（即以旧换新）。如厂家为"一汽-大众"，车主可将旧捷达车折价卖给一汽-大众的零售店，再买一辆新宝来车。

2）用本品牌旧车置换新车。如品牌为"大众"，假设拥有一辆旧捷达的车主看上了帕萨特车，那么他可以在任何一家"大众"的零售店里置换到一辆他喜欢的帕萨特车。

3）只要购买本厂或本厂家的新车，置换的旧车不限品牌。"诚新二手车"开展的就是这种汽车置换模式，消费者可以用各种品牌的二手车置换别克品牌的新车。

如果考虑买车人的选择余地和便利程度，当然是第三种方式最佳。不过，这种方式对厂商和经销商而言非常具有挑战性。这是因为，车主一般既不一定在指定维修点维护修理，也不保留车辆的维修档案，车况极不透明；再者，不同品牌、不同型号的车在技术和零部件上千差万别；而且，个别已经停产车型更换零部件将越来越麻烦。

此外，我国也出现了委托寄卖等置换新模式。我国的委托寄卖主要方式为：一是自行定价型，即是由消费者自行定价，委托商家代卖，等到成交后再支付佣金；二是二次付款型，它是由商家先行支付部分费用，等到成交后再付余款，佣金以利润比例来定；三是周期寄卖型，是由商家向车主承诺交易周期，车价由双方共同确定，而佣金则以成交时间和成交金额双重标准来定。

（二）汽车置换授权经销商

汽车置换授权经销商是我国汽车置换运作的中介主体。我国汽车置换授权经销商的汽车置换服务一般具有以下特点：

1）打破车型限制。

2）让利置换，旧车增值。

3）"全程一对一"的置换服务。

4）完善的售后服务。

四、汽车置换质量认证

汽车置换中一个最重要、最容易引起争议的问题就是置换旧车的质量问题。和新车交易相比，二手车市场存在很多不透明的地方，二手车评估本身就比较复杂，加上二手车交易又是"一旦售出，后果自理"，所以在购买二手车的时候，大部分的消费者并不信任卖家。

为了保障交易双方权益、减少纠纷，汽车厂家利用自己的技术、设备、人员以及信誉优势，对回购的二手车进行检测、修复，给当前庞大的二手车消费群体提供"放心车""明白车"，即使价格高于其他市场上的二手车，消费者也认为值得。同时汽车厂家介入二手车市场也为规范二手车市场、降低交通安全隐患带来积极影响。

（一）认证的基本概念

经汽车厂商授权的汽车经销商将收上来的该品牌二手车进行一系列检测、维修之后，使该车成为经品牌认证的车辆，销售出去之后可以给予一定的质量担保和品质保证，这一过程称为认证。二手车认证方案的开展是市场对二手车能够认可的首要原因，现在已经得到广泛的支持，很多汽车生产厂家还针对二手车推出一些令人鼓舞的消费措施。目前，认证方案项目一般包括：合格的质量要求、严格的检测标准、质量改进保证、过户保证以及比照新车销售推出的送货方案，一些大公司开展的认证还包括提供与新车一样利率的购车贷款。

通过认证，客户和经销商双方都从中得到了实惠。首先客户对自己购买二手车的心态更加趋于平和，相应地，经销商也实现了认证车辆的溢价销售。而且，客户不会再有车刚到手就发生故障的经历，经销商也不必再面对恼怒客户的争吵。

下面以梅赛德斯-奔驰官方认证二手车为例，介绍在4S店开展二手车收购和置换业务的二手车检验标准。

1. 通过梅赛德斯-奔驰158项检测与品质认证

由经过专业培训的梅赛德斯-奔驰技师进行全方位的158项检测及认证服务。

2. 检测及认证服务标准严格

使用年限不超过6年，且行驶里程不超过15万km，无结构损伤，无涉水事故。

3. 置换服务流程专业便捷

专业且便捷的置换服务，带来极致的星级体验，只需30s，轻松预约，尊享专属服务。奔驰官方二手车宣传图如图3-7所示。

图3-7　奔驰官方二手车宣传图

（二）我国的二手车认证

我国二手车认证主要是在一些合资企业中开展，这其中以上汽通用汽车公司和一汽-大众汽车公司为代表，我国一般的二手车认证流程如图3-8所示。

1. 上汽通用汽车公司的二手车认证

上汽通用汽车公司认证的二手车要经过多道程序的严格筛选。首先，认证的二手车有自己统一的品牌，是和诚信谐音的"诚新"，能通过认证，并打上这个品牌的二手车要达到以下条件：首先是无法律纠纷，非事故车，无泡水经历；其次使用不超过五年，行驶10万km以内；原来用途不是用于营运和租赁。

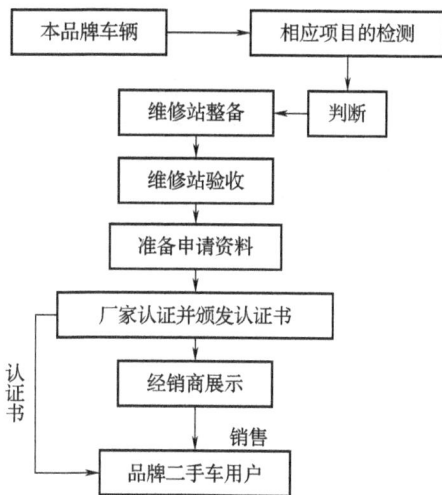

图 3-8　二手车认证流程

上汽通用汽车公司的二手车认证有106项检验项目，这106项检验要进行两次，进场第一次，整修后还要进行一次。106项检验主要包括车身、电气、底盘、制动等6大类，基本囊括了整个汽车的零配件。通过筛选的二手车，经过整修，再进行106项检测，全部合格后才能获得上海通用汽车公司的认证书。经认证过的二手车出售后能获得半年或1万km的质量保证，在质保期间，如果车辆出现质量问题，客户可以在全国联网的品牌专业维修店获得免费修理和零配件更换。

2. 一汽-大众汽车公司的二手车认证

一汽-大众汽车的二手车认证有141项检测标准，包括：发动机（检查压缩比、排放、点火正时等11项）；离合器（离合器线束调整、噪声检测等5项）；变速器（变速器各档位操控性、变速器油油位等8项）；悬架（减振器泄漏等5项）；传动系统（差速器泄漏和噪声等4项）；转向系统（转向齿条等7项）；制动（制动蹄片磨损情况等8项）；制冷系统（管道泄漏等4项）；轮胎轮辋（前轮定位等5项）；仪表（仪表灯亮度等15项）；灯光系统（车内外灯光光线、警告灯等10项）；电子电器（蓄电池、各种熔断器等8项）；车辆外部（刮水器胶皮磨损等7项）；车辆内部（座椅、杯架、后视镜等9项）；空调（气流、风向等6项）；收音机及CD（播放器、扬声器等3项）；内饰外观（各种塑料件、装饰件等3项）；车身及漆面（破裂、剐蹭等5项）；完备性（备胎、说明书等7项）；最终路试（操控性、循迹性等11项）。

五、汽车置换的服务程序

（一）以二手车交易为主导

汽车置换包括旧车出售和新车购买两个环节。不同的汽车置换授权经销商对汽车置换流程的规定不完全一样，一汽-大众汽车公司的汽车置换流程如图3-9所示。

一般汽车置换程序如下：

1）客户通过电话或直接到汽车置换授权经销商处（一般是4S店或二级经销网点）进行咨询，也可以登录汽车置换授权经销商的网站进行置换登记。

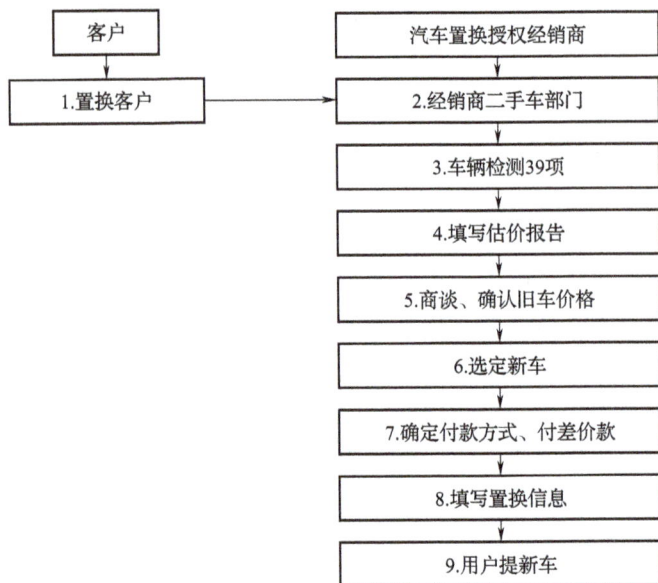

图 3-9 一汽-大众汽车公司的汽车置换流程

2）汽车评估定价。

3）汽车置换授权经销商销售顾问陪同选订新车。

4）签订旧车购销协议以及置换协议。

5）置换旧车的钱款直接冲抵新车的车款，客户补足新车差价后，办理提车手续，或由汽车置换授权经销商的销售顾问协助，在指定的经销商处提取所订车辆，汽车置换授权经销商提供一条龙服务。

6）客户如需贷款购新车，置换旧车的钱款可作为新车的首付款，汽车置换授权经销商为客户办理购车贷款手续，提供因汽车消费信贷所产生的资信管理服务，并建立个人资信数据库。

7）汽车置换授权经销商办理旧车过户手续，客户提供必要的协助和材料。

8）汽车置换授权经销商为客户提供全程后续服务。在汽车置换中，新车可选择仍使用原车牌照或上新牌照。购买新车需交钱款＝新车价格－旧车评估价格。如果旧车贷款尚未还清，可由经销商垫付还清贷款，款项计入新车需交钱款。

（二）以新车销售为主导

1）客户通过电话或者直接到新车销售店中，由新车销售顾问接待，在新车销售顾问介绍新车之后，提示客户是否有旧车需要置换。如果有，将邀请本公司的二手车评估师进行二手车鉴定评估定价。

2）新车销售顾问、二手车评估师与客户共同议定价格，确定差价，陪同选订新车。

3）签订二手车购销协议以及置换协议。

4）置换二手车的钱款直接冲抵新车的车款，顾客补足新车差价后，办理提车手续，或由二手车置换授权经销商的销售顾问协助，在指定的经销商处提取所订车辆，二手车置换授权经销商提供一条龙服务。

5）客户如需贷款购新车，置换二手车的钱款可作为新车的首付款，二手车置换授权经销商为客户办理购车贷款手续，提供因汽车消费信贷所产生的资信管理服务，并建立个人资信数据库。

6）二手车置换授权经销商办理旧车过户手续，客户提供必要的协助和资料。

7）二手车置换授权经销商为客户提供全程后续服务。

无论是哪一种操作模式，在开展二手车置换业务时仍须注意以下事项：

①车辆牌照。新车仍使用原二手车牌照的，经销商代办退牌手续和新车上牌手续；新车上新牌照的，经销商可代办手续。

②新车需交钱款＝新车价格–旧车评估价格。

③贷款置换。如果旧车贷款尚未还清，可由经销商垫付还清贷款，款项计入新车需交钱款或由贷款人自行还清贷款后交易。

④为降低收购风险，定价签约与交车之间间隔不可太久，一旦车辆在此期间发生事故或故障，新车价格、二手车的市场价格发生变动，都将影响最终置换业务的完成。

六、二手车置换注意事项

1）了解二手车价格：在置换前不妨多参考一些评估价格，既不能过低估计自己车辆的价格，也不能过高估计，最好直接将车开到有一定品牌知名度和实力的二手车经纪公司实际评估一下。

2）掌握新车优惠情况：不但要了解二手车价格，还要了解准备置换的新车价格以及近期优惠促销情况。

3）以旧看新：在了解自己车辆的实际收购价格后，就可以参照旧车收购价格来考虑新车理想的优惠幅度了。一般来说，新车经销商在置换收购旧车时，旧车的收购价格都会比二手车经纪公司直接收购略低。

4）手续为重：不管是直接卖车还是置换新车，二手车的过户手续都是至关重要的。在正式成交后的过户阶段，车主可要求经销商提供过户后的交易票复印件、登记证书复印件和保险过户的复印件。

5）贷款置换：如果旧车贷款尚未还清，可由经销商垫付还清贷款，款项算入新车需交钱款。另外，新车也可分期付款。

6）二手车置换的发展前景：在我国，各品牌的汽车 4S 店都具有相当大的规模和实力，其开展二手车置换业务有着得天独厚的优势。二手车市场还是存在很多的不足之处，但其发展前景广阔。

📖 | 任务实施

某梅赛德斯–奔驰汽车 4S 店应市场发展需求，推出"置换激励政策"，现有客户来店想要以一辆旧的桑塔纳置换一辆全新的 C-Class，由小王负责接待。小王先告知客户本店二手车置换的相关信息，然后在客户的同意下，引导客户进行了二手车的置换业务。奔驰二手车置换政策见表 3-8。

表 3-8 奔驰二手车置换政策

项目名称	奔驰置换奔驰客户激励政策		
适用经销商	所有奔驰授权经销商		
适用车型	奔驰同品牌置换： 新车：仅限项目内容中所列新车车型 二手车： ➤ 梅赛德斯-奔驰品牌乘用车（含梅赛德斯-迈巴赫 S 级轿车及 AMG 车型）；smart/V 级车/威霆/唯雅诺/腾势 ➤ 必须被上一任车主拥有 90 天以上。计算方式：新车开票日减车辆拥有日期（以车辆登记证显示的日期为准）		
适用客户	客户用二手奔驰置换奔驰新车		

新车保险支持：最高支持见下表：

新车车型	支持总金额/元	新车首次保险支持/元	新车第二年保险续费支持/元
GLS（X167，不包括迈巴赫 GLS SUV）	8000	6000	2000
GLE（V167）	8000	6000	2000
GLE COUPE（C167）	10000	8000	2000
S-Class（V222）	18000	16000	2000
CLS（C257）	18000	16000	2000
GLC-Coupe（C253）	9000	8000	1000
GLC L SUV（V253）	5000	4000	1000
E-Class LWB（V213）	8000	7000	1000
E-Class SWB	7000	6000	1000
E Coupe（C238）	16000	15000	1000
E Cabriolet	12000	11000	1000
C-Class LWB（V205）	7000	6000	1000
C-Class SWB（W205）	7000	6000	1000
C-Coupe（C205）	7500	6500	1000
C-Estate（S205）	6000	5000	1000
GLB（X247）	5000	4400	600
A-Sedan	5000	4400	600
GLA（H247）	5000	4400	600

项目内容

　1）关于"新车首次保险支持"和"新车第二年保险续费支持"的定义及要求以"销售激励项目基本条款和条件"为准

　2）如果在经过经销商与客户的充分沟通后，客户选择自愿放弃此客户激励政策中的礼品，建议经销商保留书面证明

　3）非认证二手车经销商需要任命一名二手车业务协调员作为梅赛德斯-奔驰对接的联系人，并且负责通过 NBIS 系统提交置换周报（BMI UC-3）。置换周报中的数据必须和经销商通过 SMIS 系统提交的奖励申请保持一致

备注	1）该销售政策项目应该遵照梅赛德斯-奔驰"销售激励项目基本条款和条件"及其他戴姆勒集团适用的政策及流程规定 2）梅赛德斯-奔驰也保留对所有销售政策项目的最终解释权和单方面调整或取消的权利

根据以上材料，小王帮客户进行置换的流程：出售旧车、保留号牌、更新指标、购新车、验车上牌。

准备材料：①机动车登记证书；②机动车行驶证；③购车发票；④车主身份证；⑤车辆购置附加费证明；⑥保险单。

任务　四　二手车的金融服务

📖 | 任务解析

通过本任务的学习，使学生能够掌握二手车车主按揭贷款的申请步骤；能够为客户解答二手车按揭贷款的疑问；能帮助客户完成二手车按揭贷款，提高二手车交易量；能够为客户选择合适的二手车保险组合；能够为客户进行理赔处理。

📚 | 知识链接

一、二手车按揭贷款现状

二手车按揭贷款是指商业银行向个人借款人发放的，用于购买消费类自用二手车并以所购车辆为借款抵押物并抵押的一种贷款。尽管汽车贷款很早就走进了人们的生活，但在很长一段时间内办理汽车贷款的大都是新车业务，很少会涉及二手车贷款业务。

由于二手车行业的特殊性，二手车车价的不确定性以及车贷方案的多种限制因素让二手车贷款业务很难开展。一方面，二手车的价格潜在的可变因素较多，评估起来比较难把握，而目前二手车交易市场内的评估机构大多为商家的内设部门，并没有独立于二手车销售公司，其公平性、合理性都难以保证。另一方面，对于二手车放贷银行来说则需要更多地考虑防范金融风险。如果一辆二手车被过高评估，银行放贷后车主违约拒不还款，即使追回车辆也没有多大意义，这样银行就要替车主买单，无形中增大了放贷风险。而对于本身价值不高、评估价格也不高的二手车，如果在贷款期内发生损毁，即使追回车辆也无法弥补贷款损失。另外，现今汽车市场竞争激烈，新车降价速度太快，使得银行不敢贸然涉足二手车信贷业务。例如，一辆3年前购买的10万元轿车，3年后该车型的新车价格有可能降到7万元或8万元，二手车的定价只能在目前新车价格的基础上下移，这样的贬值率使贷款利润大大缩水，严重影响了信贷业务的开展。

随着国内汽车市场的迅速发展，二手车市场越来越大的发展潜力也成功地吸引了众多的金融机构开始考虑二手车贷款业务。有调查数据显示，消费者对二手车贷款存在很大的需求，新车购买者有 10% 的人希望贷款，而二手车购买者中有约 40% 的人需要贷款。业内专家预测"从长远来看，人们的换车周期会逐渐变短，二手车的残值将相应提高，二手车交易价值、该业务对金融机构的吸引力、交易量等都会逐步增加。

要想打破二手车贷款的"坚冰"，首先要完善二手车销售制度，建立一个公正、权威的二手车评估机构，细化售后服务制度和内容。2015—2021 年中国机动车保有量如图 3-10 所示。

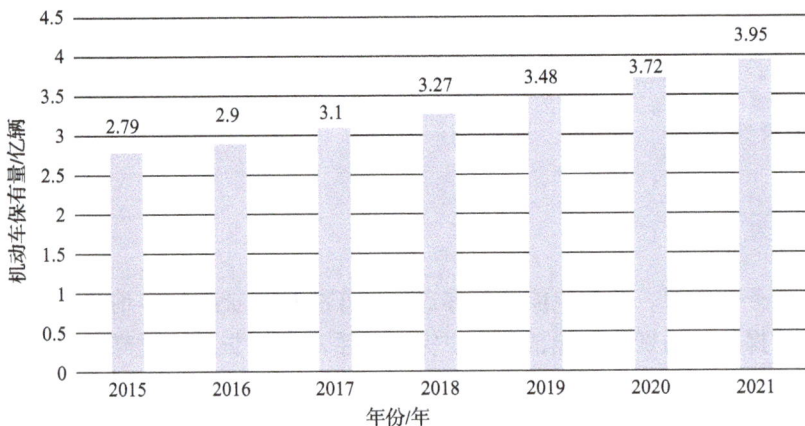

图 3-10　2015—2021 年中国机动车保有量

二、汽车贷款的法律法规

央行和银监会联合公布了新的《汽车贷款管理办法》（以下简称《办法》），该办法已于 2018 年 1 月 1 日起施行。

三、二手车保险选择及注意事项

随着我国新车销售数量的快速增加，每年进入市场的二手车越来越多，购买二手车的消费者也在逐年增加，为了更好地行车，车主都会按照自己的需要为汽车投保。

二手车主也不例外，也需要适当投保。二手车和新车不同，虽然价格便宜，但是汽车性能以及内部配件都不如新车，相比之下，二手车更容易发生故障，为安全驾驶带来隐患。要想让二手车在使用过程中更有保障，就需要为二手车投保，在事故发生后，车主才可以从保险公司及时得到赔偿。但是，由于我国保险公司数量众多，服务质量也参差不齐，因此要为汽车选择一个合格且服务质量好的保险公司。

选对了投保渠道后，二手车的保险选择很简单，车主除交强险外，可以根据自己的需求选择商业保险中的三大主险及其附加险。有了这样的保险组合，车辆在事故发生后就可以得到保险公司的赔偿。

在对险种进行选择时，要根据二手车的价值、个人经济状况以及驾驶技术等情况，进行灵活选择，注意一些细节问题，避免在二手车投保中产生不必要的损失，应主要注意以下几个方面。

1. 认真分析，妥善选择保险变更或重上保险

消费者在选购二手车后，可以选择保险过户，也可以在原车主退保后重上保险。消费者可依据车况和是否发生过理赔的实际情况，认真分析计算是否因理赔而造成保费上调或下调，妥善做出保险过户或重上保险的选择。

2. 区分情况，选定适合的保险组合

消费者不可能投保太多的险种，因此应该根据车辆和个人情况的不同，选择能大致覆盖主要险种的适用的保险组合。例如有的专家把目前的车主保险分成了新手全面型、普通常规型、老手经济型、单一风险型4种组合。普通常规型除交强险外可投保机动车损失保险、机动车第三者责任保险、机动车车上人员责任保险几个险种；而老手经济型只投保机动车损失保险和机动车第三者责任保险即可。

3. 权衡利弊，确定适当的保险金额

消费者投保金额的多少，直接关系到赔偿金额的多少。因此消费者必须分析各险种的不同情况，确定适当的保险金额。

4. 搞清条款，避免不必要的损失

消费者在投保过程中，还要切实弄清各险种的免责条款和不予理赔的各种情况，以便在投保后尽量避免这些情况发生，从而避免无法得到理赔的损失。例如在车主酒后驾车、无照驾车、车辆没有年检、私自加装设备，撞到自家人、把负全责的肇事者放跑，没有经过定检就去直接修理、在水深处强行起动汽车造成发动机损坏等多种情况下，保险公司不予理赔。消费者必须注意这些情况。

四、购买二手车保险

1. 办理车险过户

很多二手车交易容易忽略的问题是二手车保险的过户，拿到车险保单后，车主要和原车主到投保的保险公司营业大厅将保单过户，变更成自己的姓名，否则，一旦出险，二手车车主是无法拿到赔偿金的。过户的好处不仅是二手车主可以继续拥有此车的保险保障，直到保险期满，而且如果没有出险，在下一年度投保时，二手车车主还可以用本年保单申请10%的无赔款优待。

2. 根据实际情况，选择适合的险种

如果过户车的车险即将到期或者已经到期，那么车主应该根据自己的实际情况选择适合自己的车险险种。大致可以分为两种情况。

1）新手上路。如果是新手上路应该选择覆盖面比较全面的保险，其次要注意机动车第三者责任保险的保险金额。

2）驾驶技术娴熟。如果驾驶技术娴熟，则可以根据自己的实际情况增减险种，但是不可不买商业险，由于交强险的保额较低，万一发生较大事故，不能起到保障的作用，所以为了保险起见，建议慎重取舍。

3. 切忌不足额投保和超额投保

买辆二手车是以原车的价格进行投保还是按照购买时的价格进行投保是个让很多车主头疼的问题。

二手车投保需要充分了解保险价值、保险金额、实际价值，以及它们之间的关系。车辆的保险价值是根据新车的购置价决定的，包括车辆单价和附加购置费。机动车损失保险的保险金额可以按投保时的保险价值决定，保险公司通常都是按照新车购置价来定制保险价值。举例来说，如果二手车以5万元购得，而原来的新车价是10万元，保险公司还是会要求车主以10万元的车价来购买盗抢险等保险。如果车辆被盗，保险公司会扣除一定的折旧金额，也就是新车购置价×使用月数×月折旧率，最后一般是按二手车的现值理赔。车辆的保险价值也可以由被保人和保险人协商确定，协商的金额不低于新车购置价的20%；或者按车的实际价值决定，但最高不得超过保险价值，超过部分无效。保险条款中规定保险车辆的实际价值计算公式是：实际价值=新车购置价/国家规定使用年限×（国家规定使用年限-已使用年限）。二手车在投保时可依据不同情况选择附加险种，投保费按照保险金额的一定比例支付。如果二手车投保时的保险金额按车的实际价值确定，则保险金额低于保险价值，等于实际价值。遇到车辆被盗或造成全车损失时，得到的赔偿与保险金额等同于保险价值，但遇到部分损坏时却不同。保险车辆得到按保险金额与保险价值的比例计算的赔偿修理费用。车辆损失以不超过保险金额为限，如果保险车辆按全部损失计算赔偿或部分损失一次赔款达到保险金额时，机动车损失保险的保险责任终止。当保险金额低于实际价值时，如果车辆发生全损，保险公司按照保险金额计算赔偿金。所以，在给车辆上保险时应该实事求是，足额投保。

五、二手车脱保及车险理赔的特点

二手车在保险方面最容易遇到的就是脱保现象，很多二手车在经销商处都过了保险时间，所以在购买后要首先到保险公司续保，方可安全上路。在脱保的情况下续保，要特别注意，保险公司的业务员在出具保单之前会先验车，这也是一个特别要注意的环节，在脱保期间车身上的伤痕是不计入下一年度的承保范围之内的，所以应特别注意，二手车在计算保险时会根据年限折旧，保费的优惠要看各家保险公司的政策，切忌贪图小利，为日后定损理赔留下隐患。

在续保前车身上的伤痕都会对该车下一年度保险的定损理赔提供不便，建议车主可以自费修复。不要在脱保的情况下出现交通事故，特别是没有交强险上路是违背交通管理条例的违法行为。

车险理赔是汽车发生交通事故后，车主到保险公司理赔。理赔工作的基本流程包括：报案、查勘定损、签收审核索赔单证、理算复核、审批、赔付结案等步骤。

汽车保险与其他保险不同，其理赔工作也具有显著的特点。理赔工作人员必须对这些特点有一个清醒和系统的认识，了解和掌握这些特点是做好汽车理赔工作的前提和关键。

1. 被保险人的公众性

我国的汽车保险的被保险人曾经是以单位、企业为主，但是，随着个人拥有车辆数量的增加，被保险人中单一车主的比例将逐步增加。这些被保险人的特点是他们购买保险具有较大的被动色彩，加上文化、知识和修养的局限，他们对保险、交通事故处理、车辆修理等知之甚少。另一方面，由于利益的驱动，检验和理赔人员在理赔时与其在交流过程中存在较大的障碍。

2. 损失率高且损失幅度较小

事故虽然损失金额一般不大，但是，事故发生的频率高。保险公司在经营过程中需要投入的精力和费用较大，有的事故金额不大，但是，仍然涉及对被保险人的服务质量问题，保险公司同样应予以足够的重视。另一方面，从个案的角度看赔偿的金额不大，但是，积少成多也将对保险公司的经营产生重要影响。

3. 标的流动性大

由于汽车的功能特点，决定了其具有相当大的流动性。车辆发生事故的地点和时间不确定，要求保险公司必须拥有一个运作良好的服务体系来支持理赔服务，主体是一个全天候的报案受理机制和庞大而高效的检验网络。

4. 受制于修理厂的程度较大

在汽车保险的理赔中扮演重要角色的是修理厂，修理厂的修理价格、工期和质量均直接影响汽车保险的服务。因为，大多数被保险人在发生事故之后，均认为由于有了保险，保险公司就必须负责将车辆修复，所以，在车辆交给修理厂之后就很少过问。一旦因车辆修理质量或工期，甚至价格等出现问题被保险人会将保险公司和修理厂一并指责。而事实上，保险公司在保险合同项下承担的仅仅是经济补偿义务，对于事故车辆的修理以及相关的事宜并没有负责义务。

5. 道德风险普遍

在财产保险业务中汽车保险是道德风险的"重灾区"。汽车保险具有标的流动性强，户籍管理中存在缺陷，保险信息不对称等特点，由于汽车保险条款不完善，相关的法律环境不健全及汽车保险经营中的特点和管理中存在的一些问题和漏洞，给了不法之徒可乘之机，汽车保险欺诈案件时有发生。

车辆出险后应保护好事故现场并在第一时间向保险公司报案，协助保险公司对事故车辆进行查勘、照相和定损工作；备齐必要的单证，及时向保险公司申请索赔。

📖 **任务实施**

一、二手车按揭贷款的申请

（一）申请条件

1）具有完全民事行为能力，且18~60周岁的自然人。

2）有城镇常住户口或有效居留身份。

3）有正当的职业和稳定的经济收入，具有按期偿还贷款本息的能力。

4）在当地有房产。

5）具有良好的个人社会信用。

6）合作机构所规定的其他条件。

（二）申请资料

1）借款申请书。

2）身份证、户口簿或其他有效证件原件，并提供其复印件。

3）职业和经济收入证明，包括但不限于单位开具的收入证明、银行存单、信用卡对账单、纳税证明等。

4）与卖方签订的购车协议、合同或者购车意向书。

5）担保所需的证明或文件，包括抵（质）押物清单和有处分权人（含财产共有人）同意抵、质押的证明；有权部门出具的抵押物所有权或使用权证明、书面估价证明（车辆发票价格结合市场公布价格所做的书面估价）、同意保险的文件；质押物需交付质押物或权利证明文件；保证人同意履行连带责任保证的保证合同、有关资信证明材料或满足信用贷款条件的证明文件。

6）已缴付首期购车款的相关证明。

7）银行要求提供的其他文件资料。

二、二手车按揭贷款的办理

（一）流程步骤

二手车按揭贷款流程可分为以下几个步骤。

1）购车人到银行营业网点进行咨询，网点为用户推荐已与银行签订《二手汽车消费贷款合作协议书》的特约经销商。

2）到经销商处选定拟购二手汽车，与经销商签订购车协议，明确车型、数量、颜色等。

3）到银行网点提出贷款申请，必需的资料有：个人贷款申请书、有效身份证件、职业和收入证明以及家庭基本状况、购车协议、担保所需的证明文件、贷款人规定的其他条件。

4）银行审核用户资信。银行在贷款申请受理后15个工作日内通知购车借款人，与符合贷款条件的借款人签订《二手汽车消费借款合同》。二手汽车消费贷款额度最高为购车款的60%~80%（各贷款银行有所不同），贷款期限最长为3~5年（各贷款银行有所不同）。若用户不符合贷款条件，银行将申请材料退回申请人。

5）签订借款和担保合同。若申请人符合贷款条件，银行与其签订借款合同和有关担保合同。担保方式及相应手续如下：

①用户提供第三方连带责任保证方式（银行、保险公司除外）的，保证人与银行签订保证合同，也可以由保险公司提供连带责任履约保证或由银行提供保函。

②用户以抵押或质押方式担保，应与银行签订抵押或质押合同。以房屋作为抵押的，须经指定评估机构评估确认后，由银行会同抵押人到房屋所在区/县房地产登记处办理抵押登记，在取得权证后合同生效。以质押方式担保的，质押合同以权利凭证移交给银行后合同生效。

以上手续完成后，银行应及时向特约经销商发出贷款通知书。

以所购二手汽车作为抵押的，银行应向特约经销商发出贷款通知书，并在所购二手汽车上牌后由银行统一到车辆管理所办理抵押登记。

（二）银行发放贷款，用户办理车辆保险、提车

特约经销商在收到贷款通知书 15 日内，将客户购车发票、缴费单据及行驶证（复印件）等移交银行。银行在客户办理保险手续后发放贷款。各类保险期限均不得短于贷款期限。

（三）客户按时还款

客户按月或按季等额还本息。

任务 五　二手车交易后续业务办理

任务解析

通过本任务的学习，使学生掌握二手车转移过户登记程序，能够熟练引导客户办理同城或者异地车辆所有权转移登记手续；掌握二手车交易合同的内容，熟悉合同签订的基本准则，能够处理合同的变更和解除等问题；掌握二手车其他税、证的变更手续和注意事项，能够及时提醒并帮助顾客办理税、证变更手续。

知识链接

一、二手车交易类型及程序

二手车交易不像一般商品交易那么简单，需要遵守相关的政策规定，按照一定的交易程序进行，这样才能保障买卖双方的利益。不论是哪一种交易类型，都必须办理过户相关手续，实现车辆所有权变更。目前，我国没有统一的二手车交易程序标准，各地二手车交易市场完成二手车交易的过程可能程序有差异，但主要程序是基本相同的。下面以北京市二手车交易为例，介绍二手车交易的基本程序。根据二手车交易类型和开具销售发票的权限，二手车交易程序有以下几种。

1. 直接交易程序

二手车个人直接交易和通过二手车经纪机构进行的二手车交易，卖方不能直接给买方开具二手车销售统一发票。根据《二手车流通管理办法》规定，二手车交易完成后，现车辆所有人应当凭税务机关监制的统一发票，按法律、法规有关规定办理转移登记手续。二手车直接交易程序如图 3-11 所示。

下面通过一个评估案例介绍二手车交易中值得注意的一些问题。

在现实的二手车收购业务中，除了参考当前新车的售价以外，有时也要考虑二手车的原始价格，以平衡买卖双方的利益。

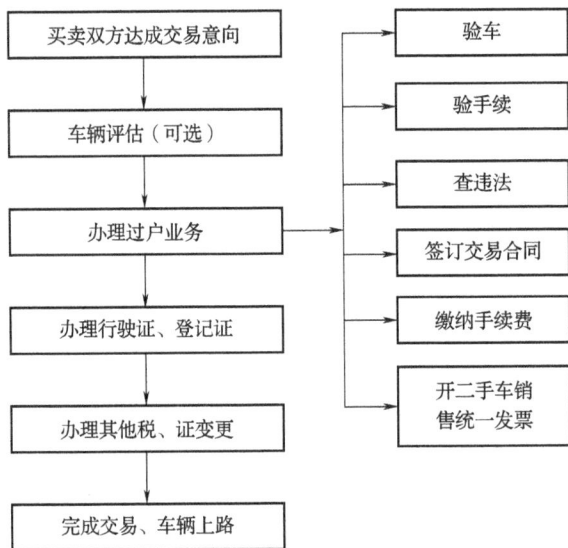

图 3-11　二手车直接交易程序

　　例如，某车是在半年前购买的，发票上注明的价格是 11.58 万元，而该车当时的厂家指导价为 11.98 万元，由此可见该车是在优惠了 0.5 万元后买的。而在半年后，厂家和 4S 店加大了对该车型的优惠幅度，达到 1.5 万元，提车时，发票上所注价格为 10.48 万元。那么，根据重置成本法中有关重置成本方面的要求，需要按 10.48 万元作为重置成本评估标准。假如按第一年折旧率 15%～20% 来计算，该车的收购行情价在 8.4 万～8.9 万元之间。那么就与该车主原购买价有近 3.2 万元的差距。试想一下，11 万多元购买的新车，使用仅半年，且车况良好，卖车时损失近 3.2 万元，车主显然是无法接受的。在二手车交易具体环节中，买卖双方都会追求自身利益的最大化，只有在交易双方达成一致、认可价格的基础上，才能达成交易。对于上述这辆车，如果二手车经营者想达成交易，就要保证车主的损失不应过大，至少应该在其可以接受的范围之内。所以，比较合适的做法就是依据购车发票上的原始价格，即 11.58 万元来进行价值评估，评估价范围在 9.2 万～9.8 万元之间。当然，如果收购价格达到 9.8 万元，与当前新车优惠后的购买价（10.48 万元）过于接近，对二手车经营者来说，必然造成经营风险，所以现实中是采取"折中"的办法，一般会选择 9.2 万元或适当再高一些的价格。从上面的例子可见原购车发票价格的重要性。所以在车辆收购环节中，不应过分依赖评估方法和各种公式，应权衡利弊，斟酌损益。二手车经营的最终目的是顺利地达成交易，实现经济利益。但需要注意的是，对于一些使用年限短（通常为使用一年，或一年以内）的车辆适用上述办法。对于使用时间超过一年的，采用"重置成本法"较为有效。

　　2. 二手车销售交易程序

　　由于二手车销售企业能够直接给购车者开具二手车销售统一发票，所以只要购车者和二手车销售企业达成交易意向，双方即可签订二手车交易合同，购车者付清车款后，企业按规定给购车者开具二手车销售统一发票，那么购车者就可以携带发票和要求的证件去相关部门办理车辆相关证件及手续的变更。有关车辆的合法性手续，二手车经销企业在收购车时已经查验过,可以通过二手车交易合同加以保证。二手车销售交易程序如图 3-12 所示。

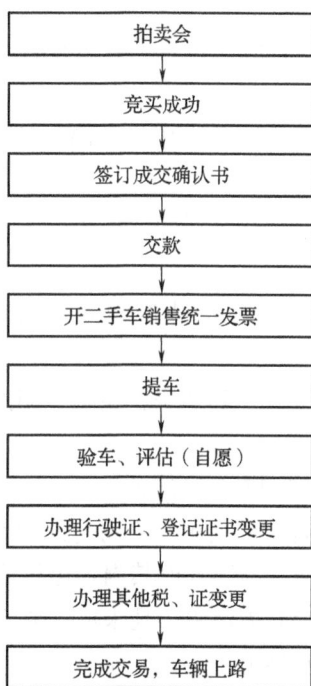

3. 二手车拍卖交易程序

根据《二手车流通管理办法》规定,二手车经销企业销售、拍卖企业拍卖二手车时,应当按规定向买方开具税务机关监制的统一发票。所以在拍卖会结束后,买受人和拍卖企业签订成交确认书(相当于二手车交易合同)、交款得到二手车销售统一发票,凭成交确认书到指定地点提车,然后携带发票和要求的证件去相关部门办理车辆相关证件及手续的变更。二手车拍卖交易程序如图 3-13 所示。有些拍卖企业虽然有二手车拍卖业务,但没有开具二手车销售统一发票的资格,此时,在交款后需要到指定的二手车交易市场办理相关过户手续,由市场按规定开具二手车销售统一发票。

有关车辆的合法性手续,二手车拍卖企业在接受拍卖委托时已经查验过,可以通过二手车拍卖成交确认书加以保证。

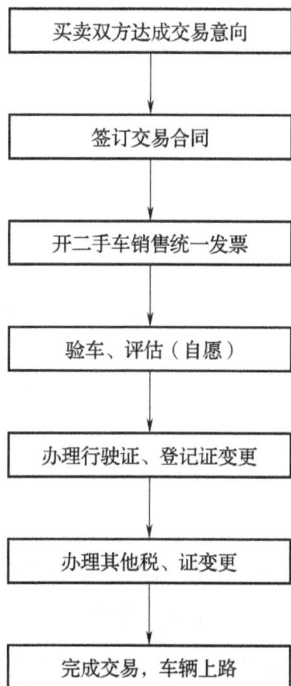

二手车销售交易程序	二手车拍卖交易程序
买卖双方达成交易意向	拍卖会
↓	↓
签订交易合同	竞买成功
↓	↓
开二手车销售统一发票	签订成交确认书
↓	↓
验车、评估(自愿)	交款
↓	↓
办理行驶证、登记证变更	开二手车销售统一发票
↓	↓
办理其他税、证变更	提车
↓	↓
完成交易,车辆上路	验车、评估(自愿)
	↓
	办理行驶证、登记证书变更
	↓
	办理其他税、证变更
	↓
	完成交易,车辆上路

图 3-12 二手车销售交易程序   图 3-13 二手车拍卖交易程序

二、二手车交易合同

1. 订立二手车交易合同的基本准则

二手车交易合同是指二手车经营公司、经纪公司与法人、其他组织和自然人相互之间为实现二手车交易的目的,明确相互权利、义务关系所订立的协议。

订立交易合同时须遵守以下基本原则。

(1)合法原则 订立二手车交易合同,必须遵守法律和行政法规。合同的内容及订立合同的程序、形式只有与法律法规相符合,才会具有法律效力,当事人的合法权益才可得到保护。任何单位和个人都不得利用经济合同进行违法活动，扰乱市场秩序，损害国家和社会利益，牟取非法收入。

（2）平等互利、协商一致原则　订立合同的当事人法律地位一律平等，任何一方不得以大欺小、以强凌弱，把自己的意愿强加给对方，双方都必须在完全平等的地位上签订二手车交易合同。二手车交易合同应当在当事人之间充分协商、意思表示一致的基础上订立，违背当事人真实意志而订立的合同都是无效的，也不允许任何单位和个人进行非法干预。

2. 交易合同的主体

二手车交易合同主体是指为了实现二手车交易目的，以自己名义签订交易合同，享有合同权利、承担合同义务的组织和个人。

3. 交易合同的内容

（1）主要条款

1）标的。标的指合同当事人双方权利义务共同指向的对象，可以是物也可以是行为。二手车交易合同的标的是被交易的二手车。

2）数量。

3）质量。质量是标的内在因素和外观形态优劣的标志，是标的满足人们一定需要的具体特征。

4）履行期限、地点和方式。

5）违约责任。

6）根据法律规定的或按合同性质必须具备的条款及当事人一方要求必须规定的条款。

（2）其他条款　其他条款包括合同的包装要求、某种特定的行业规则和当事人之间交易的惯有规则。

4. 交易合同的变更和解除

（1）交易合同的变更　交易合同的变更，通常是指依法成立的交易合同尚未履行或未完全履行之前，当事人就其内容进行修改和补充而达成的协议。交易合同的变更必须以有效成立的合同为对象，凡未成立或无效的合同，不存在变更问题。交易合同的变更是在原合同的基础上，达成一个或几个新的合同作为修正，以新协议代替原协议。所以，变更作为一种法律行为，使原合同的权利义务关系消灭，新权利义务关系产生。

（2）交易合同的解除　交易合同的解除，是指交易合同订立后，没有履行或没有完全履行以前，当事人依法提前终止合同。

（3）交易合同变更和解除的条件　合同法规定，凡发生下列情况之一，允许变更或解除合同。

1）当事人双方经协商同意，并且不因此损害国家利益和社会公共利益。

2）由于不可抗力致使合同的全部义务不能履行。

3）由于另一方在合同约定的期限内没有履行合同。

5. 违约责任

违约责任，是指交易合同一方或双方当事人由于自己的过错造成合同不能履行或不能完全履行，依照法律或合同约定必须承受的法律制裁。

（1）违约责任的性质

1）等价补偿。凡是已给对方当事人造成财产损失的，就应当承担补偿责任。

2）违约惩罚。合同当事人违反合同的，无论这种违约是否已经给对方当事人造成财产损失，都要依照法律规定或合同约定，承担相应的违约责任。

（2）承担违约责任的条件

1）要有违约行为。要追究违约责任，必须有合同当事人不履行或不完全履行的违约行为，它可分为作为违约和不作为违约。

2）行为人要有过错。过错是指当事人违约行为主观上出于故意或过失。故意，是指当事人应当预见自己的行为会产生一定的不良后果，但仍用积极的作为或者消极的不作为希望或放任这种后果的发生；过失是指当事人对自己行为的不良后果应当预见或能够预见到，而由于疏忽大意没有预见到或虽已预见到但轻信可以避免，以致产生不良后果。

6. 二手车交易合同的种类

《二手车流通管理办法》第十六条规定，进行二手车交易应当签订合同。合同示范文本由国务院工商行政管理部门制定。

二手车交易合同按当事人在合同中处于出让、受让或居间中介的不同情况，可分为二手车买卖合同和二手车居间合同两种。

三、引导客户办理交易过户业务

二手车过户过程分为车辆交易过户和转移登记过户两个步骤，缺一不可。交易过户业务在二手车交易市场里办理，获取二手车销售统一发票；转移登记过户业务在车管所办理，主要完成机动车登记证书的变更登记、核发机动车行驶证及机动车号牌。

办理二手车交易时，如果原车主不来，可以授权委托其他人来办理交易及过户手续，但必须签署授权委托书。此授权委托书只在办理交易过户业务时使用，而办理转移登记过户业务时不用。典型的授权委托书式样如下。

授权办理二手车交易、过户委托书

现有二手车一辆，车辆号牌为_____车辆型号为_____，需出售。现委托_____以委托人的名义办理上述二手车的交易、过户事宜。

委托人（签章）
____年__月__日

注：1）此原件（或复印件）应由委托人主动向购买二手车的当事人提供，并为《×××二手车买卖合同》的附件。

2）以下手续由本委托人提供：①车辆登记证书原件；②本人身份证或单位法人代码证书；③车辆行驶证原件；④购车发票。

办理二手车交易过户的具体操作如下。

1. 验车

验车是买卖双方到二手车交易市场办理交易过户业务的第一道程序，由市场主办方委派负责过户的业务人员办理。验车的目的主要是检查车辆和行驶证上的内容是否一致，对车辆的合法性进行验证。检查的内容包括：车主姓名、车辆名称、车辆的号牌、车辆类型、车辆识别代号、发动机号、排气量、初次登记日期等，经检查无误后，填写"车辆检验单"进入查验手续阶段。

2. 验手续

验手续主要是查验车辆手续和机动车所有人的身份证明，目的是检验买卖双方提供的所有手续是否具备办理过户的条件，检查有无缺失以及不符合规定的手续。

（1）车辆手续检查

1）查验证件。查验证件的目的是查验交易车辆的合法性。每辆合法注册登记的机动车都有车辆管理所核发的机动车登记证书和机动车行驶证、机动车号牌，号牌必须悬挂在车体指定位置。二手车交易时主要查验以下证件：机动车来历证明、机动车登记证书和机动车行驶证。

2）查验税费证明。根据《二手车流通管理办法》规定，二手车交易完成后，卖方应当及时向买方交付车辆购置税完税证明、车船使用税缴付凭证和车辆保险单等。

（2）机动车所有人身份证明核查 机动车所有人的身份证明是证实车主身份的证明，目的是查验机动车所有人是否合法拥有该车的处置权。

如果车主为自然人，则身份证件为个人身份证。个人身份又有本地和外地个人之分，本地个人，只需身份证原件；外地个人，需身份证原件和暂住证原件。

如果车主为企业，则身份证件为企业的法人代码证书。

如果车主为外籍公民，则身份证件为其护照及工作（居留）证。

（3）卖方的身份及车辆的合法性核查

1）卖方的身份证明或者机构代码证书原件合法有效。

2）车辆号牌、机动车登记证书、机动车行驶证、机动车安全技术检验合格标志真实、合法、有效。

3）交易车辆不属于《二手车流通管理办法》第二十条规定禁止交易的车辆。

（4）卖方的所有权或处置权证明核查

1）机动车登记证书、行驶证与卖方身份证明名称一致；国家机关、国有企事业单位出售的车辆，应附有资产处理证明。

2）委托出售的车辆，卖方应提供车主授权委托书和身份证明。

3）二手车经销企业销售的车辆，应具有车辆收购合同等能够证明经销企业拥有该车所有权或处置权的相关材料，以及原车主的身份证明复印件。原车主名称应与机动车登记证、行驶证名称一致。

3. 查违法

查违法就是查询交易的二手车是否有违法行为记录。具体方法是登录车辆管理部门的信息数据库或查询网站进行查询。

4. 签订交易合同

二手车经过查验和评估后，其车辆的真实性和基本价格已基本确定。如果车主不同意评估价格，可以和二手车销售企业协商达成最终交易的价格，同时，需要原车主对其车辆的一些其他事宜（使用年限、行驶里程、安全隐患、有无违章记录等）做出一个书面承诺。这些都是以签订交易合同的形式来确定。交易合同是确立买卖双方交易关系和履行责任的法律合约，是办理交易手续和过户手续的必要凭证之一。

5. 缴纳手续费

手续费俗称过户费，是指在二手车交易市场中办理交易过户业务相关手续的服务费用。

目前，很多二手车交易市场的服务费是按照汽车的排量来进行定额收取的，小排量少收，大排量多收。如北京市二手车交易市场收取标准按排量、年份、价格来划分，并设有起始价和最低价。车辆初次登记日期一年以内的车型按起始价收取费用，然后按使用年份逐年递减，直至最低价。微型轿车的过户费用200元起，1.0L排量的轿车300元起，两者的过户费用最高均为600元。然后随着排量的增大，过户费用也随着增加，3.0L排量的轿车最高的过户费用为4000元，最低为500元。相应的相同排量的客车与货车的过户费用低于轿车，最低的微型货车和农用车的过户费用只需100元。北京中联二手车交易市场服务费采用定额收取的方式，统一标准为每辆车800元，对于1.3～3.0L排量的车型收费减半，即按400元的优惠价征收；对于1.3L排量以下的汽车，按200元的优惠价征收。

6. 开具二手车销售统一发票

二手车销售统一发票是二手车的来历证明，是办理转移登记手续变更的重要文件，因此，它又被称为"过户发票"。过户发票的转移登记联有效期为一个月，买卖双方应在此期间内，到车辆管理部门办理机动车行驶证、机动车登记证的相关变更手续。

二手车销售统一发票由从事二手车交易的市场、有开票资格的二手车经销企业或拍卖企业开具；二手车经纪公司和消费者个人之间的二手车交易发票由二手车交易市场统一开具。

二手车销售统一发票是采用压感纸印制的计算机票，一式5联，其中存根联、记账联、入库联由开票方留存；发票联交购车方、转移登记联交公安机关交通管理部门办理过户手续。

二手车销售统一发票的价款中不包括过户手续费和评估费。开具的发票必须经驻场工商部门审验合格后，在已经开具的"二手车销售统一发票"上加盖"工商行政管理局二手车市场管理专用章"后发票才能生效，该步骤称为"工商验证"。

7. 二手车交易完成后卖方应向买方交付的手续

二手车交易完成后，卖方应当及时向买方交付车辆、号牌及车辆法定证明、凭证。车辆法定证明、凭证主要包括机动车登记证书、机动车行驶证、有效的机动车安全技术检验合格标志、车辆购置税完税证明、车船使用税缴付凭证及车辆保险单。

四、办理车辆转移过户登记手续

二手车交易像买房子一样属于产权交易范畴，涉及相关的证明文件和必要手续。二手车交易后必须办理这些证明文件的转移登记手续。机动车产权证明是指机动车登记证书、机动车行驶证和机动车号牌。根据买卖双方的住所是否在同一车辆管理所管辖区内，机动车产权转移登记手续可分为同一车辆管理所管辖区内的所有权转移登记（即同城转移登记）和不同车辆管理所管辖区的所有权转移登记（即异地转移登记）两种登记方式。

二手车同城转移登记手续应当在原车辆注册登记所在地公安交通管理部门办理。需要进行异地转移登记的，由车辆原属地公安交通管理部门办理车辆迁出手续，在接收地公安交通管理部门办理车辆迁入手续。

（一）二手车办理转移登记所需的手续及证件

二手车在同城交易和所有权转移登记时，根据买卖双方身份不同，二手车交易分4种交易类型（前已叙述），办理转移登记时所需的手续和证件也相应不同。

1. 二手车所有权由个人转移给个人

1）卖方个人身份证原件及复印件。

2）买方个人身份证原件及复印件。

3）车辆原始购置发票或上次交易过户发票原件及复印件。

4）过户车辆的机动车登记证书原件及复印件。

5）过户车辆的机动车行驶证原件及复印件。

6）二手车买卖合同。

7）外地户口需持暂住证。

8）过户车辆到场。

2. 二手车所有权由个人转移给单位

1）卖方个人身份证原件及复印件。

2）买方单位法人代码证原件及复印件（须在年检有效期之内）。

3）车辆原始购置发票或上次交易过户发票原件及复印件。

4）过户车辆的机动车登记证书原件及复印件。

5）过户车辆的机动车行驶证原件及复印件。

6）二手车买卖合同。

7）过户车辆到场。

3. 二手车所有权由单位转移给个人

1）卖方单位法人代码证原件及复印件（须在年检有效期之内）。

2）买方个人身份证原件及复印件。

3）车辆原始购置发票或上次交易过户发票原件及复印件。

4）卖方单位须按实际成交价格给买方个人开具成交发票，且提供复印件。

5）过户车辆的机动车登记证书原件及复印件。

6）过户车辆的机动车行驶证原件及复印件。

7）二手车买卖合同。

8）过户车辆到场。

4. 二手车所有权由单位转移给单位

1）卖方单位法人代码证原件及复印件（须在年检有效期之内）。

2）买方单位法人代码证原件及复印件（须在年检有效期之内）。

3）车辆原始购置发票或上次交易过户发票原件及复印件。

4）卖方单位须按实际成交价格给买方单位开具成交发票，且提供复印件。

5）过户车辆的机动车登记证书原件及复印件。

6）过户车辆的机动车行驶证原件及复印件。

7）二手车买卖合同。

8）过户车辆到场。

（二）同城车辆所有权转移登记

办理已注册登记的机动车在同城（同一车辆管理所管辖区内）发生所有权转移时，只需要更改车主姓名（单位名称）和住所等资料，机动车及机动车号牌可以不变更。这种变更情形习惯上称为办理过户手续，即把机动车原车主的登记信息变更为新车主的登记信息。

1. 过户登记的程序

1）提出申请。现车主向车辆管理所提出机动车产权转移申请，填写机动车转移登记申请表，见表3-9。

表3-9　机动车转移登记申请表

机动车登记证书编号		号牌号码	
申请事项	○机动车在车辆管理所管辖区内的转移登记 ○机动车转出车辆管理所管辖区的转移登记		
现机动车所有人	姓名/名称		联系电话	
	住所地址			
	身份证号码		○常住人口　○暂住人口	
	居住/暂住证明名称		号码	
机动车	机动车使用性质	○公路客运　○公交客运　○出租客运　○租赁　○货运　○旅游　○客运 ○非营运　○警用　○消防　○救护　○工程抢险　○营转非　○出租营转非		
	机动车获得方式	○购买　○中奖　○仲裁裁决　○继承　○赠予　○协议抵偿债务　○资产重组　○资产整体买卖　○调拨　○法院调解、裁定、判决		
	机动车品牌型号			
	车辆识别代号/车架号			
	发动机号码			

（续）

相关资料	来历凭证	○销售/交易发票　○调解书　○裁定书　○判决书　○仲裁判决书　○相关文书　○批准文件　○调拨证明　○权益转让证明书	现机动车所有人：
	其他	○中华人民共和国海关监管车辆解除监管证明书 ○协助执行通知书　○公证书　○身份证明 ○行驶证	
事项明细	转入地车辆管理所名称	_____车辆管理所	
申请方式	○由现机动车所有人申请 ○现机动车所有人委托_____代理申请		（个人签字/单位盖章） 　年　月　日
代理人		姓名/名称			联系电话		代理人：
		住所地址					
		身份证明名称		号码			
	经办人	姓名					
		身份证明名称		号码			
		住所地址					（个人签字/单位盖章）
		签字	年　月　日				年　月　日

填表说明：
1）填写时使用黑色、蓝色墨水笔，字体工整。
2）标注有○符号的为选择项目，选择后在○中打√。
3）现机动车所有人的住所地址栏，属于个人的，填写实际居住地址；属于单位的，填写组织机构代码证书上签注的地址。
4）机动车栏的"机动车品牌型号""车辆识别代号/车架号""发动机号码"项目，按照车辆的技术说明书、合格证等资料标注的内容与车辆核对后填写。
5）申请方式栏属于由机动车所有人委托代理单位或者代理人代为申请的，除在"○"内打√外，还应当在下划线处填写代理单位或者代理人的全称。
6）机动车所有人的签字/盖章栏，属于个人的，由机动车所有人签字，属于单位的，盖单位公章。
7）代理人栏属于个人代理的填写代理人的姓名、住所地址、身份证明名称、号码，在代理人栏内签名，不必填写经办人姓名等项目；属于单位代理的，应填写代理人栏的所有内容，代理单位应盖单位公章，经办人应签字。

2）交验车辆。现车主将机动车送到机动车检测站检测，查验车辆识别代号/车架号码是否有凿改、车辆识别代号/车架号码的拓印膜是否一致。如果是已经超过检验周期的机动车，还要进行安全检测。

3）受理审核资料。受理转移登记申请，查验并收存相关资料，向现车主出具受理凭证。审批相关手续，符合规定的在计算机登记系统中确认；不符合规定的，说明理由开具退办单，将资料退回车主。

4）办理新旧车主信息资料的转移登记手续。如果需要改变机动车登记编号，则进行机动车号牌选号、照相，重新确定机动车登记编号，最后在机动车登记证书上记载转移登记事项。

5）收回原机动车行驶证，核发新的机动车行驶证。

6）需要改变机动车登记编号的，收回原机动车号牌、机动车行驶证，确定新的机动车登记编号，重新核发机动车号牌、机动车行驶证和检验合格标志。

2. 过户登记需要的材料和物品

1）机动车转移登记申请表。

2）现车主的身份证明。

①机关、学校、工厂、公司等行政、事业、企业单位和社会团体的身份证明是组织机构代码证书。

上述单位已注销、撤销或者破产，其机动车需要办理变更登记、转移登记、注销登记和补领机动车登记证书、号牌、行驶证的，提供以下证明：已注销的企业单位，由工商行政管理部门出具注销证明；已撤销的机关、事业单位，由其上级主管机关出具有关证明；已破产的企业单位，由依法成立的财产清算机构出具有关证明。

②外国驻华使馆、领馆和外国驻华办事机构、国际组织驻华代表机构的身份证明，由该使馆、领馆或者该办事机构、代表机构出具。

③居民的身份证明是居民身份证或者居民户口簿；在暂住地居住的内地居民，其身份证明是居民身份证和公安机关核发的居住、暂住证明。

④军人（含武警）的身份证明是居民身份证。

⑤中国香港、澳门特别行政区，中国台湾地区居民的身份证明和居留证明。

⑥外国人的身份证明是其入境的身份证明和居留证明。

⑦外国驻华使馆、领馆人员，国际组织驻华代表机构人员的身份证明是外交部核发的有效身份证件。

3）机动车登记证书（原件）。

4）机动车行驶证（原件）。

5）解除海关监管的机动车，应当提交监管海关出具的中华人民共和国海关监管车辆解除监管证明书。

6）机动车来历凭证（二手车交易的机动车来历凭证是二手车销售统一发票）。

7）车辆购置税完税证明。

8）所购买的二手车。

3. 过户登记的事项

1）现车主的姓名或者单位名称、身份证明名称、身份证明号码、住所地址、邮政编码和联系电话。住所地址是指：

①单位住所的地址为其组织机构代码证书记载的地址。

②居民住所的地址为其居民户口簿或者居民身份证或者暂住证记载的地址。

③军人住所的地址为其团以上单位出具的本人住所地址证明记载的地址。

④中国香港、澳门特别行政区的居民，中国台湾地区居民和外国人住所的地址为其居留证件记载的地址。

2）机动车获得方式。机动车获得方式是指：人民法院调解、裁定、判决，仲裁机构仲裁裁决，购买、继承、赠予、中奖、协议抵偿债务、资产重组、资产整体买卖和调拨等。

3）机动车来历凭证的名称、编号。

4）转移登记的日期。

5）海关解除监管的机动车，登记海关出具的中华人民共和国海关监管车辆解除监管证明书的名称、编号。

6）改变机动车登记编号的，登记机动车登记编号。

4. 不能办理过户登记的情形

有下列情形之一的，不能办理过户登记：

1）车主提交的证明、凭证无效的。

2）机动车来历凭证涂改的，或者机动车来历凭证记载的车主与身份证明不符的。

3）车主提交的证明、凭证与机动车不符的。

4）机动车未经国家机动车产品主管部门许可生产、销售或者未经国家进口机动车主管部门许可进口的。

5）机动车的有关技术数据与国家机动车产品主管部门公告的数据不符的。

6）机动车达到国家规定的强制报废标准的。

7）机动车属于被盗抢的。

8）机动车与该车的档案记载的内容不一致的。

9）机动车未被海关解除监管的。

10）机动车在抵押期间的。

11）机动车或者机动车档案被人民法院、人民检察院行政执法部门依法查封、扣押的。

12）机动车涉及未处理完毕的道路交通安全违法行为或者交通事故的。

（三）异地车辆所有权转移登记

根据公安部第164号令，《机动车登记规定》第二十七条规定，车辆管理所办理转让登记时，现机动车所有人住所不在车辆管理所管辖区域内的，转出地车辆管理所应当自受理之日起三日内，查验机动车，核对车辆识别代号拓印膜或者电子资料，审查提交的证明、凭证，收回号牌、行驶证，在机动车登记证书上签注转让和变更事项，核发有效期为三十日的临时行驶车号牌，制作上传机动车电子档案资料。机动车所有人应当在临时行驶车号牌的有效期限内到转入地车辆管理所申请机动车转入。

申请机动车转入时，机动车所有人应当确认申请信息，提交身份证明、机动车登记证书，并交验机动车。机动车在转入时已超过检验有效期的，应当按规定进行安全技术检验并提交机动车安全技术检验合格证明和交通事故责任强制保险凭证。转入地车辆管理所应当自受理之日起三日内，查验机动车，采集、核对车辆识别代号拓印膜或者电子资料，审查相关证明、凭证和机动车电子档案资料，在机动车登记证书上签注转入信息，核发号牌、行驶证和检验合格标志。

小型、微型载客汽车或者摩托车在转入地交易的，现机动车所有人应当向转入地车辆管理所申请转让登记。

五、办理其他税、证变更

二手车交易中，买方在变更车辆产权之后还需要进行车辆购置税、保险合同等文件的变更。各地在变更时对文件的要求不同，可以先到规定办理的单位窗口咨询。

（一）车辆购置税的变更

车辆购置税的征收部门（以下简称车购办）是车辆登记注册地的主管税务机关，办理变更时，需填写车辆变动情况登记表（表 3-10），并携带相关资料办理。

表 3-10　车辆变动情况登记表

填表日期：　　年　月　日

车主名称			邮政编码		
联系电话			地址		
完税证明号码					
车辆原牌号			车辆新牌号		
车辆变动情况					
过户	过户前车主名称		有效凭证号码		
	过户前车主身份证件及号码				
转籍	转出		车主名称		
			地址		
	转入		车主名称		
			地址		
变更	变更项目				
	发动机		车架		其他
	变更前号码		变更前号码		
	变更后号码		变更后号码		
	变更原因				
以下由税务机关填写					
接收人	接收时间　　　　　　　　　年　月　日			购车人（印章）：	
备注					

填表说明：
1) 本表由车主到车购办申请办理车辆过户、转籍、变更档案手续时填写。
2) "完税证明号码"栏，按下列要求填写：
①过户车辆填写过户前车购办核发的完税证明号码。
②转籍车辆填写转出地车购办核发的完税证明号码。
③变更车辆填写变更前车购办核发的完税证明号码。
3) "有效凭证号码"栏，填写车辆交易时开具的有效凭证的号码。
4) 本表备注栏填写新核发的完税证明号码。
5) 本表一式二份（一车一表），一份由车主留存，一份由车购办留存。

1. 车辆购置税同城过户业务办理

（1）办理车辆购置税同城过户业务需提供的资料

1）新车主的身份证明。

2）二手车交易发票。

3）机动车行驶证。

4）车辆购置税完税证明（正本）。

上述资料均需提供原件及复印件。

（2）办理车辆购置税同城过户业务流程　填写车辆变动情况登记表→报送资料→办理过户→换领车辆购置税完税证明。

2. 车辆购置税转籍（转出）业务办理

（1）办理转籍（转出）业务提供的资料

1）车主身份证明。

2）车辆交易有效凭证原件（二手车交易发票）。

3）车辆购置税完税证明（正本）。

4）公安车管部门出具的车辆转出证明材料。

上述资料均需提供原件及复印件。

（2）办理转籍（转出）业务流程　填写车辆变动情况登记表→报送资料→领取档案资料袋。

3. 车辆购置税转籍（转入）业务办理

（1）办理转籍（转入）业务需提供的资料

1）车主身份证明。

2）本地车管部门核发的机动车行驶证。

3）车辆交易有效凭证原件（二手车交易发票）。

4）车辆购置税完税证明。

5）档案转移通知书。

6）转出地车辆购置税办封签的档案袋。

（2）办理转籍（转入）业务流程　填写车辆变动情况登记表→报送资料→换领车辆购置税完税证明（正本）。

（二）车辆保险合同的变更

在二手车买卖的过程中，办理车辆保险过户是非常重要的一个环节，因为车辆所有权的转移并不意味着车辆保险合同也转移。一般情况下，保险利益随着保险标的所有权的转让而消失，只有经保险公司同意批改后，保险合同才重新生效。所以，保险车辆依法过户转让后应到保险公司办理保险合同主体的变更手续，否则车辆受损时保险公司是有权拒赔的。我国《保险法》第四十九条规定："保险标的转让的，被保险人或者受益人应当及时通知保险人，但货物运输保险合同和另有约定的合同除外。"保险公司和车主签订的保险合同一般也约定，在保险合同的有效期限内，保险车辆转卖、转让、赠送他人、变更用途或增加危险程度，被保险人应当事先书面通知保险人并申请办理批改，否则，保险人有权解除保险合同或者有权拒绝赔偿。

1. 办理车辆保险过户的方式

办理车辆保险过户有两种方式:

1) 对保单要素进行更改,如更换被保险人与车主。

2) 申请退保,即把原来那份车险退掉,终止以前的合同。这时保险公司会退还剩余的保费。之后,新车主就可以到任何一家保险公司去重新办理一份车险。

2. 车辆保险合同变更的程序

1) 填写一份汽车保险过户申请书,向原投保的保险公司申请办理批改被保险人称谓的手续。申请书上注明保险单号码、车牌号、新旧车主的姓名及过户原因,并签字或盖章,以便保险公司重新核保。

2) 带保险单和已过户的机动车行驶证,找保险公司的业务部门办理。一般情况下,保险公司都会受理并出具一张变更被保险人的批单,批单上面写明了被保险人的变化情况。

案例分析

买卖二手车莫忘保险过户

如今,随着二手车交易的增多,一个新问题也随之产生。很多人在买卖二手车时,以为只要向当地车管所提出机动车转籍更新申请即可,却忘记同时还应通知车辆的保险公司,给车辆保险办理相关的批改手续。

实际上,在二手车买卖的过程中,办理车险过户是非常重要的一个环节,因为车辆所有权的转移并不意味着车辆保险合同也跟着转移了。

有位张先生就因为这样的疏忽,失去了要求保险公司为自己车辆赔偿的权利。2018年11月,张先生向某机械厂购买了一辆二手丰田小型栏板货车,并办理了相关的转籍入户手续。此前,该车已投保车辆损失险和附加险,保险金额为人民币20万元,保险期限为2018年1月1日零时至12月31日24时。但张先生买下此车后,并未及时将车主、车牌号变更的情况,及时通知保险公司。

11月底,该车发生重大交通事故,保险公司接到报案后,才发现车主及车牌已经变更。由于"被保险人未及时履行如实告知义务",保险公司拒绝了保险车辆的赔偿要求。对此,张先生难以接受,一纸诉状将保险公司告上法庭。他认为保险合同约定的是对车辆的保险,在此案中,虽然车主与车牌变了,但车辆本身并未变更,保险公司理应承担此次事故的赔偿责任。

法院开庭审理后,法院判决不予以支持张先生的诉讼请求。因为保险合同是一种基于最大诚信原则订立的合同,双方的诚信义务高于一般合同,法律要求投保人对保险标的的陈述必须真实。一般情况下,保险利益随着保险标的所有权的转让而消失,只有经保险公司同意批改后,保险合同方才重新生效。

同时,机动车辆保险条款中均有规定,在保险有效期内,保险车辆转卖、转让、赠送他人、变更用途或增加危险程度,被保险人应当书面通知保险公司并申请办理批改,否则保险公司有权拒绝赔偿。

✍ | **任务实施**

二手车信息：奔驰 C 2020 款轿跑车（图 3-14），上市时间 2019 年 11 月，上牌时间 2020 年 7 月，行驶里程 2.2 万 km，排量 1.5T，自动档，购买价格 35.5 万元，过户次数 0 次，工信部综合油耗 6.8L/100km，2 门 4 座硬顶跑车。根据材料信息填写二手车买卖合同和居间合同。

图 3-14 奔驰 C 2020 款轿跑车展示图

● **项目总结** ●

本项目主要介绍了二手车交易的流程，以及在收购、销售、置换以及金融服务的过程中需要掌握的理论知识及实践技能，具体包括：二手车收购流程中的评估鉴定方法、定价标准、二手车价格影响因素；二手车销售流程中定价过程中的影响因素（能够据此正确计算二手车的销售价格，制订适合的定价策略）；二手车置换的流程以及不同经销商的不同制度和政策（能够据此引导客户进行二手车的质量检测认证及进行各类二手车的置换工作）；二手车的金融及保险服务政策（能够据此为客户完成二手车的按揭及购买保险服务，为二手车交易过程中的工作奠定基础）。

● **项目实训** ●

实训一 二手车鉴定评估

实训名称	二手车鉴定评估实务
小组成员	
实训目标	1）掌握二手车价格评估的工作流程。 2）学会撰写二手车鉴定评估报告。
实训准备	1）准备评估标的。 2）准备二手车鉴定评估作业表、二手车评估委托书、二手车鉴定评估报告范本等。 3）了解评估工作流程。 接待客户 → 检查手续，验明车辆的合法性 → 签订委托书 资料搜索 ← 车辆技术鉴定 ← 拟定评估计划 价格评定估算 → 编写和提交评估报告 → 归档
实训内容	1）检查评估的行驶证等相关手续。 2）请描述你所评估的二手车的基本情况，填写下列信息。

（续）

车主		所有权性质			联系电话		
住址					经办人		
原始情况	厂牌型号		号牌号码			车辆类型	
	车辆识别代号（VIN）					车身颜色	
	发动机号		车架号				
	座位/功率		燃料种类				
	初次登记日期		车辆出厂日期				
	已使用年限		累计行驶里程			用途	
核对证件	证件	原始发票、机动车登记证书、机动车行驶证、法人代码证或身份证、其他					
	税费	购置附加税、其他					
现时技术状况							
价值反映	维护情况				现时状态		
	账面原值/元				车主报价		
	重置成本/元		成新率（%）		折扣率（%）		评估价格：/万元

鉴定评估目的：○交易　○转籍　○拍卖　○置换　○抵押　○担保　○咨询　○司法裁决（勾选）

鉴定评估说明

二手车鉴定估价师（签名）　　　　　　　　　　　复核人（二手车高级鉴定估价师）
　年　月　日　　　　　　　　　　　　　　　　　　　　　　　　　　　　年　月　日

车辆情况：
全车有（　）处喷漆，分别是：
_____

其中原子灰厚度超过（　）mm有（　）处，分别是：
_____

经过钣金修复痕迹的部位分别是：
_____

内饰描述：
_____

发动机描述：
_____

机械电器描述：
_____

底盘描述：
_____

实训二　二手车的收购

实训名称	二手车收购
小组成员	
实训目标	1）掌握二手车价收购的工作流程。 2）学会初步确定二手车收购价格。
实训准备	1）准备评估标的。 2）准备相关表格。 3）了解收购二手车的工作流程。
实训内容	1）检查评估标的行驶证等相关手续。 2）请描述你所评估的二手车的基本情况。 3）根据教材的讲解，在老师的指导下计算经营成本和利润值，结合销售预期价倒推法计算该车的收购价。 4）完成二手车收购业务审批单的填写。

二手车收购业务审批单

入库号：　　　　　　　　　　　　入库日期：　　　　　　　　　　　评估师：

车辆 信息	卖方姓名		联系人		联系方式	
	业务性质	○收购 ○置换	置换车型		评估表编号	
	厂牌		车型		排量	
	初登日期		表征里程		颜色	
	车架号		车况评价		新车优惠价	
收购 信息	预计销售方式	○批售　○零售 ○认证零售	预计销售周期		预计销售价格	
	预计整备成本		收购成本		收购价格	
	付款方式	○现金　○电汇　○网银　○支票			备注	
审批 签字	收购决策人审批 意见： 签字：			财务经理确认 意见： 签字：		

实训三　二手车转移登记

实训名称	二手车的转移登记		
小组成员			
实训目标	1）掌握二手车所有权转移的办理流程。 2）熟悉二手车过户的相关手续。		
实训准备	1）每个团队独立成立一家二手车经纪公司，学生扮演二手车过户办理人员，其他小组同学扮演二手车原车主和新车主。 2）准备此业务的相关工具表格：机动车注册、转移、注销登记/转入申请表和车辆手续交接单。 3）证件准备（按照相关知识中的要求准备）。		
实训内容	1）过户人员指导客户完成过户登记表的填写。 2）过户人员查验原车主的相关手续。 3）过户人员查验二手车情况。 4）新车主选车号。 5）过户人员为新车主办理新的手续。		

机动车注册、转移、注销登记/转入申请表

号牌种类			号牌号码	
申请事项	○注册　○注销登记 ○转入车辆管理所辖区的转移登记 ○转出车辆管理所辖区的转移登记			
注销登记	○报废　○灭失　○退车　○出境			
机动车	品牌型号		车辆识别代号	
机动车	使用性质	○购买　○境外自带　○继承　○赠予　○协议抵偿债务 ○协议离婚　○中奖　○调拨　○资产重组　○资产整体买卖 ○仲裁裁决　○法院调解　○法院判决　○其他　○非营运 ○公路客运　○公交客运　○出租客运　○旅游客运　○租赁 ○教练　○幼儿校车　○小学生校车　○其他校车　○货运 ○危险化学品运输　○警用　○消防　○救护 ○工程救援　○营转非　○出租营转非		
机动车所有人	姓名		机动车所有人及代理人对申请材料的真实有效性负责	
机动车所有人	地址		机动车所有人签字：	
机动车所有人	邮编		电话	
机动车所有人	信息		电话	
代理人	姓名		代理人签字：	
代理人	地址			
代理人	邮编		电话	
代理人	信息			
代理人	经办人		电话	

实训四　二手车市场调研

实训名称	撰写二手车市场调研报告
小组成员	
实训目标	1）掌握调研报告的调查方法。 2）学会撰写调研报告。
实训准备	1）准备调查问卷。 2）规划调查对象。 3）学习调研报告的撰写流程。
实训内容	1）调查二手车收购企业及出售人员相关问题。 2）请撰写调研报告。

二手车市场调研报告

参 考 文 献

[1] 林绪东. 二手车鉴定评估彩色图解教程 [M]. 北京: 机械工业出版社, 2018.

[2] 潘秀艳, 张红英. 二手车鉴定及评估 [M]. 北京: 北京理工大学出版社, 2019.

[3] 吴兴敏, 项昌建, 金玲. 二手车鉴定评估 [M]. 3 版. 北京: 人民邮电出版社, 2019.

[4] 黄旭, 何晶. 二手车鉴定与评估 [M]. 北京: 北京邮电大学出版社, 2010.